U0680876

中国近代
思想家文库

◎

雷颐编

张申府卷

中国人民大学出版社
·北京·

《中国近代思想家文库》编纂委员会名单

总　序

　　对于近代的理解，虽不见得所有人都是一致的，但总的说来，对于近代这个词所涵的基本意义，人们还是有共识的。一个国家、一个民族走入近代，就意味着以工业化为主导的经济取代了以地主经济、领主经济或自然经济为主导的中世纪的经济形态，也还意味着，它不再是孤立的或是封闭与半封闭的，而是以某种形式加入到世界总的发展进程。尤其重要的是，它以某种形式的民主制度取代君主专制或其他不同形式的专制制度。中国是个幅员广大、人口众多、历史悠久的多民族国家，由于长期历史发展是自成一体的，与外界的交往比较有限，其生产方式的代谢迟缓了一些。如果说，世界的近代是从 17 世纪开始的，那么中国的近代则是从 19 世纪中期才开始的。现在国内学界比较一致的认识，是把 1840 年到 1949 年视为中国的近代。

　　中国的近代起始的标志是 1840 年的鸦片战争。原来相对封闭的国门被拥有近代种种优势的英帝国以军舰、大炮再加上种种卑鄙的欺诈打开了。从此，中国不情愿地加入到世界秩序中，沦为半殖民地。原来独立的大一统的中央集权的君主专制国家，如今独立已经极大地被限制，大一统也逐渐残缺不全，中央集权因列强的侵夺也不完全名实相符了。后来因太平天国运动，地方军政势力崛起，形成内轻外重的形势，也使中央集权被弱化。经历第二次鸦片战争、中法战争、甲午战争、八国联军入侵的战争以及辛亥革命后的多次内外战争，直至日本全面侵略中国的战争，致使中国的经济、政治、教育、文化，都无法顺利走上近代发展的轨道。古今之间，新旧之间，中外之间，混杂、矛盾、冲突。总之，鸦片战争后的中国，既未能成为近代国家，更不能维持原有的统治秩序。而外患内忧咄咄逼人，人们都有某种程度"国将不国"的忧虑。

　　"天下兴亡，匹夫有责"，读书明理的士大夫，或今所谓知识分子，尤为敏感，在空前的危机与挑战面前，皆思有所献替。于是发生种种救亡图存的思想与主张。有的从所能见及的西方国家发展的经验中借鉴某些东西，形成自己的改革方案；有的从历史回忆中拾取某些智慧，形成某种民族复兴的设想；有的则力图把西方的和中国所固有的一些东西加以调和或结合，形成某种救亡图强的主张。这些方案、设想、主张，从世界上"最先进的"，到"最落后的"，几乎样样都有。就提出这些方案、设想、主张者的初衷而言，绝大多数都含着几分救国的意愿。其先进与落后，是否可行，能否成功，尽可充分讨论，但可不必过为诛心之论。显而易见，既然救国的问题最为紧迫，人们所心营目注者自然是种种与救国的方案直接相关的思想学说，而作为产生这些学说的更基础性的理论，及其他各种知识、思想，则关注者少。

围绕着救国、强国的大议题，知识精英们参考世界上种种思想学说，加以研究、选择，认为其中比较适用的思想学说，拿来向国人宣传，并赢得一部分人的认可。于是互相推引，互相激励，更加发挥，演而成潮。在近代中国，曾经得到比较广泛的传播的思想学说，或者够得上思潮的，主要有以下几种：

（一）进化论。近代西方思想较早被引介到中国，而又发生绝大影响的，要属进化论。中国人逐渐相信，进化是宇宙之铁则，不进化就必遭淘汰。以此思想警醒国人，颇曾有助于振作民族精神。但随后不久，社会达尔文主义伴随而来，不免发生一些负面的影响。人们对进化的了解，也存在某些片面性，有时把进化理解为一条简单的直线。辩证法思想帮助人们形成内容更丰富和更加符合实际的发展观念，减少或避免片面性的进化观念的某些负面影响。

（二）民族主义。中国古代的民族主义思想，其核心是"非我族类，其心必异"，所以最重"华夷之辨"。鸦片战争前后一段时期，中国人的民族思想，大体仍是如此。后来渐渐认识到"今之夷狄，非古之夷狄"，"西人治国有法度，不得以古旧之夷狄视之"。但当时中国正遭受西方列强的侵略和掠夺，追求民族独立是民族主义之第一义。20世纪初，中国知识精英开始有了"中华民族"的概念。于是，渐渐形成以建立近代民族国家为核心的近代民族主义。结束清朝君主专制，创立中华民国，是这一思想的初步实现。第一次世界大战爆发，中国加入"协约国"，第一次以主动的姿态参与世界事务，接着俄国十月革命爆发，这两件事对近代中国的发展历程造成绝大影响。同时也将中国人的民族主义提升到一个新的层次，即与国际主义（或世界主义）发生紧密联系。也可以说，中国人更加自觉地用世界的眼光来观察中国的问题。新生的中国共产党和改组后的国民党都是如此。民族主义成为中国的知识精英用来应对近代中国所面临的种种危机和种种挑战的一个重要的思想武器。

（三）社会主义。社会主义作为一种模糊的理想是早在古代就有的，而且不论东方和西方都曾有过。但作为近代思潮，它是于19世纪在批判近代资本主义的基础上产生的。起初仍带有空想的性质，直到马克思和恩格斯才创立起科学社会主义。20世纪初期，社会主义开始传入中国。当时的传播者不太了解科学社会主义与以往的社会主义学说的本质区别。有一部分人，明显地受到无政府主义的强烈影响，更远离科学社会主义。直到五四新文化运动兴起之后，中国人始较严格地引介、宣传科学社会主义。但有一段时间，无政府主义仍是一股很大的思想潮流。中国共产党的成立，从思想上说，是战胜无政府主义的结果。中国共产党把在中国实现社会主义乃至共产主义作为自己的奋斗目标。此后，社会主义者，多次同各种非科学社会主义思想的信仰者进行论争并不断克服种种非科学社会主义思想的影响。

（四）自由主义。自由主义也是从清末就被介绍到中国来，只是信从者一直寥寥。直到五四新文化运动兴起，具有欧美教育背景的知识精英的数量渐渐多起来，自由主义始渐渐形成一股思想潮流。自由主义强调个性解放、意志自由和自己承担责任，在政治上反对一切专制主义。在中国的社会条件下，自由主义缺乏社会基础。在政治激烈动荡的时候，自由主义者很难凝聚成一股有组织的力量；在稍稍平和的时候，他们往往更多沉浸在自己的专业中。所以，在中国近代史上，自由主义不曾有，也不可能有大的作为。

（五）激进主义与保守主义。处于转型期的社会，旧的东西尚未完全退出舞台，新的东西也还未能巩固地树立起来，新旧冲突往往要持续很长的时间，有时甚至达到很激烈的程度。凡助推新东西成长的，人们便视为进步的；凡帮助旧东西排斥新东西的，人们便视为保守的。其实，与保守主义对应的，应是进步主义；与顽固主义相对的则应是激进主义。不过在通常话语环境中人们不太严格加以区分。中国历史悠久，特别是君主专制制度持续两千余年，旧东西积累异常丰富，社会转型极其不易。而世界的发展却进步甚速。中国的一部分精英分子往往特别急切地想改造中国社会，总想找出最厉害的手段，选一条最捷近的路，以最快的速度实现全盘改造。这类思想、主张及其采取的行动,皆属激进主义。在中共党史上,它表现为"左"倾或极左的机会主义。从极端的激进主义到极端的顽固主义,中间有着各种程度的进步与保守的流派。社会的稳定,或社会和平改革的成功,都依赖有一个实力雄厚的中间力量。但因种种原因,中国社会的中间力量一直未能成长到足够的程度。进步主义与保守主义,以及激进主义与顽固主义,不断进行斗争,而实际所获进步不大。

(六)革命与和平改革。中国近代史上,革命运动与和平改革运动交替进行,有时又是平行发展。两者的宗旨都是为改变原有的君主专制制度而代之以某种形式的近代民主制度。有很长一个时期,有两种错误的观念,一是把革命理解为仅仅是指以暴力取得政权的行动,二是与此相关联,把暴力革命与和平改革对立起来,认为革命是推动历史进步的,而改革是维护旧有统治秩序的。这两种论调既无理论根据,也不合历史实际。凡是有助于改变君主专制制度的探索,无论暴力的或和平的改革都是应予肯定的。

中国近代揭幕之时,西方列强正在疯狂地侵略与掠夺殖民地和半殖民地,中国是它们互相争夺的最后一块、也是最大的资源地。而这时的中国,沿袭了两千年的君主专制制度已到了奄奄一息的末日,统治当局腐朽无能,对外不足以御侮,对内不足以言治,其统治的合法性和统治的能力均招致怀疑。革命运动与改革的呼声,以及自发的民变接连不断。国家、民族的命运真的到了千钧一发之际,危机极端紧迫。先觉分子救国之心切,每遇稍具新意义的思想学说便急不可待地学习引介。于是西方思想学说纷纷涌进中国,各阶层、各领域,凡能读书读报者,受其影响,各依其家庭、职业、教育之不同背景而选择自以为不错的一种,接受之,信仰之,传播之。于是西方几百年里相继风行的思想学说,在短时期内纷纷涌进中国。在清末最后的十几年里是这样,五四时期在较高的水准上重复出现这种情况。

这种情况直接造成两个重要的历史现象:一个是中国社会的实际代谢过程(亦即社会转型过程)相对迟缓,而思想的代谢过程却来得格外神速。另一个是在西方原是差不多三百年的历史中渐次出现的各种思想学说,集中在几年或十几年的时间里狂泻而来,人们不及深入研究、审慎抉择,便匆忙引介、传播,引介者、传播者、听闻者,都难免有些消化不良。其实,这种情况在清末,在五四时期,都已有人觉察。我们现在指出这些问题并非苛求前人，而是要引为教训。

同时我们也看到，中国近代思想无比的多样性与复杂性呈现出绚丽多彩的姿态，各种思想持续不断地展开论争，这又构成中国近代思想史的一个突出特点。有些论争为我们留下了非常丰富的思想资料。如兴洋务与反洋务之争，变法与反变法之争，革命与改良之争，共和与立宪之争，东西文化之争，文言与白话之争，新旧伦理之争，科学与人生观之争，中国社会性质的论争，社会史的论争，人权与约法之争，全盘西化与本位文化之争，民主与独裁之争，等等。这些争论都不同程度地关联着一直影响甚至困扰着中国人的几个核心问题，即所谓中西问题、古今问题与心物关系问题。

中国近代思想的光谱虽比较齐全，但各种思想的存在状态及其影响力是很不平衡的。有些思想信从者多，言论著作亦多，且略成系统；有些可能只有很少的人做过介绍或略加研究；有的还可能因种种原因，只存在私人载记中，当时未及面世。然这些思想，其中有很多并不因时间久远而失去其价值。因为就总的情况说，我们还没有完成社会的近代转型，所以先贤们对某些问题的思考，在今天对我们仍有参考借鉴的价值。我们编辑这套《中国近代思想家文库》，希望尽可能全面地、系统地整理出近代中国思想家的思想成果，一则借以保存这份珍贵遗产，再则为研究思想史提供方便，三则为有心于中国思想文化建设者提供参考借鉴的便利。

考虑到中国近代思想的上述诸特点，我们编辑本《文库》时，对于思想家不取太严格的界定，凡在某一学科、某一领域，有其独立思考、提出特别见解和主张者，都尽量收入。虽然其中有些主张与表述有时代和个人的局限，但为反映近代思想发展的轨迹，以供今人参考，我们亦保留其原貌。所以本《文库》实为"中国近代思想集成"。

本《文库》入选的思想家，主要是活跃在 1840 年至 1949 年之间的思想人物。但中共领袖人物，因有较为丰富的研究著述，本《文库》则未收入。

编辑如此规模的《文库》，对象范围的确定，材料的搜集，版本的比勘，体例的斟酌，在在皆非易事。限于我们的水平，容有瑕隙，敬请方家指正。

《中国近代思想家文库》编纂委员会

目　　录

新启蒙与“中国化” 227

译文 275

导 言

一、"求真"与"求善"

张申府（1893—1986，名崧年）出生在河北献县，其父为清末进士，曾任翰林院编修、民国时期的众议员等职。

1913 年，张申府以优异的成绩考入北京大学数学系，但他对哲学却又深感兴趣，于是几年间在数学与哲学间"摇摆不定"，"变来变去"。1917 年毕业后虽留校任数学助教，但依然难舍哲学，而且在哲学上似乎用功更勤。正是这种"文理交修"的背景，影响了他以后的思想发展与学术方向。

这期间，正是新思潮在北大孕育发动之时，身处其中、思想敏锐的张申府深受时代精神震荡，常常探讨哲学、政治、社会及人生等方方面面的重大问题。不久，他便成为《新青年》的经常撰稿人之一，稍后又任该刊编委。他还曾参与学生启蒙团体"新潮社"的成立活动。在一系列文章中，他首次向国人介绍了罗素等许多西方现代进步思想家。后来他曾骄傲地写道："有些现代的新学说新人物都是我第一个介绍到中国来。有些名字也是我第一个翻译的，后来都流行了。特别是罗曼罗兰、罗丹、罗讷、巴比塞、伊本讷兹，等等都是。以后大大同情中国的罗素尤其是一个。这是我对于国家的一种贡献，我深自引为光荣。"[①] 这期间，他与李大钊、陈独秀关系密切，并于 1918 年和他们一同创办了《每周评论》，成为五四新文化运动中的风云人物之一。

---

① 张申府：《罗素——现代生存的最伟大的哲学家》，载《新闻评论》，1946-04-12。

在张申府的思想中，"求真"的科学与"求善"的道德是内在相通、互相发明的。"科学规律"加深加强了他对社会主义思想的信念，"社会主义"又使他对"科学"的价值倍加推崇。将"真"与"善"统一起来，是他的理想目标。

在五四新文化运动中，"科学"虽具至高无上的地位，但新思想的宣传者中只有极少数是研究"科学"的，而张申府便是这极少数之一。作为数学系学生，他具有某种"得天独厚"的优势，立即敏感地意识到20世纪初以罗素为代表的分析哲学、数理逻辑学在思想史上蕴含的巨大革命意义，并深为这种哲学的清晰、精密及高度技术性所吸引折服。因此，他并不是空洞地宣传"科学"，而是脚踏实地、终生不辍地译介、研究罗素的思想和分析哲学，为"科学的哲学"在中国的传播做了开拓性工作。更难得的是，他推崇科学却不彻底反传统，对儒家的"仁"亦极推崇，力图沟通"仁"与"科学法"。在当时的思想先进中，这是十分罕见的。

大约在1914年，张申府在北大图书馆偶然读到罗素的《我们的外界知识》一书即被其吸引，由此对罗素发生了浓厚的兴趣，对罗素的数理逻辑理论更是推崇备至。他在《新青年》上称颂罗素"是现代世界至极伟大的数理哲学家，是于近世在科学思想的发展上开一新时期的一种最高妙的新学〔即数理逻辑（名学），也叫记号逻辑或逻辑斯蒂科（Logistic）〕很有创发而且集大成的"①。他认为数理逻辑的产生是哲学"科学化"的重要标志，更证明了哲学及所有人文学科不仅应该，而且能够"科学化"。这一点，恰恰适应了当时思想界的需要。新文化运动的先进们认为中国种种落后的重要原因之一是科学精神的匮乏，而且将"科学"归纳为西方文化的两大特点之一而加以推崇。张申府自不例外，认为"西洋文明，自古及今，最大的特色，一言以蔽之，不外乎逻辑"，而科学精神"为现在中国所最缺"②。所以当务之急是用科学思想战胜非科学思想。正是基于这种抱负，他一点点地把数理逻辑、摹状词理论、语言分析等中国人闻所未闻的理论介绍进来。特别值得称道的是他在1927年即将奥地利哲学家维特根斯坦的巨著《逻辑哲学论》译成中文发表，题为《名理论》，为该书英、德文对照本出版后的第一个其他

---

① 张申府：《罗素》，载《新青年》第八卷第二号，1920-10-01。
② 张申府：《非科学的思想》，载《清华周刊》第四十四卷第八期，1936-06-03。

文字译本，使西方学术界甚为惊讶。然而中国哲学界直到 20 世纪 80 年代中期才对维特根斯坦哲学产生足够的重视，并形成一股"维特根斯坦热"，这恰恰也反衬出张申府当时的眼光。张申府还看到了"科学"与"技术"的重大不同："现在提倡科学，不应只注意其结果，尤其要注意其方法，其精神。"要使科学真正在中国栽根生芽，必须提倡"科学方法，科学精神，科学态度，科学脾气"。"这种种的要义就在认事实，重证据，要清清楚楚，一丝不苟，确切精审"，"所谓科学法，专门来说，本就是算学与实验的结合，这实在是一种中国最需要的东西"。相反，中国此时"更有人提倡科学，提倡理工，而意思乃在造就些驯服的机器。那便与科学的本意更其背道而驰"①。

在推崇罗素哲学的同时，他又接受了马克思的辩证唯物主义。他虽然看到了二者的差异，却不认为有本质的不同，而认为二者因本质相同能够"结合"、互补："在理想上，将来的世界哲学实应是一种解析的辩证唯物论。"② 而二者的不同反可"互补"而共臻完善。"解析与唯物，这是西方方兴的趋势。两势会归，必然于人类思想的改造，世界状态的变更，均大有所成就，夫岂止于解决些哲学的问题而已？"③ 这最后的问题，颇能反映张申府等人对"科学"、"科学哲学"如此推崇的最终关注之所在。他们最终关怀的并不是科学、哲学及知识本身，而是人生、社会，是"世界状态的变更"。

因为张申府认为，科学的"求真"与人类社会的"求善"是统一不可分的，因为"科学是器，器无善恶"，所以需要一种价值观念的引导。他设想以"仁"作为引导"科学法"的价值体系，"今日世界的问题是如何把仁的生活，与科学或与由科学而生的工业，融合在一起"④。"求真"的意义在于"求善"，"求善"的路径在于"求真"，社会主义便是"善"，是"仁的生活"的体现。因此他充满热情地介绍、宣传社会主义学说。思想上开始将共产主义与其他种种社会主义划清界限："主张社会主义而不主张共产主义只是不要精华罢了"⑤。

真、善、仁的统一，是张申府转向社会主义的思想基础。现实世界

① 张申府：《科学与民主》，载《民声报》，1936-12-13。
②③ 张申府：《现代哲学的主潮》，载《清华周刊》第四十二卷第八期，1934-12-17。
④ 张申府：《所思·一一九》、《所思·一一八》，见《所思》，67、68 页，北京，三联书店，1986。
⑤ 张申府：《各地劳动运动现状》，载《晨报》，1921-11-10。

贫富悬殊巨大，使他强烈感觉到世界的不公，接受了阶级斗争学说。接受阶级斗争学说，主张社会主义革命就理所当然。在李大钊的直接影响下，他开始转向共产主义，译介了一些宣传马克思主义和社会主义的文章，积极参与实际政治活动。1920 年初，他参与了组建中国共产党的活动；在"南陈北李"间奔走串联。同年 10 月，与李大钊创建了北京的共产党早期组织，并将张国焘发展进来。

1920 年末，张申府遵照陈独秀的指示到巴黎，在赴法勤工俭学学生中发展共产党员。在此，他介绍周恩来入党，成立旅法的共产党早期组织；不久又与周恩来一起将正在探求新路的朱德发展入党。1924 年初春，张申府回国来到广州，参与黄埔军校的筹建，任政治部副主任，蒋介石的英、德文翻译。正是由于张申府的极力推荐，周恩来回国不久便出任黄埔军校政治部主任之职。

张申府认为，主张"劳工"、"劳农"翻身革命的社会主义便是"善"与"仁"的体现。从阶级论出发而认同、投身社会主义革命，必然会面临一个问题：革命后国家的性质、如何建立一个新的国家。此时列宁的《国家与革命》出版未久，他从中找到了答案，并深深折服。《国家与革命》是"阶级论"国家观的奠基之作，将国家定义为"一个阶级压迫另一个阶级的工具"，既然如此，无产阶级夺取政权后，实行"无产阶级专政"不仅势所必至，而且理所当然。

1921 年张申府在巴黎积极发展共产党组织时给陈独秀的信中说，到法后感到欧洲一时无望，寄希望于东方，"最好的希望是中俄之联合"。他认为中国改造的程序是革命、"开明专制"。他解释说，此处所谓"开明专制"是"劳农专政"，因为"以今日中国之一般知识阶级而言代议政治，讲选举，纯粹是欺人之谈"，"政治上事切忌客气"，要学习列宁，"能认事实是列宁一大长处"①。一年后，他在给陈独秀的信中说，自己近来多读了列宁的著作，如《国家与革命》、《共产主义运动中的"左派"幼稚病》（张根据法文、英文本分别译为《共产主义之孩子病》、《左派共产主义——一个孩子病》），称《国家与革命》"最富学理的价值"。张对列宁国家学说的介绍虽然简略，却非常准确，抓住其核心、实质：革命后打破、废除代议政治、选举政治，"以非宪的手段"实行无产阶级专政；无产阶级专政并非由全体无产者来实行，而是由其

---

① 张申府：《英法共产党——中国改造》，载《新青年》第九卷第三号，1921-07-01。

"前驱"、"先锋"，即党来实行；在党组织中，"有经验有影响的党的领袖"作用至关重要。这些文章、通信，是中国最早介绍列宁"阶级论"国家学说、介绍无产阶级专政理论的论述之一。随后几十年，"阶级论"国家观与社会现实互动，在思想界影响遽增，在现代中国最后取代了"契约论"国家观；"无产阶级专政"理论成为中国社会最重要的政治话语。阶级斗争与无产阶级专政理论对现代中国影响之巨大、深刻、久远不必多说，作为首倡者之一，张申府的作用确实非同小可。

阶级斗争与"无产阶级专政"理论是张申府分析、透视问题的主要"透镜"。这种视角，使他完全否定改革，坚决主张革命，极其重视、强调共产党的决定性作用。

1922 年，在共产国际指导下，中共提出了与国民党结成统一战线的观点。张申府对此表示赞同，但又用阶级斗争、无产阶级专政理论、共产党的终极目的等提醒说："但我们也不能不明白告诉大家，而请大家切记：那种办法究竟不是共产党的终极目的，那种办法究竟不是一种手段，而且也不是像无产阶级专政一样的，共产革命的普遍的必然手段。只不过处像现在中国情势之下，不得不取的一种特殊手段。采取这种手段的时候，必须牢牢记住：自己的——必须牢牢记住：自己的正手段，乃是劳动会议式的无产阶级专政，自己的本目的乃是生产共有，分配共管，无阶级、无国、无家、无政府的共产社会。更要不忘为一种行动，与终极目的不同的党派，结成统一前敌时，必须保持住自己组织的独立！必须得机即把自己的终极目的向大众标示！"①

列宁学说使他认识到，一个强有力的共产党是革命取得胜利的关键，而"强有力"的关键又在严格的纪律，这是"今日共产党之真谛"：俄国十月革命之所以成功、德国革命之所以失败，就在于一有强有力的共产党，一无强有力的共产党。而强有力的真谛就在纪律："有纪律，有共产党；无纪律，无共产党。共产党之所以强在此，共产党之能成功在此。""有这种纪律才有那样力量，有这种纪律，才能坚苦卓绝，未成功时，既饱尝监禁流放之味；成功以后，又把天灾人祸战胜。""没有纪律，不能坚固，不能精神贯一，一个共产党形体不坚固，精神不贯一，又岂有能成功之理？""一个组织，精神不贯一，万万不能强有力，数目

---

① 　R（即张申府，编者注）：《中国共产党与其目前政策》，载《少年》第二号，1922-
09。

虽多，只同散沙。""真正的共产党是一点不苟且的，是一点不姑息的，不但显然不忠，或违犯纪律的党员，为其所不容。便是一个党员，居重要职位，而作事不得法，或见解不当，也必逐无疑。""总而言之，纪律是共产党之魂。失此，共产党是不能活的；不懂得这个的人，不配加入共产党，更不配组织共产党！"他进一步从阶级论说明这种纪律性并非易事："若寻常出身小有产阶级而未改其心习的人，非但不能以此自律，亦且不敢以此律人。这种的人，本来不配组织共产党。就令一旦组织，也只徒冒其名。"①　此话写于中共成立刚满一年之时，但其基本精神、原则却与后来中共日益成熟的"党建理论"相当一致。在这个意义上，他是中国共产党"党建理论"的奠基者之一。

在五四时期科学思潮在中国的传播、社会主义在中国的兴起、中国共产党成立过程中，张申府都做出了突出贡献。

二、个人与社会

然而，一个人理论上认识、论述、强调一个政党严格的纪律性并不意味着实践中能适应、遵守其"铁的纪律性"。1925年初，他出席在上海召开的中共四大时，因讨论党的纲领和国共合作问题与人争执而负气提出退党。他不反对国共合作，但更强调共产党保持独立性。如前所述，早在1922年他就提醒说："请大家切记：那种办法究竟不是共产党的终极目的，那种办法究竟不是一种手段"，"只不过处像现在中国情势之下，不得不取的一种特殊手段"。"更要不忘为一种行动，与终极目的不同的党派，结成统一前敌时，必须保持住自己组织的独立！必须得机即把自己的终极目的向大众标示！"②

在四大会场上他仍坚持此观点，与人激烈争论，但他的主张未得到多数人赞同。几十年后他回忆说自己的主张"招致冷笑，认为幼稚幻想。当时那种轻蔑的态度，使我感到极端难堪"，因此激动地说："同意我的观点，我就留下来，不同意，我就滚蛋。"最后他拍桌子说："你们如果执意这样，我就退出这个党！"说完就摔门而去，"摔门而出时周恩来正在门外。周追上他说：你讲得很好，我赞同你的观点，但退党的事

---

① 张申府：《今日共产党之真谛何在》，载《少年》第二号，1922-09。
② R（即张申府，编者注）：《中国共产党与其目前政策》。

还请你慎重"。周劝他不要退党，李大钊、赵世炎等也反复劝说挽留。但他仍执意持"在党外来帮助党工作"的立场，与李、赵说定："以后在党外仍当与党配合工作，一定永远同党保持友谊关系，以免在党内因意见分歧，发生龃龉，反而多所妨碍。"在这段回忆中，他自我反省、批判道："由于小资产阶级的习性未除，不能在党内奋斗争取，竟而错误地决定自己退出，造成一生大错！"①

确实，张申府身上始终有着浓重的文人气质，即所谓"小资产阶级的习性"。作为中国共产党的创建者之一，他对自己最早提出的"铁的组织纪律性"，在实践中却难以适应，因"一言不合"而执意退党，表现出一种"合则即，不合则离"的精神特性。其中固然有个人性情、人事纠葛等原因，但思想渊源，却是更为根本的。

如前所述，张申府深受罗素思想的影响，他在介绍罗素的哲学思想、社会观点时，对罗素的"个人主义"亦极赞赏："他（罗素，编者注）最重视个人，个人的自由，小团的自治，与他哲学里的重视个体与主张绝对多元，实不为无关。"② 在张申府的思想中，"个人"与"集体"的矛盾一直十分尖锐，无法真正解脱。所以，他认为社会问题的核心是"群与己，少与多"的关系问题，"过顾社会则碍个人，过重小己亦妨社会"③。如何处理"群己"关系，是他困惑不已、深感痛苦的问题。从个人经历可以看出，这一问题对他有着特殊的意义。作为深受罗素、罗曼·罗兰等人的哲学和社会思想影响的新文化运动先锋之一，他对以个性独立、个性发展为核心的个人主义、自由主义观念一直有着深深的眷恋之情；作为马克思主义的译介者、信仰者和中国共产党的创建者之一，他对以集体主义为目的大同境界和马克思主义理论体系，又始终怀有深深的崇敬之意。这种内心的矛盾，是他难以纾解的，也是他的悲剧的根源。

张申府的理想社会，是个人与社会的和谐统一。"如何可以自由？自由在个人主义。如何得个人主义？得个人主义在知有人，亦不知有人。知有人，不以己害人。不知有人，不以人碍己。个人主义之极致，

---

① 张申府：《所忆》，102～103 页，北京，中国文史出版社，1993。张尊超、刘黄：《回忆伯父张申府先生》，见《张申府、张岱年研究集刊》（第 2 辑），384～385 页，石家庄，河北人民出版社，2013。

② 张申府：《罗素》。

③ 张申府：《续所思·二六》、《续所思·二七》，见《所思》，159、160 页。

即是大同之极致。大同之极致，即是个人主义之极致。故此个人主义为大同个人主义。解群己之纠者，在于是。"① 其实，这"大同个人主义"毕竟只是一种美好而苍白的空想，恰恰反映了中国"新式知识分子"的伦理困境。一方面，由于历史和现实的原因，他们无法完全接受西方近代"个人主义"取向；另一方面，他们又无法忍受中国传统的"集体主义"取向。而如何才能实现理想的"大同个人主义"呢？张申府只能寄希望于人类的理性："解决此问题自宜更循人性而审选群制。巴甫洛夫的制约反射之律，于此实大有助益……换辞来说，人生必须由科学的进展，人性的认识，社会的改制，教育的更新，以达于仁之境。"② 他认为通过诸如条件反射学说便能"科学地"认识人的本性，可以据此做出理性的选择，造成群己和谐的合理社会。

三、"阶级性"与"民族性"

虽然退出了共产党，但张申府仍思考"革命文化"问题。1926 年，针对胡适《我们对于西洋近代文明的态度》这篇文章充分肯定"西洋近代文明"的观点，张申府发表了《文明或文化》表示反对。此文最重要之处在于他提出："中国旧有的文明（或文化），诚然许多是应该反对的。西洋近代的文明，也不见得就全不该反对，就已达到了文明的极境，就完全能满足人人的欲望。但反对有两个意思，一为反动的，一为革命的。我以为囫囵地维护或颂扬西洋近代文明，与反动地反对西洋近代文明，其值实在差不多。我以为现代人对于西洋近代文明，宜取一种革命的相对的反对态度。"③ 胡适为张申府"五四"时同一营垒的"战友"，仍持"五四"新文化"全盘西化"或"充分的现代化"文化立场，张则已转为马克思主义者，从阶级论、反动或革命的视角看待"西洋近代文明"。

或许感到言犹未尽、论说不充分，四个月后，他又撰长文专门论述"革命文化是什么"。他认为，革命文化应有下面四个特性："第一，应是动的，应是向前的。"因为革命本身是动的，是向前的，所以革命文化"一定不同于中国旧来的，静的，停滞的，念旧的，旧文化"。"第

---

① 张申府：《所思·二十》，见《所思》，10 页。
② 张申府：《续所思·二六》，见《所思》，159 页。
③ 张申府：《文明或文化》，载《东方杂志》第三十三卷第二十四号，1926-12。

二，这种文化应是客观的。"因为革命本身是客观的，是客观的要求。"第三，革命的文化必是民众的。"因为："今日所以革命，乃为的民众，亦成于民众。今日的革命，尤其以工农为主体。革命文化必当以工农民众的观点而出发。必是普遍于工农民众的。"值得注意的是，他明确以"革命"、"阶级"、"民众"为标准，对鸦片战争以来"西学东渐"直到"五四"的"新文化"作出了批判。因为"西洋近代文化纯粹是有产阶级的文化，建设在资本制度之上，已随资本制度有产阶级，而就沦亡。近来中国还有笼统地欢迎西洋文化的，其实都在不识不知之中，作了帝国主义的宣传队了"。"第四，革命文化还是世界的。今日世界是大通的。民众是无国界的。今日的革命，尤其合世界成一个整个。未来的革命文化也必是世界的，非复一国一民族的。"总之，"革命文化既非中国旧文化，也非近来流传的所谓新文化。可说乃是一种第三文化"。"革命文化，就是世界民众直接创造的客观化。更简单以名之，也可就叫作'民化'。鼓吹这种文化，显扬这种文化，建设这种文化，也可就说是民化运动。由这种文化，使大家贯彻革命的事实，由这种文化，使大家合于革命的习惯，使大家晓得在新建设的社会里怎么样子反应，也可就说是民化教育"①。

强调了文化的"阶级性"后，不久他又开始注重、强调文化的"民族性"。对"民族性"的强调，与1931年九一八事变后民族危机更加严重、张申府积极参加"救亡"活动更有直接关系。

1933年至1934年在《大公报》副刊《世界思潮》以"续所思"为总名陆续发表的一百六十余则思想随笔中，他开始思考如何汲取中国传统文化的精华。他说："哲学有党派性，是不容否认的。哲学有民族性，也是不容否认的。""中国哲学特色之一不在其以天人合一为归，乃尤在其开始即不把天人强为割裂，因此也不强作人生哲学与宇宙论之分。""仁，易，生，是中国哲学中三个最根本紧要的字，而实是一体的。""中国哲学用有见于易，识生之要，而仁以行之。"所以，中国现在最需要的中国哲学家"那便应有以发扬此，更要有以履践此"②。肯定"仁"，自然要肯定新文化要打倒的孔子："在现在还说孔子么？什么孔老二，孔家店，新孔学等等，写来可厌的名字，岂不是已

---

① 张申府：《革命文化是什么》，载《上游》中央副刊星期日特别号，1927-04-03。
② 张申府：《续所思·九三》、《续所思·九六》，见《所思》，190、192页。

把孔子的信仰都摧毁，都糟蹋净尽？""但是一个民族，如果没有它可以纪念的东西，则不但不会长久，也必不值得长久存在。""无论如何，孔子是最可以代表中国的特殊精神的。那么，为什么不应发其精华，而弃其糟粕？而只乃对于过去的误用，徒作幼稚的反动？""复古是不可能的，但是一个民族，如果知道它自己文化上的成就，认识它文化上的代表人物，总可以增加些自信，减少些颓唐奴性。过去帝王既利用孔子以维持其统治了，那么，今日为什么不可以利用孔子以维持民族的生存？"①

张申府用"阶级论"基本否定了西方近代文化，又用"民族论"基本肯定了以儒学为核心的中国传统文化。然而，如果用"阶级论"分析以儒学为核心的中国传统文化，也会得出"封建主义"、"地主阶级"文化因此应当否定的结论。之所以用"民族论"而不用"阶级论"理论框架分析中国传统文化，表明其文化立场已与他参与其中的五四新文化运动发生重大位移，实际已批评五四新文化运动是"只乃对于过去的误用，徒作幼稚的反动"。

然而，这种思想的位移与当时的政治、社会现实却有某种纠结、矛盾。正是在 1934 年，国民党领导人蒋介石发起了全国性的"新生活运动"。新生活运动批判五四运动毁灭中国传统文化，要求重新尊孔读经，以恢复中国传统道德、提倡礼义廉耻为核心作为救国救亡、复兴民族的手段。1934 年 2 月，蒋介石在南昌亲自召开有数万人参加的大会，作了《新生活运动之要义》的演讲，宣布新生活运动开始。在之后不长时间内，蒋相继作了《新生活运动之中心准则》、《新生活的意义和目的》、《再释新生活运动》等多次演讲。仅从文本上看，这些主张与张申府的观点相近之处颇多，但新生活运动却有鲜明的政治意图、意义，尤其是它首先在"剿共"大本营南昌发起，政治象征更加明确。而这种政治立场、意图又是张申府坚决反对的。

为此，张申府在 1934 年秋发表了《尊孔救得了中国吗？》，意在阐明自己重新提倡"尊孔"与新生活运动"尊孔"的区别，此文着实反映了他的矛盾心理与观念。他提出了自己的"尊孔"主张，虽未明言，却明确批评、否定了国民党、蒋介石发动新生活运动"尊孔"的政治意义。

---

① 张申府：《续所思·九七》，见《所思》，193 页。

四、"新启蒙"与"新民主主义文化"

1935 年，华北危在旦夕，爆发了著名的"一二·九"抗日救亡运动。张申府作为"一二·九"运动的领导人之一曾一度入狱。参与、领导救亡运动使他进一步思考救亡、以儒学为核心的传统文化、民族自信、民族复兴与现实政治间的复杂关系。

如前所述，退出中共后张申府以教学和翻译著述为生，但并未成为一位不问世事、埋首书斋的学者，而是始终参加救亡运动、参加政治活动。

从 1930 年暑假后至 1936 年暑假，张申府在清华教书七年。他在清华讲授"逻辑学"与"西洋哲学史"，同时又在北大讲授"数理逻辑"，在北师大讲授"现代哲学"。从 1933 年 8 月起，他被聘为清华大学哲学系代主任。另外，应《大公报》总编辑张季鸾之邀，张申府从 1932 年9 月初至 1934 年底主编该报副刊《世界思潮》，共出 88 期。

他在清华教书的七年，也是民族危机日益加深的七年。1931 年九一八事变爆发，日本侵占东三省；1935 年日本策动"华北事变"，企图以"自治"的名义把华北五省变成其殖民地，民族危亡，千钧一发。文化重镇北平，直接受到日本侵略者的威胁，民众的抗日情绪也更加强烈。清华大学学生姚克广（依林）、蒋南翔等中共地下党员和一些教授都积极地进行抗日救亡活动，一向关心政治、时局的张申府，在自己教的哲学、逻辑课堂上，也越来越多地讲评时事政治。清华大学成为北平抗日救亡运动的中心，原因之一是校长梅贻琦先生政治比较开明，为爱国活动提供了一些便利条件。1935 年秋后，以清华学生为核心的各校学生成立了"北平学生联合会"。学联成立后，张申府、孙荪荃、许德珩等与学联负责人黄敬、姚依林、郭桂英等中共党员保持密切的联系，参与指导学联的活动。同时，张申府还联合北大、师大、法商学院等学校有共同思想感受的教师成立了一个不公开的"文化劳动者同盟"，组织抗日救亡活动。12 月 9 日，平津各高校爱国师生联合发动了反对"华北自治"的示威大游行，此即影响深远的"一二·九"运动。"一二·九"游行示威的当天，由张申府与学联负责人姚依林、郭桂英和女一中校长孙荪荃组成的游行队伍的临时指挥部设在西单亚北咖啡馆楼上，随时听取情况汇报，做出指示。1936 年 2 月 29 日，张申府与夫人刘清扬因此被捕入狱，后经冯玉祥保释于 5 月 8 日在狱中度过整 70 天后出狱；8 月 1 日，他被清华大学解聘。

此后，以救亡为己任的张申府开始考虑发动一场"文化上的救亡运动"。1937 年，以"中国化"为核心的新启蒙运动登上中国现代思想史的舞台。

1936 年，张申府就与共产党人陈伯达、艾思奇等酝酿"新启蒙"。1937 年，他们正式发起了"新启蒙运动"，公开批评、质疑五四新文化运动。张申府在《五四纪念与新启蒙运动》中简单肯定了"五四"的意义后笔锋一转，明确写道："但，另一方面，五四也有它的缺欠，有它的时代的限制，也正不必讳言。""如果把五四运动叫作启蒙运动，则今日确有一种新启蒙运动的必要；而这种新启蒙运动对于五四的启蒙运动，应该不仅仅是一种继承，更应该是一种扬弃"。他强调新启蒙有三点"特别可举"：一，启蒙运动是理性的，"反对冲动，裁抑感情"，反对"笼统幻想，任凭感情冲动"。二，在文化上，"这个新启蒙运动应该是综合的"。"所要造的文化不应该只是毁弃中国传统文化，而接受外来西洋文化，当然更不应该是固守中国文化，而拒斥西洋文化"。"新思想新知识的普及固然是启蒙运动的一个要点，但为适应今日的需要，这个新启蒙运动的文化运动却应该不只是大众的，还应该带些民族性。处在今日的世界，一种一国的运动，似乎也只有如此，才能有力量。启蒙运动另一个主要特点本在自觉与自信。民族的自觉与自信固是今日中国所需要。要紧的是：不可因为国际而忽略民族，也不可因为民族而忽略国际。"三，"由今日来回看，五四的一个缺欠是不免浅尝。对于一切问题都不免模糊影响"。"因此，今日的启蒙运动不应该真只是'启蒙'而已。更应该是深入的，清楚的，对于中国文化，对于西洋文化，都应该根据现代的科学法更作一番切实的重新估价，有个真的深的认识。"①这三点"特别可举"，显然是针对五四新文化运动，表明他对五四新文化运动"缺欠"的认识。

在几乎同时发表的《什么是新启蒙运动?》这篇庶几可等同于"宣言"的文章中他非常明确地说："今日的新启蒙运动，显然是对历来的一些启蒙运动而言。对于以前的一些启蒙运动，也显然有所不同。比如，就拿五四时代的启蒙运动来看，那时有两个颇似新颖的口号，是

---

① 张申府：《五四纪念与新启蒙运动》，载《北平新报》，1937-05-02。

'打倒孔家店'，'德赛二先生'。我认为这两个口号不但不够，亦且不妥。""至少就我个人而论，我以为对这两个口号至少都应下一转语。就是：'打倒孔家店'，'救出孔夫子'；'科学与民主'，'第一要自主'。"因此，他认为："五四时代的新启蒙运动，实在不够深入，不够广泛，不够批判。在深入上，在广泛上，在批判上，今日的新启蒙运动都需要多进几步。""今日是中国团结救亡，民族解放，争取自由，民主政治的时代。今日的新启蒙运动，就是适应这个时代的思想方面，文化方面的运动。因此，这个运动，也可说就是社会发展到这个阶段的民族主义的自由民主的思想文化运动。"他提出，新启蒙当前要做的最重要的两件事就是：一，"思想的自由与自发"；二，"民族的自觉与自信"。第二点尤其重要："要达到民族的自觉与自信，必须发挥出民族的理与力"①。他强调，新启蒙的实质是反侵略的文化救亡运动、是民族解放运动："彻底的民族解放，不但要达到领土主权的完整，国家民族的自由独立，是更要达到文化的自主与思想的自由独立的。""整个的民族解放斗争，不但要反抗军事政治经济的侵略，是更要反抗文化的侵略与思想的侵略的。""以上的后二者便是新启蒙运动的一部分使命"。他强调："现在新启蒙运动不但是民主、大众的，并且是带有民族性的。"②

应当重视的是，张申府在 1937 年对新启蒙运动内容、实质是科学的、民主的、大众的、民族的概括，对稍后中国共产党正式提出"新民主主义文化"是"民族的、科学的、大众的文化"有着显而易见的影响。

1937 年全面抗战爆发后，新启蒙运动的两位重要领导人陈伯达、艾思奇先后到达延安，与毛泽东、张闻天等中共最高领导人关系密切，直接参加了新民主主义理论的建设工作。③

1938 年 10 月，毛泽东在中共六届六中全会上所作题为《抗日民族战争与抗日民族统一战线发展的新阶段》的政治报告中提出："今天的中国是历史的中国的一个发展；我们是马克思主义的历史主义者，我们不应当割断历史。从孔夫子到孙中山，我们应当给以总结，承继这一份珍贵的遗产。这对于指导当前的伟大的运动，是有重要的帮助的。"尤

①　张申府：《什么是新启蒙运动？》，载《实报·星期偶感》，1937-05-23。
②　张申府：《战时生活·战时教育·新启蒙运动·新的青年运动》，载《时事类篇特刊》第六期，1937-12-10。
③　赵俪生写道："我偶然读到一本有关陈伯达的书，那里边说，当陈初到延安，初与毛先生相见时，当毛得知是从北平出来的，他即刻打听张申府的下落。足见毛先生一直将张惦记在心。"见《赵俪生高昭一夫妇回忆录》，161 页，太原，山西人民出版社，2010。

其重要的是，他首次提出了"马克思主义的中国化"。毛泽东的这个报告，在 1938 年 11 月 25 日出版的《解放》第五十七期发表，题为《论新阶段》。其中第七部分"中国共产党在民族解放战争中的地位"，后来编入《毛泽东选集》。①

1939 年 8 月 23 日至 24 日，张闻天主持中央政治局会议，在会上就文化政策问题发言说："我们要提倡民族化、大众化的文艺，使文艺工作者到民众中去锻炼，在民众中活动。"② 1939 年 12 月 13 日，张闻天主持召开中央政治局常委会议，听取艾思奇关于准备陕甘宁边区文代会报告内容的介绍。会上毛泽东发言指出："新文化用下面四大口号为好：民族化（包括旧形式），民主化（包括统一战线），科学化（包括各种科学），大众化（鲁迅提出的口号，我们需要的）。"③

1940 年 1 月 5 日，张闻天在陕甘宁边区文化协会第一次代表大会上，作了题为《抗战以来中华民族的新文化运动与今后任务》的报告，以"民族的、民主的、科学的、大众的"因素作为中华民族新文化的内容。他认为："旧中国文化中也有反抗统治者、压迫者、剥削者，拥护被统治者、被压迫者、被剥削者，拥护真理与进步的、民族的、民主的、科学的、大众的文化因素。这种文化因素，即是我们的祖先留给我们的宝贵遗产……这是值得我们骄傲的。对于这些文化因素，我们有从旧文化的仓库中发掘出来，加以接受、改造与发展的责任。这就叫'批判的接受旧文化'。所以新文化不是旧文化的全盘否定，而是旧文化的真正'发扬光大'。新文化不是从天上掉下来的奇怪的东西，而是过去人类文化的更高的发展。""外国文化的'中国化'不是什么'中国本位文化'，而是使外国文化中一切优良的成果，服从于中华民族抗战建国的需要，服从于建设中华民族新文化的需要。"④ 1 月 9 日，毛泽东在这次会议上，作了题为《新民主主义的政治与新民主主义的文化》（发表

---

① 参见中共中央文献研究室编：《毛泽东年谱（一八九三———一九四九）》中卷，92 页，北京，中央文献出版社，2002。"马克思主义的中国化"即出自毛泽东的《论新阶段》第七部分，这一部分在收入《毛泽东选集》时，作者把"马克思主义的中国化"改为"马克思主义在中国具体化"，并有若干其他文字修改。

② 张闻天：《支持长期抗战的几个问题》，见《张闻天文集》，第 3 卷，22 页，北京，中共党史出版社，1994。

③ 中共中央文献研究室编：《毛泽东年谱（一八九三———一九四九）》中卷，149 页。

④ 张闻天：《抗战以来中华民族的新文化运动与今后任务》，见《张闻天文集》，第 3 卷，38、41、43 页。

时改为《新民主主义论》）的报告，提出新民主主义文化是"民族的、科学的、大众的文化"。

无论是张闻天提出的"民族的、民主的、科学的、大众的"还是毛泽东提出的"民族的、科学的、大众的"，中国共产党新近提出的"新民主主义文化"与此前的"新启蒙"有内在的联系，显然汲取了"新启蒙"的基本思想元素。

因此，当张申府读到 1938 年 11 月出版的《解放》上毛泽东的《论新阶段》时，兴奋异常，写下《论中国化》。此篇开首大段摘录了《论新阶段》"学习"部分中"从孔夫子到孙中山，我们应当给予总结，我们要承继这一份珍贵的遗产"、"马克思主义的中国化"内容，并在一些地方加了重点号："共产党员是国际主义的马克思主义者，但马克思主义必须通过民族形式才能实现。没有抽象的马克思主义，只有具体的马克思主义。所谓具体的马克思主义，就是通过民族形式的马克思主义，就是把马克思主义应用到中国具体环境的具体斗争中去，而不是抽象地应用它。成为伟大中华民族之一部分而与这个民族血肉相联的共产党员，离开中国特点来谈马克思主义，只是抽象的空洞的马克思主义。因此，马克思主义的中国化，使之在其每一表现中带着中国的特性，即是说，按照中国的特点去应用它，成为全党亟待了解并亟须解决的问题。洋八股必须废止，空洞抽象的调头必须少唱，教条主义必须休息，而代替之以新鲜活泼的，为中国老百姓所喜闻乐见的中国作风与中国气派，把国际主义的内容与民族形式分离起来，是一点也不懂国际主义的人们的干法，我们则要把二者紧密地结合起来。"

然后，张申府兴奋地写道："我们认为这一段话的意思完全是对的。不但是对的，而且值得欢喜赞叹。由这一段话，更可以象征出来中国最近思想见解上的一大进步。"他列举了赞叹这一观点的五个理由：第一，改革中国是为了中国，至少首先是为了中国，虽然要学习外国，但"用在中国就应该中国化，而且如其发生效力，也必然地会中国化"。第二，"这一段话的意思与新启蒙运动的一个要求完全相同。新启蒙运动很可以说就是民族主义的科学、民主的思想文化运动。对于自己传统的东西是要扬弃的。所谓扬弃的意思，乃有的部分要抛弃，有的部分则要保存而发扬之，提高到一个更高的阶段，五四时期的启蒙运动有的地方不免太孩子气了。因此，为矫正'打倒孔家店'的口号，我曾提出：'打倒孔家店，救出孔夫子'，就是认为中国的真传统遗产，在批判解析地重新估价，拨去蒙翳，剥去渣滓之后，是值得接受承继的"。第三，"我们一方面主张社会科学化，科学社会化，把科学与社会密切结合一起；一方面主张中国科学化，科学中国化。科学中国化的意思就是要使中国在科学上有其特殊的贡献，使科学染上中国的特色"。第四，新启蒙运动要求新知识、新思想普及化、大众化、中国化、本国化、本土化。"同时，反对奴化，不但反对作自己古人的奴隶，传统权威的奴隶，实在更反对作外来的东西的奴隶。"他拟定的新启蒙的纲领之一就是"自觉"与"自信"，中国化就是自觉与自信的表现。第五，"我们更主张学问的人化"，就是"把学问使人懂，却应该讲述得、叙述得有人味儿"。"而在中国说人化，当然要先中国化"①。这五个理由的中心点都是"中国化"。"中国化"是"新启蒙运动"的核心，也是中共新民主主义文化的重点，还是稍后"延安整风"反对、批判"洋八股"、教条主义、"把国际主义的内容与民族形式分离起来"的"国际主义的人们"的重要思想内容。

"新民主主义文化"汲取了"新启蒙运动"的重要思想元素，张申府在"新民主主义文化"中发现了共鸣、找到了知音。不过，由强调"中国化"张申府更进"两"步：

一、他由此提出了"民族主义的科学"、"科学中国化"、"使科学染上中国的特色"的观点。然而，纳粹德国此时正在提倡"民族主义科学"、"德意志科学"，张申府唯恐他人将自己的观点与之相提并论，等量齐观，但他只是简单地说："有的人不懂得这个意思，一听见这个话便希特勒治下的民族这个，民族那个地滥谈一阵，好像只有希特勒治下才可谈民族种族似的。完全是知其一不知其二，完全是幼稚机械的看法。"②无疑，"民族主义的科学"、"科学中国化"是非常重要的概念，但对自己提出的如此重大的概念，他却未做最基本的论证，例如没有区分自然科学与"民族主义"的关系，社会科学与"民族主义"的关系等等。而且，他曾反对五四新文化运动将科学、民主"人格化"："提倡科学与民主，第一切戒的就是把它人格化。在五四的时候，曾有人把民主叫作德先生，把科学叫作赛先生。这不过是一种文人的结习，其实很违反了科学与民主的真义。"因为"科学与民主都是客观的东西。没有客观的精神，不但科学不能成立，民主也必不能

---

①② 张申府：《论中国化》，载《战时文化》第二卷第二期，1939-02-10。

实行"①。他认为将科学人格化将减弱科学的客观性，却未意识到科学的"民族化"同样也会减弱科学的客观性。这种对自相矛盾的"无意识"，表明此时他思想中民族主义的主导作用，"客观性"已服从于"民族性"，至少，"民族性"大大冲淡了"客观性"。

　　二、他由此提出了"马克思列宁主义是应该研究的，孙中山先生的著作更是应该研究的"的观点。因为："在中国，如果承认真正切实可贵的实践知识是来自实践的，那么，多年在中国领导革命实践的人的著作，当然应该极宝贵之。"孙中山的"行易知难"说"实在是中国思想上一极大革命"，"中山先生实在是新启蒙运动的一个先驱"。他进一步论证说："中国社会是中国社会。意思就是中国社会并不是西洋社会。解说社会的理论，用在中国上便也应该中国化"。不应该忽略一国"事变"的世界性，同时也不应该抹杀一国"事变"的地方性。"因此我们认为中国的革命也只是中国的革命，随便拿什么别国的革命来比拟，都是不会切当的。"他强调，十几年来越来越相信"一个革命说"。所谓"一个革命说"意思是："彻底解决中国问题只需要一个革命。这一个革命既是政治革命，又是社会革命。既不是有产阶级的革命，也不是无产阶级的革命。而乃是国民革命，而乃是民族革命，而乃是全国革命。"重要的是："在这一个革命过程中遂由三民主义的彻底实行，平坦顺遂地发展到大同社会：即所谓'以进大同'，而把三民主义的理想圆满实现。本来划不清的阶级，便直进而消灭之，以成无阶级的社会。"他盛赞孙中山几十年前提出的将政治革命、社会革命"毕其功于一役"的观点"把中国革命的特征、任务、目标，已经明白指定"，这种模式的中国革命不仅理想上"应该"，而且根据几千年来中国的国情和 20 世纪世界革命的趋势分析判断，"也实有事实上的可能"。"凡在中国从事革命实践，而重视革命理论的中国化的，都就奉这个为中国革命的一个最高准绳"②。由"中国化"，他推导出了"三民主义"是中国实现共产主义的快捷途径、是中国革命"最高准绳"。这一观点和结论，中共无疑不会承认、接受。重要的是，在张申府此时的思想中，"阶级性"已服从于"民族性"，至少，"民族性"大大冲淡了"阶级性"。

　　"客观性"、"阶级性"都服从或屈从于"民族性"，表明"民族性"

---

① 张申府：《科学与民主》。
② 张申府：《论中国化》。

此时在他的思想中居主导地位。这当然与抗日救亡的时局、与他本人积极参加且领导救亡运动的经历紧密相关。在 1939 年春写的《新启蒙运动的再开展》这篇文章中，他决断地说："新启蒙运动是随一二·九救亡运动之后而起的。本就是文化上的救亡运动。"[①] 张申府与"新启蒙"说明，思想家的思想，与思想家的经历往往大有关系；要深刻地研究、理解思想家的思想，不能不研究他的经历。推而广之，一种政治、社会思想与当时的时代、社会背景关系更加密切；要深刻地研究、理解某种政治、社会思想，必须深刻地研究、理解当时的历史背景。

五、"理"与"力"

1937 年七七事变后，全面抗战爆发，张申府更是全身心投入抗战工作。1938 年，他作为救国会代表被选为国民参政会参政员。在国家面临战争状态下，原本民主宪政的国家，往往会实行诸如"战时状态法"、"紧急状态法"一类特殊时期的法案，冻结、暂停原来的民主宪政体制，剥夺民主宪政体制赋予公民的种种权利，政府高度集权以赢得战争、度过非常时期；原本没有实行民主宪政的国家，更不会在此时进行民主宪政改革，相反，战时国家需要，成为反对、压制民主宪政要求最正当、最有说服力的理由。然而，中国恰恰在抗日战争时期，在国家面临生死存亡的紧急关头，发生了两次声势浩大的民主宪政运动。[②]

两次宪政运动，张申府都起了重要作用。第一次宪政运动，起因于 1939 年 9 月一届四次国民参政会上提出的七个改良国内政治的提案。这七个提案依时间顺序，其中第五个提案即张申府以救国会参政员身份领衔 21 人提出的《建议集中人才办法案》。《建议集中人才办法案》主要内容是"用人但问其才与不才，不问其党与不党"；"表扬大公无私之立场"；"承认各党派之合法存在"；"限制兼差，使人当其职"；"推进民权主义，实施民主制度"[③] 等集中人才的五项建议。张申府领衔提出的《建议集中人才办法案》，重在针对国民党排挤异己、垄断政权、损害团

---

① 张申府：《新启蒙运动的再开展》，载《战时文化》第二卷第三期，1939-04-10。
② 有关这两次宪政运动的详细过程、内容请见闻黎明《第三种力量与抗战时期的中国政治》（上海书店出版社，2004）73~127、208~258 页。
③ 张申府等：《建议集中人才办法案》，见《国民参政会第四次大会纪录》，93 页，国民参政会秘书处 1939 年 11 月印行。

结的现实。

　　会后，各民主党派联合组织了宪政问题座谈会，先后举行过八次会议，就推进宪政、宪政与抗战建国的关系等问题进行了广泛讨论。11 月下旬，第四次宪政座谈会在重庆召开，成立了宪政促进会，推定 85 人为筹备委员。在后来的筹备会首次会议上，又推选孔庚、张申府等 25 人组成常委会，将宪政运动推向高潮。11 月末，为进一步团结与联合各党派力量，以沈钧儒、张申府为首的救国会、国社党、职教社、青年党、第三党、乡建派及无党派人士在重庆青年会餐厅聚会，正式成立了统一建国同志会。它的成立，为后来中国民主政团同盟的成立奠定了基础。1940 年 9 月，国民党以交通不便，召开"国大"有困难，决定"国大"延期召集，第一次宪政运动开始沉寂下去。12 月，国民党对参政会进行改组，对靠近中共的中间党派和无党派民主人士极力打压，并取消了张申府、章伯钧、杜重远、章乃器等人的参政员资格，标志着第一次宪政运动的结束。

　　但是，宪政运动虽然沉寂却并未完全停止。1941 年 11 月，作为民盟前身的中国民主政团同盟在统一建国同志会的基础上公开成立。1942年春，以沈钧儒、张申府为首的救国会加入中国民主政团同盟，使民盟团结成为"三党三派"的政治联盟。1943 年 9 月，国民党决定重提召集国民大会，制定宪法。在同月召开的国民参政会三届二次会议上，蒋介石再次表示要朝野人士合力以赴，切实推行宪政筹备。中国民主政团同盟主席张澜此时出版《中国需要真正的民主政治》的小册子，第二次民主宪政运动开始涌动，国防最高委员会也决定设置。11 月 12 日，宪政实施协进会成立，由各党派代表参加，以孙科、王世杰、黄炎培为召集人，标志着第二次宪政运动的开始。1944 年 3 月 1 日，中共中央发表《关于宪政问题的指示》，正式加入第二次民主宪政运动。直到抗战胜利之后，国共关系彻底破裂，第二次宪政运动才告结束。

　　虽然张申府的参政员资格已被取消，但他仍积极参加第二次宪政运动，多次在宪政座谈会上发表意见，撰文阐述民主、宪政的意义。1944年 9 月 19 日，中国民主政团同盟召开全国代表大会，决定将中国民主政团同盟改名为中国民主同盟（简称"民盟"），张申府被选为中央常委兼文化工作委员会主任，还兼华北总支负责人。

　　为什么要民主？他论述说主要有七点理由：一，在根本上人与人差别不大，所以应有"差不多的权与责"。二，国家是大家的，国家事大家都有权过问。三，民主能广泛动员民众。四，只有民主才能适应国际民主、反法西斯的潮流。五，只有民主才有可能使每个人的能力得到最大发挥。六，民主最合乎科学，最合于科学法。七，民主最近于中国天下为公的大同理想。① 他进一步把民主范畴归纳为政治民主，经济民主，思想民主，社会民主，国际民主五个方面。②

他认为民主政治是根本，因为民主就是主权在民，即林肯所说的民有、民治、民享。政治民主就是"民主的政治制度"："以宪法规定国家的根本组织，规定人民权理的保障；以议会为人民议政的机关，监督政府的行动；以对议会负责的政府执行人民的共同意见。"③ "政治上的民主，在今日的中国，也可以说，尤为根本，必须政治上真正走上了民主的大路，然后一切别的方面的落后的情形庶几也不能不跟着祛除"④。

但他认为仅有政治民主是不够的，"如经济上，社会上，不民主，所谓政治民主也就是假的。假民主一定站不住。也可以说，非整个民主即无民主。民主绝不等于代议制或放任主义的经济或国际的无政府"⑤。"民主必须扩张"，必须由仅仅政治民主扩张到经济民主、思想民主、社会民主。由对经济平等的美好向往而转向社会主义、至少是经济层面的"社会主义"，是20世纪30年代世界性"大萧条"经济危机后一种世界性思想倾向，或主张国家干预的凯恩斯主义，或主张完全计划经济的社会主义。当时的中国，甚至胡适、丁文江这样的"自由主义者"都曾赞赏过"计划经济"，早就接受、从未完全放弃共产主义的张申府主张计划经济的"经济民主"就理所当然了。

"英美政治，苏联经济"是当时中国自由主义知识分子中颇为流行的观点，在左倾知识分子中，则进一步认为苏联体制不仅经济民主，政治也是民主的甚至更为民主，张申府无疑持后一种观点。他认为，民主与资本主义并无必然的、不可分离的关系，民主政治并非资本主义的产物，民主与所谓自由主义也并非不可分离，而"社会主义是进步民主的一方面"⑥。但他又强调：民主"必须是中国的"，也就是他提倡的"中国化"。他进一步将世界民主分为"英美的民主"、"苏联的民主"与未来的"中国的民主"三个类型。英美社会是资产阶级、无产阶级两个阶

---

① 参见张申府：《我们为什么要民主与自由》，载《新华日报》，1944-09-12。
②③ 张申府：《民主大纲》，载《民主与宪政》，1945-01-15。
④⑤ 张申府：《民主原则》，载《新华日报》，1943-10-08。
⑥ 张申府：《民主大纲》。

级组成的；苏联社会是"只有工农与主要由工农生成的知识分子，合成唯一的阶级"的；中国社会是多阶级（以农民、小地主、小资产阶级、小商人、手艺人、知识分子占多数；大地主、现代工人、现代资本家占少数）组成的。"中国社会的构成与英美，与苏联，这样不同，彼此的政治经济，彼此的民主，又怎能一样？"所以英美民主是"一个主要阶级在上，一个主要阶级在下的民主"；苏联的民主是"一个唯一阶级构成社会的民主"；中国民主则"应是多阶级平等，多阶级融洽，多阶级合作的民主。这是中国民主的可能，这也是中国民主的理想"①。

当时通行的观点主要有三：一是将民主分为"英美"与"苏联"两种模式；二是认为英美是"假民主"，苏联才是真民主；三是认为苏联并非民主而是"专政"，只有英美体制才是民主。只有张申府别出心裁，将"中国民主"作为与前二者并列的"第三种类型"。对这种重大政治体制类型的划分，他并未做必要的学理论证，也确实无法得到学理的支持。但这本身却反映了近代以来"西学东渐"，中国人对产生于西方的现代民主宪政政治制度能否、怎样适应于中国，中国是否会因此丧失自己认同的焦虑。

张申府对民主、自由、宪政的宣传、拥护，从思想根源上说是希望、相信人是理性的，可以用理性来制约、规范权力、暴力。因此，在许许多多的文章中，他反复论述论证科学与民主、宪政的关系。诸如民主与科学都是客观的，民主与科学都是强调多元、平等、互相讨论因而方法是相通的，科学是民主的民主是科学的，理性与法西斯绝对不能并存，19 世纪末欧洲的反理性思想是法西斯主义的先声……正是对以理性约束、制止暴力的相信与希望，导致了他后来的人生悲剧。

抗战结束，国共之争开始。在抗战中，张申府与共产党的关系更加密切，思想上更加接近，他的话语系统与政治思想明显与共产党的越来越近。他认为今日的时代有三个特点：革命的，人民的，科学的。② 他与中共一样，坚决批判"第三条道路"、"中间路线"。然而，在共产党节节胜利、即将发动淮海战役时，张申府却"呼吁和平"，要求双方停战："'兵犹火也'。'佳兵不祥'。不论什么方面，如果不管眼前人民的切身遭受，而只求一个不尽可知、不必可靠的将来，那不过是一种不仁

---

① 张申府：《民主的三种类型》，载《华声》第一卷第五、六期，1945-03。

② 参见张申府：《青年往何处去？》，载《天琴》第三、四期，1948-06-15。

也不必智的冒险。""无论如何，作战于一国之内，不管胜也罢，败也罢，遭受死伤的，遭受涂炭牺牲的，既是同一祖宗的子孙，穷兵黩武，总要不得，总不应该。凡真为人民的，就令不得已而事内战，也必反对内战。不管胜败，总必哀矜勿喜。"① 这篇文章说明，话语系统与政治思想变得与共产党几乎一样的张申府，在思想核心深处仍相信理性的力量，相信并希望理性使政治由暴力的变成理性的："力即是理必须变成理即是力。"② 反映出罗素、罗曼·罗兰等人道主义、和平主义对他的深刻影响。关键时刻，这些影响就会表现出来。此文一出，自然受到胜利在望的共产党及民盟左派领导人的强烈批判，张申府被开除出他参与创建的民盟。

尾　声

　　共和国成立后，经周恩来安排，工作、生活一时无着的张申府供职北京图书馆。

　　1957 年 4 月 27 日，张申府在《光明日报》上发表长文《发扬五四精神："放"》。由于这篇文章和随后召开的对章伯钧的批判会上"不识时务"地为章伯钧辩护，张申府被打成右派，直到 1978 年始获"平反"。

　　张申府视野极其广阔，思维敏捷活跃而深刻，但这些并不表现为长篇大论，不表现为高头讲章式的论著，而是在大量"短小精悍"的文章中显露出来。

　　在张申府的精神世界中，科学与价值、科学与民主、个人与社会、东方文化与西方文化、马克思列宁主义与儒学、西方现代科学精神等汇于一处而不彼此抵牾。他认为孔子代表"仁"，列宁代表"辩证唯物论"，罗素代表"科学法"，这是人类三个最美好、最重要的精神成就，所以他的理想是"合孔子，列宁，罗素而一之"。这些思想，在本集的"哲学思想"、"科学与民主"、"新启蒙与'中国化'"中反映出来。

　　面对政治与社会现实，他时时参与政治，但又经常"不合时宜"。在中国共产党建立初期，他对列宁国家观的宣传、对个人必须服从组织

---

① 张申府：《呼吁和平》，载《观察》第五卷第九期，1948-10-23。
② 张申府：《续所思·二六》，见《所思》，159 页。

的"铁的纪律性"的介绍与强调，对中共后来的国家学说、党建理论都有深刻影响。然而，他又认为通过诸如条件反射学说便能"科学地"认识人的本性，可以据此作出理性的选择，造成群己和谐、合理社会，使政治由暴力的变成理性的，"力即是理必须变成理即是力"。在暴力冲突异常激烈的近代中国，呼吁用"理"代替"力"确实显出一种"知其不可而为之"的悲剧精神，但又反映了一种在现实剧变中的无奈。这种悲剧精神与无奈之感，确也是中国现代知识分子的精神写照，细读本集"政治思想"所收文章，更感如此。

哲学思想

纯客观法
（1927 年 1 月 25 日）

现在觉着；我所谓"纯客观法"的，已可以把屡屡拉杂想及的拿一句话程式（formulate）出来。就是：

"纯客观法"：跳出主客，主亦为客，是为纯客。纯客所证，厥为事情。

要解释这句颇觉有些古奥之嫌的话的意思，让我先画一个图，然后就着这个图来解释。也就是解释这个图。上面那个程式，上面那个辞，意思也就一部分见于这个图。

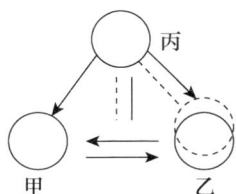

→ 示对待关系与方向
Ⅰ Ⅱ 示先后（从乙到甲是Ⅰ）
（从甲到乙是Ⅱ）
乙处之虚圈示逐渐跳出之状

当然，第一层应该解释什么是主与客。但关于这个，我的意思还是那一套，用不着再费大力气来敷说。简单言之，还是，主观就是我见，是私的（private），是自内的。客观则是公的（public），共的（common），是自外的，也可说就是"外观"（viewed form without）。但到了纯客观，便内的也看成外的了。（夹注几句：最近法国哲学会，出了一部哲学字典"Vocabulaire tecknique et crictique de la Philosophie"，其中解说主客颇详。这是新出的一部极重要的哲学书，是在哲学里作"有循于旧名，有作于新名"的工夫的。体裁与 Baldwin 的汇典，与 Eisler 的引经据典，都不同。经营二十余年之久，得有全欧哲学界的赞助。罗素也有几条的贡献。）

主客本是对待的，相对的，依它的。也还可说是相反相成的。图中甲之为客，即由对于乙之主。甲乙间的关系是相互的，故以⇆号示之。我所谓跳出主客的，就是要跳出这个甲乙对待的关系。而跳出这个主客的关系，先要跳出乙的主观地位。丙圈便表示跳到的地位。→表示跳出的关系与方向。因为这都是假设的，因为这都是方法而非所论的东西，故均以虚线示之。

跳到丙那儿，再看甲乙对待的关系，再看到甲与乙，岂不都是自外看（viewed form without）？甲与乙，岂不都已成了客观的（objective）？这便是所谓"主亦为客"的意思。可是如从丙外看，先看到的乃是那桩对待的事情（event），说为"对待"已是不得已而为之辞，至于甲乙那两个东西（objects），更是虚妄分别出来的（在逻辑上，则为"逻辑的构作"，或名"逻辑的虚构"）。所以前辞，最后说："纯客所证，厥为事情。"

这已由方法说到物实了，故由纯客观法所得的元学应是：一切皆成自事情。

于此，有两个问题，立刻可以产生。第一说：这不过换乙之主观为丙之主观而已。我以为不然。理由有三：一、主观我见，本还有一个意思，就是以虚为实，以幻为真，不过"我"所见的如此，而乃以为本来实在如此。客观则是以实为实，怎么样子的还它怎么样子。也就是罗素所说的，"虚心、切实、如实地对付事实"。我所谓"纯客观法"本是要绝对地如实的，怎么肯脱了一我，又造出一我来？二、主客相对，只有两个，不能有第三。三、丙本是假设的一个见地（standpoint），岂同乙之实在？初非同一类型（type），岂容同一看待？而且就令跳到外边，仍不免带去主观的毛病，正亦不妨再跳。跳跳不已，也不过还是一套"正负错综，相反相成"。照原来方法的意思，总之，一跳就是一进。

第二问题，应是：这样跳法，可能不可能？当然，我既主张这样方法，一定相信其可能的。但这也不仅仅是一个愿望。也有事实的根据在。我本自信，这个方法是合于科学的精神，合于科学的趋势的，相对论的物理学，与行为论的心理学，都趋于这个方法。

如果承认相对论与行为论站得住，便无从怀疑这个纯客观法站不住。本来，活动先有，方法后成，活动既成，何难于方法？

于是又有一个随带的问题，便是：这方法可以不可以普应遍行？我也是以为可以的。但这自也不可以空言决断。究竟可以不可以，应该试一试看。譬如炸弹炸不炸，应该炸一炸看。卖药的一定说它的药灵验，究竟灵验不灵验，也是要吃了看。吃的要得法，自也是必要的。

"纯客观法"这个名字，诚然不无可议。我所以要用它，已经声明，不无成见。也因想不出一个更妥的来，所以只有仍之。别求一个，我所得的，只有"实法"二字。一则嫌其太著实，再则翻成英文仍是Realism 一字，意义便更多歧了。

简单释名，便止于此。本来还可从多方面说，如云"知主观之所缘，则主观亦为客观。知虚幻之所以为虚幻，则虚幻亦为真实"之类，此姑不悉论。

（原载 1927 年 1 月 25 日《所思》）

什么是观念论、唯心论、理想主义？
（1929 年 10 月）

（一）

观念论、唯心论、理想主义，就是英文字 idealism 的译语。要晓得什么是观念论、唯心论、理想主义，应晓得什么是 idealism。

观念论、唯心论、理想主义，三个名字都是 idealism 一字的译语，由此当已可见此字意义之隐晦而多歧。所以要懂得它，最好是从其来源说起。

近来英国又有一个能文的哲学家，名字叫作亨雷（R. F. A. Hoermle'），现在南非教书。是偏向唯心派的，但头脑很清楚（此其所以能文章），对于怀惕黑、罗素等人的新学说，也颇能称道。有一篇自述其学历著作的文字，刊在《现代英国哲学》的第二集中。两年前，曾在英出有一本叫作《唯心论》的小书，讲述唯心论的意思，极为清析可读。今年又把来改作了一番，在美出版，虽不见得比旧作更好，篇幅却增加了一倍大。现在就照着其中所说，看看 idealism 从来的意思。

大家当都晓得许多欧洲字，是起源于希腊文或拉丁语的。idealism 也是其例。

idealism 的语尾是 ism，这虽有"论"，"主义"，以至"运动"等等译法，但不成甚么大问题。idealism 之所由多歧，乃在其前半字。

以前半部而论，idealism 乃有两个来源。一个是"Idea"这个字。一个是"ideal"这个字。

"Idea"现在普通翻为"观念"，是直从希腊柏拉图的哲学里传衍下来的。柏拉图又取自其前百年间（西元前第五世纪）的学者著作中。但在那时，这个字却不好拿"观念"两字来翻。此层以后详说。

"Ideal"现译为"理想"，是近代从拉丁语的 idealis 这个形容字，造成的一个名物字，后起多了。Idealis 这个字，本是一个后期的拉丁字，制造的时候，罗马人久已把"Idea"那个原字，从希腊取来，用于哲学书中了。

"Idea"原来的语根就是 id（拉丁 Vid-ere 此言观看）。从这根已造了些云谓字与名物字，表示观看的作用，与所看的东西。"Idea"如此，"ideal"的原根，当然也同。

英文"idealism"这个字，不但用于哲学，也用于普通话中。在普通话中，"idealism"的意谓则由"ideal"的意谓而定。"ideal"译为理想，当然，idealism 可译为理想主义。

可是，所谓理想，意谓也颇有深浅轻重之不同。照新近一部著名的汇典（《宗教伦理汇典》）中所界说，一种物事，如果得到了，就会完全使人满意；一种物事，如是其类中最圆满的，因此且是要据以摹拟的模范，且是用以判断实际成就的标准，那对于这种物事的观念，便是理想。据此，则理想总是优美、圆满、或道德价值的模范或标准。

可是，理想的中心意谓，虽是如此，然因理想与实在或现实的关系如何，不免有三种的看法，于是理想的意谓，便也发生三种差异。

第一，理想可看成是已在事实上实现了的，或至少是可以实现的。第二，看为虽不能完全实现，但却可以趋近，就是达到实现的方向，却藉而定。第三，看为完全不能实现的，因其是纯粹出于灵幻。

理想与事实的关系，这三种看法的不同，自然要随所论的理想是那一种而定。

平常有时逢见一个东西，是其类中最圆满的，是好到极处无以复加的，那便可说那类东西的理想者，已于此而实现。这就是上边第一种的看法。

可是讲到道德上，人总不免要以为最高的优德懿行，虽是人的本分所宜求，完全实践，则非人之所能望。这便是可期而不可及，可趋近而不能达到。求美之心益殷，益感己行之不足。

至于有时所抱的理想，完全在事实上没有根基，那种当然无实现的可能。

理想有这三种，于是所谓理想主义，就是 idealism 的哲学以外的用法，也有三种的差别。

所谓理想主义者或理想家，有的简直完全不察事实，本来如何，但凭想象，假设完美，其实并与事实无与。这不是理想家，已是空想家了。

有的，则生平为理想所主宰，行事以理胜于情，认本分为要于情意，先公益后私利。这是理想家之第二种。

又有的，则喜欢隐恶扬善，处人接物，总向好处想。在别人只看见不圆不满的地方，他也看出圆满来，就是不是实现了的，也以为是在实现的过程中。这种人就是所谓于恶事之中看见善之魂，以为狗子也有佛性的。是最高的理想主义者。

Idealism 的这种通俗意谓，现在无取深论。由通俗意谓讲到哲学上的意谓，便须舍 ideal 而看 idea。

以字面而论，在哲学里头，"idealism"的意谓，就是一种拿些"idea"来解说整个世界的学说，或说，就是以"idea"为辞的一种"实在"说。

当然，这种说法，并解释不了什么，这算不得一种解答，其实不过一种谜。要猜出其中的意思，不得不看"idea"是什么。

不幸，idea 的意谓，乃比理想还复杂。自有哲学以来二千多年，idea 这个字的意谓已不知有了多少衍变纷歧。因此，近代西洋，遂有的著书立说的人，完全避此字而不用。不但这个，更有的号称唯心论家的哲学家，像已故的鲍桑葵（Bernard Bosanquet），简直把 idealism 这个字也因其可以引起错误的联想，根本废掉，宁自称其学为"悬想哲学"。

照这样子，便是没有"观念"（idea），也可以作"观念论家"（"唯心论家"）。换句话说，就是，历来以 idealism 名的种种学说，完全不用"idea"这个字，也可以说得出来。总之，如把这个字认为不方便，足以引起无谓的误会，弃而不用，在叙述普通总称为 idealism 的几派学说上，绝不至损失了什么必要的东西。所以，这个字，历来所居的地位，不拘怎么重要，在现在看来，使用这个字，确是只是历史上一种偶然的事了。

可是，虽如此说，要平平安安地弃去这个字，不得不先周周到到地懂得这个字，懂得它历来为哲学家所用的种种意思。这个字现在之所以失了方便，虽是正因有许许多多的不同的意思，但学哲学的人却不能不晓得这种种意思，不能不晓得怎么分别之。现在从历史上，要晓得什么是唯心论或观念论，这其实也还是一道方便之门。

所谓"观念"即 Idea，是在（一）普通话里，（二）一些心理学家的用语里，（三）大多数哲学家的用语里都用的。

前两种用法都不大重要。要紧的是第三种里的用法。

普通话里所谓"观念"，大致不外"意思"，"思想"，"想法"，"作法"，"见解"的意思。一个专门字，就令本来意谓很确定，到了普通话里，当然要变得含混而漠忽的。

有些心理学家，意在把这个泛滥的"观念"，因把人知的发展分成三层级的作用，就是感觉、知觉、观念。这最后一层级就是所谓观念之所从成。这一层级与前两层级的不同，在所感觉、所知觉，都要在当前，要呈现于感官；至所观念，或所想，则不必然，有时且简直不能然。这其实与普通话里的意思，也差不很多。但有的心理学家下界说，说观念是不在当前的东西，藉一种或很充分或不很充分的影象的再现。即就不免把观念看得太狭了。

与本题所讲最关切的，当然乃在 idea 在哲学里的意谓。

从希腊哲学到康德哲学暨十九世纪的后期康德派的唯心论以前，总而言之，"idea"这个字的意谓的变迁，可分成三个大阶段。

（一）在柏拉图，所谓"idea"就是些所谓"实性"或"本质"。又或"型"或"象"或"法相"。

（二）在基督教哲学家圣奥古斯丁以及以后中世的思想家，则是在上帝心里的一切所造的模型。

（三）在近代哲学之初，代嘉德、洛克、柏克雷等手里，则成了一切不拘种类的随便由人心所领会的东西（对象）。

自此以后，到了康德、黑格儿，以及十九世纪的唯心论家，下至晚近的卜赖德雷、鲍桑葵，以及其他等人的手里，则 idea 这个字的历史，在了解唯心论或观念论的意谓已不像先前那样重要。因为，这些后出的唯心家，诚所谓不用"观念"这个名字，也可说明其唯心的主张即观念论。

现在便述前三期。

简单言之，这部意谓变迁史，大致如下。

（一）在古希腊，idea 这个字（那时写法当然不是这样）的原意非专门的意思，大概就是，样子、象、型式、法相、等等。本来以视觉而论，要指识什么之为什么，显然须用它的特殊的样子、型式。

可是，一个东西是什么，就是其所是的是什么，这在专门语，便叫作它的"性"或"质"。

但是一个东西的性质，当然不应只以看得到的（视觉所能领会的）为限。不但不应以这个为限，反之东西的主要性质倒许是随便什么感官都领会不到的。倒许是只有理性或知能才能识别者。

这样子，由可见而成了不可见。普遍地以指一切东西的本质实性，所谓 idea 在柏拉图的哲学里，遂成了一个很专门的名词。

所以在那时候，照那种用法，所谓 Idea，并不好翻为"观念"。不翻为"象"或"型"或"法相"，最好翻音作"意地"。

中国的"样子"两字虽是普通话，却有以次递高的五种意思，即一、形状，二、实例，三、模范，四、方法，五、种类，颇可与柏拉图的"意地"相仿佛。又"形"字或古之"刑"字，本有"实谊"，尤可与"意地"相比拟。

所谓"意地"是物物都有之的。而最初最注意的却是在道德方面。柏拉图的先生苏格拉谛已经主张，凡是德行或价值，如正（义），如善，如美等等，都有一个"意地"或"实性"，平常叫作正的，或善的，或美的，行为或东西，多少都把它体现或表示出一些来。

苏格拉谛并力言人应当得到这种种道德的"意地"，得到能够界说之的知识，以便能够分别出象是与真是来，不至以紫乱朱。这颇有些孔门正名的思想。什么什么的"意地"也可说就是什么什么之"正"。亚里士多德造有"共相"（universal）一名也合于这个意思。

显然，这种"意地"，或"共相"，乃是"不可见的"，"非物的"，不是可感觉的，有体的。要以理性来领会，而不得以肉眼去捉摸。

苏格拉谛自己把这种"意地"说推阐到什么程度虽不甚可知，在柏拉图的著书中，则这种学说已扩通得把所有共相的范围悉包无遗。

这一点须再加以申说，以见柏拉图的《意地论》与后此的种种唯心论有何不同。

照柏拉图所讲，这种"意地"说，可说就是对于学问知识的对象的一种学说。就是要说明学问知识实在所讲的是那一种的东西。学问家研究的目的并不是些个体，实是以个体为例原理原则公律大法。这些都是共相的。凡是所关涉的那一类的个体事例，无所不可应用。

所以，照柏拉图所讲，学问的对象，永远是些共相，照柏拉图的名字，就是所谓"意地"。

但于此，有一点，特别须加以注意。

据柏拉图所说，个体是感官所知觉，而"意地"（共相）则只能以思想了别之。照近来的说法，就是只可以怀念（conceived）而不可以知觉。但是怀念的东西，普通都叫做概念（concept），因此申引，柏拉图的"意地"，与近代的共相一般，也常常叫作概念。这固不错，但有一种误会，都不能不免。

这就是，普通所谓概念，通常以为是心所造。但是对于柏拉图的"意地"，是说不上的。柏拉图的"意地"，则完全非心所造。是心所领会的对象，而非能领会的心的状态（"心所"）。是思维所发见，而非思维所形成。发见这个就同发见一条科学律或科学原理，对于个体物事的本性，便得了一种科学知识。这都是实在有在那儿的，并非心所安设。

所以柏拉图的这种学说，其实是不能以后此的所谓唯心论或观念论名之。如仍称以"idealism"则这个不过只是一种以概念（共相、规律、原理）为个体物事的必要本性，为学问知识的实在对象的学说。

以"意地"是实在有在那儿的而论，柏拉图的主张倒可说是近代普通都以为正与唯心论或观念论对立的实在论或唯实论 realism 的一种。这就是所谓"柏拉图的实在论"，也就是中世那种与唯名论争个不休的实在论所由始。美国一些所谓新实在论家曾经跟着以前的罗素，崇奉这个甚力。

不过，柏拉图的"意地"与近代科学的共相规律也非尽同。"意地"不但是解说的根据，并且是圆满的准衡。不但是物的"本性"，并且是物的"理"。这于柏拉图讲道德与数学的"意地"时，特别有然。

物的本性，就是物的理想标准。这其实并不足为奇，平常常常是这样判断的。为妻的都是妻，为母的都是母，但却有贤妻良母的。人谁不是人，但说"要作一个人"！也不是无意义的。凡是同种东西，而分别以好坏，都是以其本性为理想。

在柏拉图的意思，凡是感官所及的东西，没有完全实现其类的"意地"的。直线莫不要直，圆轮莫不要圆，善举莫不当善。但是那条直线完全直？那只轮子完全圆？个体物事，总不过"意地"的不圆满的表现。所以，直线之直，圆轮之圆，善举之善，一方是各个的本性，同时即又是理想。

复次，不以直线为名的，不能责以直，不算圆轮的，不能求其圆，不以善举号召，当然也不必期其善。所以，一物一事，虽都不能不是其所是，但却不必完全是。循名责实，所以都要尽其所能地以是其所是。

所以，一事一物的"意地"之有"型"谊"法"谊，即见于此。

在这一点，还有一点可说。柏拉图所讲"意地"是有等级的。最高的"意地"就是"善的意地"。这在柏拉图，简直是一切之原。就像太阳使一切可见一样，"善的意"则使一切可解。"与所知以真谛，与知者以知力"者也就是此。一切物事之所以是其所是，也以此为因。且此，无所不在，对于一切的物事，要得圆满的真谛，更不可有忽于此。

这有些玄之又玄了，可是柏拉图的意地说，影响基督教神学的发展最深的，却是其说的这个特点。"Idea"这个字在欧洲哲学史中之得到其第二个意谓，也由此开了一条方便的路子。

（原载 1929 年 10 月《哲学月刊》第二卷第六期）

事、理或事实

——关于"理"的讨论的谈片

（1933 年 3 月 9 日）

　　芝生与素痴两先生关于"理"的讨论是很有意义的，不但他们的文笔之趣而已。我相信要使中国的哲学研究有点切实的进步，大有赖于这样的讨论。我本希望由这次的讨论可以引起公开的平心静气的讨论学理之风。可惜事实上注意这场讨论的竟不很多。这也许是由于问题使然，或时会使然。但也许是因为中国的哲学研究实在还太幼稚的很。

　　中国人自觉地研究哲学（由西方传来的哲学），不过是近十年的事，幼稚原是当然的。但如何由幼稚而到壮健，却非多经过几次的公开的讨论不可。由公开的平心静气的讨论乃可以使得大家博览而深思，有个切实的自得，知道自己的欠缺，而不复以倘来的一得自满。

　　而且中国人的一种习惯至今还是公私不分，容不下异己，虽在有知识弄学问者亦所不免，或且特甚。既未养成宽大的精神，更不懂得所谓谐默与容忍，除了对于强敌以外，这种情形，这种习惯，也许只是近来的，而非历来的。但因这种情形或习惯，却使得人常因见解而影响感情，或则反之，也常为感情而影响政见，在这样情形之下，公开的讨论当然是难的。但要克制这个，却仍非由公开的讨论迫着大家改变习惯不可。也特为这个，所以我极希望，就在哲学里，公开讨论之风也能实现。

　　诚然，哲学问题的讨论，常常难得正面的结果，决定的结论，这是因问题性质如此，现在还是无可如何的。将来哲学再进步，方法能改善，也许可以改变这种情形。但是就在现在，经过一场辩难之后，但令辩难者对于所辩难的问题本有相当的基础，至少辩难者自己在观念上总可得到一些清楚。

就是关于所谓理的讨论也是如此的。诚如芝生先生所说，要使这场辩论有结果，应该先把几个重要名词的意义弄清楚。既是关于理的辩论，第一个应该弄清楚的应然就是"理"字。究竟什么是中国历来所谓"理"？究竟中国这个"理"字与西洋现在的那个字或那些字相当？芝生先生不愿把这工作轻作，这自是一种极审慎极可佩的态度。不过在我的心意中，我却觉有两点要说，当然我并不是轻想把这个"理"的意谓弄清楚。第一，我觉得中国这个"理"字，最好除了戴东原所说的意思以外，就像希腊的 Nous、logos 一般，再不使它参入现代的讨论之中。这是一个最彻底、最革命的办法，同时也就是感情的。第二，"理"的意谓虽不能不说歧混，但在大家心意中却总有一个多少相当的意思。此所以对于它的意谓虽未能确切明了（或说规定）但也可以辩论这么久，来回往复有四次。所以发生问题当然也就在那个相当的"多少"上，或明了的"多少"上。许多哲学的辩论恐怕都是这样子引起的。假使一个概念或一个字，全明了，全相喻，自无问题发生；假使全不明了，全不相喻，也自无可说。但常常乃是似明了又非全明了，似相喻又非全相喻，结果终致争论不休。言语意谓研究的重要即在这上头。

关于所谓"理"，我还有一点愿说。在我的意思中，我是相信世界不过这么一回事，不过这么一个样子。但是那个样子呢？在我的意思中，这个样子，便是所谓"理"。这样的所谓"理"，当然既不是西方平常所谓规律，也不是平常所谓共相。这样的"理"当然是不离事物的，但也不能全在随便那一个个体。

"理"之次，如芝生先生说，最应该弄明白的名词便是"事实"了。这个名词，在现在，其实是比理更常用，意思也更歧混。而且常为辩论者的最后堡垒。近年因为科学的哲学，或说自然哲学的研究，对于所谓事实也特别加了注意。但在现在有一事是必不能不承认者。但是不论讲什么，如要讲的在逻辑上能成系统，能一贯，至少必须有一个字或一个名词不界说。在我的意思，从各方面看来，现在最好还是把"事实"作为不界说。不过一个名词虽为不界说，或不可界说，却非不可以解释，或说明，或例示。但对于事实，例示虽易，解说则也难。

第一层须知者，现在所谓事实乃有种种。前些年邦嘉雷讲科学的哲学，已常提"粗野事实"与"科学事实"的分别。我所要说的还不是这个。至于平常所说的历史事实，宗教事实，社会事实，心理事实，等等的不同，自更不足轻重。自我看来，广义言之，现在所谓事实，至少可有三种，即：常识（或感觉）事实，物理事实，与逻辑事实。三者间并不必有划然不可变的界线，尤其物理事实习惯了便可成为常识事实。

事实是随系统而殊的，一个系统有一个系统所属的事实。因此讲事实，不能不管系统。现在在言语说话上可以分常识、物理、逻辑三个系统。所以事实也可以有三种之别。这里所谓物理的，也是用的最广的意思。

现在弄科学的哲学的最重视的尤在事实与学说，与规律的不同。因为近年来常有人把学说，尤其是新学说，错认为事实。关于这一点，剑桥学者黎奇（A. D. Ritchie）在其"科学法"第六章，论学说章，开端；及柏林科学的哲学家莱痕巴赫前年（一九三一）七、十两月在伦敦的哲学季刊发表的两封信中，均有所论列。要之，事实与学说与规律的不同乃在通性与概然的程度上。

对于事实的解说，近来很有一种流行的说法，便是说：事实是命题所表示。这当然是不中什么用的。如以为界说，则显犯循环兜圈的毛病。而且话也没说完全，必须修改为"事实是命题所表示或所要表示"，或"事实是真的命题所表示"方可，因为命题固有妄而不与随便什么事实相应者在。至于所谓循环兜圈，也有两层可说。自从亚里士多德以及斯多噶派以来，以至今日的数理逻辑家如罗素，或讲数理逻辑的非数理逻辑家如故博士约翰森（W. E. Johnson），对于命题本有一个共认的界说，便是说，命题是有真有妄者。或说，命题是可真可妄者，我觉得更好。而采取命题的这种界说的人，大概同时都又信命题的真就是与所要表示的事实相应，妄就是与所要表示的事实不相应或没有事实相应。如此，照现行界说的规则，说事实是命题所表示岂不等于说事实是与事实相应或不相应者所表示？再，在一种意思，命题本也是一种事实。如此，经过相当衍说之后，说事实是命题所表示便又等于说事实是某一种事实所表示了。是一个更显然的圈子。

维特根什坦在其奇书"名理论"里是讲了许多事实。劈头第一句说："世界是凡是情实者"。底下接着便注说："世界由些事实而规定，并由这就是一切的事实。"又说："世界分成些事实。"紧接着第二章主辞里，便又是更显地把事实等于"那是情实者"（Wasder Fall ist，英译What is case）。其实，如把事实界说为是情实者也等于不界说。因这等于说事实就是实，就是是者，有者，只须再加上说事实都是复杂者。故罗素为之引解时，便特说："世界里是复杂者就是事实。"在中国话里，当然"情实"比事实，实更难为人所喻。

罗素在其"人的外界知识"第二讲中，曾特就所谓原子事实，自说他说事实时，并不意谓世界里的单简的东西，而乃意谓，某东西有某性质，或某些东西有某种关系。这本是很平常的意思。自也不成界说。但罗素所最注重者尤在事实永不是单简的，总有两个或两个以上的成分。这自是照应命题而言。但事实不是单简的，则差不多也成了现在公认的事实了。

不过，在德奥讲事实时又尝分为两层。一为 Fatsche，历来以与英之 fact，法之 fait，拉丁之 factum 相当，根谊皆为"所作"，皆由彼中"作"字而转成。二为 Sachverhalt，英法都无专门的相当语，中译或可暂作事态，或事体。有人说，Fatsche 是知觉的对象；Sachverhalt 是知识的对象。犹之乎在英美法也常有人说，事实是经验的今有（棣它 datum）；或详说，经验的今有离其为今有的经验而论者；又或说，以为经验的实在今有，思想可以为基者。这在今日都可说是过时的解释了。但现象论的宗师胡萨尔也多少同乎这种意思，谓"事态"就是妥当判断的客观相关者，"事态"含有"个体存在"者便都叫作事实。因为个体存在乃见与（见有）于知觉或记忆中，事实乃见与于知觉的或记忆的判断中，遂又谓，凡可以见与于经验或基本经验的"事态"都叫作事实，胡萨尔也说东西不是事实，则是也与罗素等同的一种常见。

但像这样地分别"事态"与事实，在德奥也并非一致。譬如维特根什坦的用法，就直相反，而以事实当所谓分子事实，事态当所谓原子事实。显扬维特根什坦的维也纳派的健者，卡纳普（Rudolf Carnap 新近大宣扬所谓物理主义者），在他的名著"世界之逻辑的构造"中，所说事态，又当于泛言的事实。

复次，事实还有应与分别的，便是对于事，或说事情（event）。这层分别，虽是拉朗德的字汇（Lalande，Vocabulare）中也曾附及，其实也是这些年因为科学的哲学的研究，事字流行以来，才被重视。有人说，事是名字所名的，事实则如前说，是命题所表示的。事都是特殊的，事实则含着一般的成分。女博士斯太冰（L. S. Stebbing）则在这一点还能从罗素，认为事与物（东西）与事实根本不属一个类型。所以对于事所说的都是对于物，对于事实，所不可说的，反之也然。我则以为事是可以直接接与者，事实不是可以直接接与者。维特根什坦所说，"世界分成些事实"，所谓世界应是照逻辑上的意思。

我虽信最好是不对事实下界说，但由上来所述说，照最广括的意思，假使知道了什么是系统，今有（棣它），与推证，似也未尝不可说，事实就是一个系统里，由那个系统所假定的今有，用那个系统所用的推证，所得到，或如此所得到的所表示者。那种推或证的规则自也是事实，但却许属于另一系统。数理逻辑的一种长处便在使其推证规则属于本系统之中。一个系统的今有则是不自觉的事实，或说不明说的事实。

事实本是与虚幻为对的。常识即认为是属于事物的本来面目者。凡事实原都是有客观性的。如此，便也可说，事实就是有客观性的之复杂者。但这在现在却也仍不能算为界说，因为东西现在也认为复杂体，同时当然也有客观性。于此所需要的乃在把所谓复杂分成两种，因为事实的复杂与东西的复杂，显然不同。本来这地方原可利用德奥派的 object 与 objective 的分别，但那样子不免又要回到说事实是命题所表示上去。

在谈理，事实，命题，一类的问题上，我觉着还有一点，切不可不注意。这便是罗素所最重视，所常提起的，一种所谓"对于实在的壮健率直之感"。这也便是我所谓纯客观法的精神之所在。罗素在他的"数理哲学引论"里有一句最深切著名的话，便是说："只有一个世界，即'实'世界。"如不注意他那一段话的意思，不可免地会弄出许多是非。

在这次"理"的讨论中，素痴先生似乎未很注意"公孙龙子"的一切个体与任何个体的分别。这种分别本也是常识中所有的，随便找一本歧字辨异，便有的讲到：一切是集合着说，任何是分别着说。罗素重视这种分别，一个意思也不过是示：类与个体不可相混。但我却觉得把这种分别用在"理"的问题上，并无多大相干，或且反增纷淆。但芝生先生由此一分别则似已改变了主张。照着"理"的一种共喻的意思，加上这种一切与任何的分别，在我的解释，一种最可能的解释，不过是说："理"不在个体，而在个体与个体间的关系；理可离个体，但不离个体与个体间的关系。但就是这样说法，也还是含混的。一则个体常不是绝对的，必须在两个对句的第一"个体"上都加上绝对两字方合。再则，假使所谓理不同于共相，不仅是性质或关系（在前一层上已有此假定），那么说理在关系，也是不合的，应说乃在由些个体间的关系而成的结构。不过，若求简练，若搬弄字眼，则但说："理不在个体，也不离个体。"照我的解释，也尽够了。而且这样说法也大合乎辩证法。（一笑。）只是柏拉图的实在论，恐怕已不能保持；恐怕至少也要如舒尔慈教授所说的，该归到亚里士多德与唯名论了。

舒尔慈教授在其逻辑史纲末后讲数理逻辑的成就,一处说(页六二):"由对于高等存在型式,数理逻辑的解说,有名的唯名论与实在论之争,已照着确切规定的意思决定了,偏向了唯名论,所以也即反柏拉图而向亚里士多德:那种确切规定的意思即是,一个性质,只有在有一个东西存在,可以这个性质谓之时,才'存在';同样,一个关系,也只有在有一系东西存在,可以这个关系谓之时,才'存在'。"这段话,由我的信念,我觉得,是很可以与罗素在"神秘主义与逻辑"美版新序中,及它处,根据现代物理现代心理等,所讲的柏拉图的天上的大"猫",同样重视的。(可看《新哲学书》附录中所译引。)

还有一点也可以于此说及。如果对于"理",把一切与任何的分别过分地重视,充类至尽之,势非将归于一种"窟窿主义"(Holism 之戏译)不止。即如杜里舒所说,全不同于和,全体超于各分的总和。如此,必又将弄成理先天地而生,弄成柏拉图实在论的重返。但这似乎不是芝生先生的意思。

素痴先生在这次语录,揭出"朱考亭"的一个明显的自牾,而以为还攻的一最大利器。我初看了很诧异。后乃发见自牾并非自牾,乃素痴先生不免把命题的表示与命题所表示混在一起了。大致即如芝生先生所说,命题的表示那桩事可以错误,命题所表示的那事实则不会错误。不过,我却不以为命题本身有对错。命题本身不但无对错,亦且无真妄。如前所界说,命题是可真可妄者。但一个命题却可一时真而另时妄。所以命题本身不能有真妄。如前说,一命题与事实相应,便是真的;人如宣陈之(是认之)便对了,否则便错了。一个命题不与事实相应,或无事实相应,便是妄的;人如否定之(否认之),便对了,否则便错了。是则命题本身无真妄,真妄在于命题与事实的关系,而对错则在人的否定或宣陈。我以为这也是最好如此分开的。不过,命题在逻辑上,现在虽至少有一个为一般数理逻辑派所同认的略说,但命题在本体论(即"有论",存在论)上,究竟是什么,却还只能算是一个开着的问题。

上面所说,并不是有意参加作为"理"的讨论,特不过感于芝生素痴两先生把他们有趣的辩论在世界思潮上发表的盛意,聊供一些可供讨论的资料而已。显然,我自己也是唯名论者,且是随着罗素由共相的实在论而归到那上头者。关于数学的唯名解说,我深信数学本不是一种随便可以假借的东西(东西二字用最广义),我虽仍是谨从罗素之所趋,对于希伯德一流的白纸黑道说或下棋说还不能相信,但却信数学的唯名说，在数学的应用上并没有不可超过的困难；如有这种困难，则佛勒格以前的所谓实在论也将不稍差。可是唯名之名尚足很有研究的余地的。这自也要用着数理逻辑，特别它对于"那什么什么"的那字的解析，即其摹状论，泛言之也即其不全记号论。既然如此，现在对于唯名论的称呼，自便不可刻求，或拘泥。

（原载 1933 年 3 月 9 日《大公报》）

客观与唯物
（1933 年 11 月 16 日）

大客观之为说，原在"跳出主客，主亦为客"。从客观出发，扩大客观的范围，把主观也容纳于其中。不以主观为观点，更不僭以主观当客观，但也不抹杀主观的地位。这便是所以叫作大客观。

客观的本义，本在如实而观，不以情欲好恶而谓黑为白。客观者是承认有公共世界，承认实在是不依附于人的。辩证法唯物论的根本义便也在此。辩证唯物论乃是一整个的哲学系统：既有它的方法态度，也有它的元学，知识论，更有它的人生观，人生哲学。它的最根本义则在认有不依附人的客观实在。

但是平常的客观主义却也常是一种边执，且常不免于二病。或则默许现状，成了现状的说客，或则流于宿命，自居于客，客观便又只成了旁观。

大客观是不如此的。大客观乃要如实认识事实；但更要加以价值判断。客观地根据事实，而建设主观的理想，而更尽人力以求价值理想的实现。价值是不能离开主观的。什么是价值？价值就是"值"，即，恰逢，正当之义。但必人认识了或感到了或规定了，乃成了人的价值。不过于此所谓主观是社会的或阶级的，却不必是个人的。

大客观绝不轻忽人的努力，绝不忽略人的影响。客观所重本在于实。人的实践，也是大客观所极重视。大客观并不仅注意事实的现状，实更注意现状的所由然，与所包孕的可能。但却认，要实现将来的可能，必不可不体认目前的现实。必须能随顺现实，乃能变革现实。必须不离现实，也不局于现实，即能扬弃现实，乃有理想的实现。

前几年有一个当时名重一时的辩证唯物论家（即迭薄林），尝说："辩证唯物论的方法即为客观主义与主观主义的会通综合。辩证唯物论的方法把这种主观客观的对立，科学地使归于谐和，使归于辩证的谐和。"又说："辩证唯物论既摈斥脱离客观实在而基于思想与情感的唯心主观主义，也同样摈斥元学的客观主义。而以一种正当把握了的有定论或客观主义来对抗之。这样的有定论或客观主义不但不排除人的作为，且要收为必须不可缺的成分。"

大客观，可说也就是这个意思。平常客观只是科学的方法态度，大客观乃更是辩证唯物论的方法态度。如不怕误会，简直也可说，大客观乃既要客观，更进而要唯心，创造的唯心。但客观而唯心虽是需要的，唯心而客观便决绝不可。因为唯心论没有不是主观的，所谓"客观唯心论"，实属不辞。当然，可与客观会通的主观，与客观以后的唯心，也是说的主观与唯心的一种意义。

（原载 1933 年 11 月 16 日《大公报》）

方法与工具
（1935 年 5 月 22 日）

　　一方因为现在流行的不拘那一种的语言文字都不是理想的语言文字，一方也因人的生理不同，制约不同，环境不同，教育不同，所有的思想，所用的字义，表达的方法，便也常常不同，于是不论在日常生活里，或者是各种学问里，尤其是在哲学里，总常有些名词之争，或字面之争，或文字之争。

　　因为在哲学里，所用的专门名字，所表示的东西，特别地广泛，特别地不易捉摸，字义因此特别地含混不清，游移难定，所以这种文字之争也特别常见的利害。对于这种的争，不论争者或非争者，普通是都称为"无谓之争"。可是哲学中许多争论，争来争去，最后常常发见出来，不过就是这种的争。本来，哲学的争论就应只是这种文字之争。如果没了这种争论，哲学也就该没有问题了。因为哲学（专门哲学）是讲不到事实的。讲到事实的问题，应该都让给或留给科学去解决。一六六二［年］出版的《王家泊逻辑》（La Logique de Port-Royal）的著者已知道问题有字的与物的两种。哲学是只应讲字的问题的。那么，哲学不争文字争什么？无谓之争的名字尤其有谓的很。因为所争的，通俗言之，实在就是名词的意谓呵！

　　在哲学中许多常用而意谓却广泛不定的名词里，一个便是所谓"方法"。英文写作 Method，别的几种流行的文字中也只有语尾的差异。什么是方法呢？实在至今还没有什么定诂。因此那个是方法那个不是方法的问题遂也弄得争个不休。当然要解决那个是方法那个不是方法的问题，先要知道什么是方法，就是先要对于方法有个确切的界说。可惜这是虽在专讲方法的书里也很少有的。许多专讲方法的书只是举例，就是只说有什么什么方法，但却不明白说定什么是方法。好像都假定人已知道了用不着再说了似的。可是当真人都知道了，为什么还发生那个是方法那个不是方法的争论。

不错，在许多近代较老的逻辑书里，譬如由前提及的王家泊逻辑以至英国韦尔顿教授的（James Welton A Manual of Logic），都是对于方法设有专章的。但都把方法看得太狭了，不过只指的调整法而言，便归纳也不包在内。方法在西文原字，本起于希腊。在希腊文照拉丁写法原作 Methodos，此字由 Meta 与 Odos 而成。Meta 是从的意思。Odos 的意思则是道路。所以合起来就是遵循，或追循的意思，与中国所谓方法两字的本意，可说正属相当。后来注释方法的字，如道路、途术、方式、样法、计划、规则、手续、程叙；英文如 Way，Mode，Procedure，德字 Weg，Art und weise，Verfahren，法字如 Chemin，Procede 等，可说都是本原意来的，可是与现在所谓方法，却不能说完全相等。代嘉德在其名著《方法论》里是说他所谓方法就是些难定而简单的规则。但方法就令有的可说是由规则而成，却难说方法就是规则。斯太冰小姐在其逻辑书里好像有一个意思以为方法就是思想的过程，这就令不说不对，仍是不免把方法看得太狭了。中国易传上倒有一个很好的意思，说"制而用之谓之法"，这固不失为一个好意思，但说方法就是这个，当然也不可能。

照界说的老规则，要界说方法不可不先找它所属的类。那么，方法是东西么？这显然不是的，因为方法乃是怎样处置东西。方法是事情么？这也显然不是的，因为方法只是怎样作事情或显现事情。方法是性质么？这仍然不是的，因为一般说方法，只可说是怎样求出性质者。方法是活动么？这当然也不是，因为方法不过是怎样活动。方法是关系么？这显然更是极难说的，方法就令不能离关系，却很难说它是一种什么关系。此外，方法虽以命题来表记，方法当然也不能是命题。还有，手术，可说是用方法，实践方法的，但方法自也不能说是手术。

因此种种，我很疑心方法乃是一个独立范畴，本是不能界说的，是找不着它所属的类的，因为它并无所属。说方法是东西或事情或性质或活动或关系等等固不可，说方法是什么道路，或什么规则，或什么过程，也等于不界说。也一样地不行。因为道路等等是与方法一个范畴的，但却非方法之所属，用它们来界说便免不了循环兜圈的毛病。譬如拿规则来说，规则可说是规定事情怎么作法的，但如问什么是作法，便仍如问什么是方法一样。所以，说方法是一些确定而简单的规则，或说方法是有定式可遵循者，虽未尝没有对于方法有了些规定，但就以为界说，却实不够。

　　方法虽不可界说，但并非不可解说。总括种种意思，极赅括言之，我以为可说方法就是循着一些东西达到一种目的者，凡是方法均可见其是如此的。譬如要从北平到南京，可以坐车，可以坐船，可以搭飞机，可以徒步。这些，坐车、坐船、搭飞机、徒步，都是从北平到南京的方法。到南京是目的，车、船、飞机、腿，则是所循或所用的东西。凡是方法，总都有东西与目的两层可说。在日常生活的事物上如此，在学问研究上也莫不然，总都有所指向，总都有所用循。逻辑中最狭的所谓方法是如此的，科学的实验法，尤显然是如此的。更一般说来，发见的方法固然如此，证明的方法也未尝不如此。此外，逻辑解析法也显然是如此的。逻辑解析要把学问的概念命题弄清楚，不能不有假于语言记号。就是直觉，如果认为一个方法，也必有目的，也必有所用循。直觉的目的可说是与天地合一而得到最亲切之知。这似乎超脱极了，不论可能不可能，但要达到这个，似乎总不能不有假于体躯。

　　有一本哲学字典（Clauberg 与 Dubislav 的）说，"为达一个目的，对于一种东西所作的，随便什么样的使用，均叫作方法"。舍去字面不论，其意实也不外乎以上所说。

　　在这个解说上，所说用循的东西，就是所谓工具了。照这个解说，我乃以为，方法与工具是不可以同一视之的。不但不能说，工具是方法，也不能像平常常有的，说方法是工具。我以为工具总应当是具体的东西。以刀切菜，刀是工具，怎么切是方法。说刀是方法，固然太难。说切是工具，也只能是一个比方。方法可以用工具，但不能说工具是方法；工具只是有赖于方法，才见其效用。只因工具可说是可以用的，方法粗略说也可说是可以用的，遂致有人混而为一。其实工具与方法，根本属于两个范畴。工具可说是可以用的东西，但如照"东西"的同一意谊，也说方法是可以用的东西，便显然不行。不过虽属于两个范畴，方法与工具却是不可相离的。方法不能离工具，人不用想蹈空。工具也不能离方法，人也无巧可讨。不过，二者虽不可相离，但如因其不可相离，便混而一之，那却只是言语的混乱与思想的粗糙罢了。

　　把方法与工具混同，毛病也还不止于这个。方法是偏于动的，工具是偏于静的。由有的人的把方法与工具混同，不但可见其名字的滥用，思路的不清；其实更可见其只有静的观点，没有动的观点；只有死的态度，没有活的态度；只能机械观，不能辩证观；只知重理论，不知贵实践；只知摆在这儿的，而不知可以变出来的。所以才要把本不是固定的东西也要看成固定的东西。

（原载 1935 年 5 月 22 日《清华周刊》第四十三卷第二期）

哲学与人生
（1936 年 10 月）

许多人以为人生有一个问题。

许多人又觉着哲学是解决这个问题的，或应解决这个问题的。

哲学是不是能解决这个人生问题，两千多年的历史还不能证明。不过，就令哲学其实并不能解决这个问题，哲学对于人生，可有很大的影响，仍是可以指说的。

诚然，有的哲学家，根本就以为哲学不应讲人生。可是，事实上，哲学家们却很少不讲人生，就是主张哲学不讲人生的哲学家，其实也是大谈特谈人生的。而且就令哲学在研究上不讲人生，也碍不了它实际上的影响人生。

那么，哲学对于人生的影响究竟是什么呢？

罗素先生以前论哲学的价值，归结以为，由于哲学所研究的东西的伟大，可以使研究者也养成一种旷达的习惯，开阔的胸襟。但我相信，哲学对于人生的价值，也还不仅于这样地间接。

要知道哲学对于人生的影响，照正当的步骤，自应先知道哲学的意义。知道了哲学本身的真意义，什么是哲学对于人生的影响，也就自然跃然纸上。

对于哲学的意义是什么这个问题，自古以来的回答，固然已多得不可尽举。但总括自古及今，两千多年的意见与实践，且包括最新的潮流在内，我以为并不出乎两说。而且最能明显代表这两说的就是现代哲学界里两个最新最有影响的潮流。

第一说就是说"哲学是人类行动的最高指导"。第二说就是说"哲学在把言语弄清楚"。两说虽很似相反，但根本并非不可相通，实是相反相成的。我以为两千年来至少几百种的哲学界说，都可以总括于这两说之中。凡与这不同的，不是只说的一部分，便只是一偏之见。

说哲学是人类行动的最高指导，这就是一般哲学的看法。对于哲学最普通的界说是说哲学是研究宇宙最根本的问题。更新一点便可说哲学是宇宙运动的一般规律之学。最普通的对于哲学的解释总不离根本与一般两个字样。凡此种种都出不了现在这个说法的范围。信持辩物论（Dia mat）的马列派当然最能代表这个说法，否则哲学怎能变革世界？但是有的教哲学的人一定会说，吾并不想指导什么呵。这种话，其实只堪一笑。他不知道，就令他自觉地并没想指导什么，他怎挡得了他所靠以生活的学问会指导什么。

假使于此要问，什么样的哲学，才最能指导人的行动？当然，那特重实践，承认有客观的实在，人可逐渐知之，而揭示一切都是对立的统一，一切都因矛盾而运动，一切运动的过程都含着双重的否定（否定的否定），都是积渐变而成突变（量质的互转）；因此要人活，要具体，要切实，要大客观，要以"体"为法，要观事于其全，要注意关联与开展，而不要凭成见逞感情把事物割裂孤立呆板僵死的哲学，对于指导人的行动，就是最胜任的一种。

照这个最高指导说，哲学的能影响人生本已不待言说。现在但当更解说解说哲学指导人的行动，究竟是怎样指导法。人不拘做什么，除了十分成了习惯的以外，总不能不先对于环境有个估量。航海的不能不管天时。种地的不能不看土性。经商的要知行情。治国的照理也须注意民心与世界动向。但是除了诸如此类的狭小的环境以外，还有一个最大的环境，随便哪行哪业的人都不能离，都不能不管的，便是所谓宇宙。就令不自觉也罢，人除了随时对各别的环境的估量以外，对于这个宇宙大环境也必更有一个估量，不然是活不下去的。这个估量也许只是因袭的，而非自体自得。就是自觉其有的大概也不多。但是对于这个宇宙庞然大物，天天的生活既然都离不开它，要想对它，全不作理会，一定难能。譬如，有的人信神，有的人听天由命，有的人主张戡天，有的人尽人力而知天命。这都是不同的对于宇宙的估量。相信物种不齐全由天定的人，是很难期其主张平等的。假使一个人要变革世界，而世界却是万古不变的，那他一定不幸。这又是对于宇宙的估量在人类行动上的影响。

而供给这类估量，讲究这类估量，作这种估量者，便是所谓哲学。常说人人都有一个哲学，大概就由于这个意思。这类估量诚然常只是些假定。但就令是不必可靠的假定也罢，仍然是人类行动所不能缺。除非人不行动，人要行动，人要自觉地行动，便不能不有观点、做法、路线、归宿。这些其实无一不受对于宇宙估量的影响。就是以实验为法的科学的人，离开对于宇宙的估量，也是无从下手的。所以有人说哲学可以给科学提供假定这句话虽不可以笼统看，却也说着了一半。弄哲学的人虽千差万别，但哲学的流派不出乎二。这就是平常所说的唯心与唯物。一个信持唯心而采取主观办法的人，与一个信持唯物而采取客观办法的人，在一切行动做法态度观点上是不用期其一致的。相信本体不变的人与相信万物如流的人，情形也复相同。一个人的哲学固然不免受他的生理与生活的规定，但既有了他的哲学，他的行动就再也难逃他的哲学的限制。

更举一个大的实例看，中国读书人的不知耻，没出息到了今日这步田地，固然，直接间接受了天时地理，社会生产力，生产关系，社会制度的影响，但是中国历来流行的哲学也与有力影响，也应是谁也不能否认的事实。中国古代，仰观象于天，俯观法于地，那样地弄哲学本来不能说太差。但不幸，后来在中国流行的却不是这个由观察而办通的易之哲学。后来最影响中国的乃是佛老与出于佛老的朱熹之流。这真是害尽了中国的东西。尤不幸的是，中国到了今日，竟仍有人袭朱熹之流而坐谈什么先天的理。好像中国读书人的没出息还没达到边沿，所以还大有要人领着更进一步的余地！

以上对于哲学的第一义已经说了许多。当然，哲学指导人类行动的方式，特别像前举的那种实践的哲学，并不止一样。现在姑不再说了。现在当接着来说哲学的第二义。第二义说"哲学在把言语弄清楚"，这就是罗素先生以来的所谓解析法的说法。尤其在这几年，这一派哲学大畅行，除以解析，或说逻辑解析为法外，它又自定名为"逻辑经验论"。逻辑与经验论，平常本是不相容的，这派哲学却合而一之，使相反者相成，也是一个极可注意之点。这派哲学并不像平常似的谈天论地，它是要依据逻辑与经验，要字有定估，句有定谓，而扫尽哲学里自古留下的一切因字义不清而起的伪主张伪问题。这样子一定要字句都有定谊，似乎不免死板，至少作诗的人恐怕不喜欢。但这派哲学对于言语的相对性，与逻辑里的自由，也是最能认取的，这又是它一个很大的优点。在从来的哲学之中，这一派的哲学才是真正名实相符的"科学的哲学"。

说到与人生关系上，说哲学在把言语弄清楚，本是一个专门哲学的看法，似乎与人生很相远，其实也殊不然。把言语弄清楚，不但在学问上可以灭绝了无谓的问题，无谓的争论；就在日常生活中也可以灭绝了言语上的误会。大家试想想看：从古及今，人间的争端多少是起于言语的误会。固然，人间大的争端，有它物质的背景，生活的逼迫，生理的推动。但是在这些之下，因言语误会而起衅，委实也不在少数。过去常有人号称为真理而争，其实还不是言语之争？而且言语不清楚，人常是得不到他所期望的。譬如，历来国际间常说什么亲善。但亲善究竟何指，却没有人晓得。但令没有人懂得什么是亲善，当然也就永远得不到亲善，近年又常听说什么最后关头。什么是最后关头也是很少人晓得的。这个说已到了最后关头了，那个说还没有。除了确定字谊，把话说清楚以外，还有什么方法能够防止他们的争哄？古代掌权的人很能巧妙地利用名字的魔力。这种利用，现在并未失传，现在是更加上利用言语的含浑。从这些地方，所以我觉着，说哲学在把言语弄清楚虽是一个专门哲学的说法，却在人生上有很大显明的实践的意义。其实这个话也并非完全新鲜。说哲学要把话说清楚很有些像说哲学是正名之学。孔子不是说过么？名不正则言不顺；言不顺则事不成；以至于民无措手足么？不过，于此，有不得不补说的一点。只说把言语弄清楚，而不说把思想弄清楚，似乎与有的人的说法不同。不过在吾的意思，吾不相信，在根本上有什么思想。所谓思想不过是言语的一种。如此，说把言语弄清楚，思想的清楚自也在其中了。你不信这个么？那就请你再想想看，看看想时，是不是咕咕念念地自言自语。"假使这样，就要怎样怎样；假使那样，就要如何如何——那么，还是那么着罢"。这就是一段标准的思想。这是不是也就是一段言语？离开言语，它是不能成立的，只是这种言语的声音，在现在一般还只有说的人自己听得见罢了。

哲学对于人生的影响想该多少明白了，但还有一点应该补充上。本来，学问没有不是实践的。任何学问都有社会，历史，实践三性。任何学问都应人生需要而产生。只是在学问的发达上，却又非离开实际需要不可。哪一种学问而念念不忘人生，哪种学问必无发达之望。这也是不可忽略的相反相成之一义。等到弄学问而时时忘不了人生的时候，那个时候一定也不是适于弄学问的时候了。

（原载 1936 年 10 月《实报半月刊》第二年第一期）

哲学与救亡
（1936 年 11 月 14 日）

从一种意义说，也许哲学是与政治无关的，与救亡大概也同样无关。但自我看来，哲学不但关系政治，而且更关系救亡。

哲学与救亡的关系，一在哲学本身与救亡的关系，二在弄哲学的人即所谓哲学家者与救亡的关系。一是直接的关系，二是间接的关系。现在但说哲学直接与救亡的关系。

要确定这种关系，不能不先说明哲学是什么？我总觉着，从古至今，总括观来，哲学的意义，不出二者。一是说，哲学是人类行动的最高指导。二在说，哲学就是把话弄清楚。第一个意义是一般的，第二个意义是专门的。因此，我又常觉着，哲学必须分为一般与专门两类，方能概括哲学的一切。

哲学所以能是人类行动的最高指导，乃因为在一般的意义上，哲学就是人对于整个宇宙的一种估量。而且是最根本的一种估量，人不拘作什么行动都是离不了它的。这种估量固然为多数人所不自觉，也或非其所自作，但不自觉或非自作，并不就等于没有。哲学与救亡的有关就特别在这个意义上。讲到这种关系，又有三层可说。

第一，照哲学是人类行动的最高指导这个意义，哲学本与人生密切相关。但由无形之中，哲学为人任何行动所不能离一点，便可看出。但无论如何，救亡是人生的一方面，是人的行动中的一种类。那么，它的与哲学不能无关，又何待言？

第二，进一步言之，今日殖民地或半殖民地的救亡，说开了，其实就是一种革命，一种对于帝国主义制度的革命。但是要进行这种革命，不得不有一般的目的，不得不有一般的方法。指明这种目的，供给这种方法，都须有一种哲学，一种革命的哲学。因此适应今日的状况，作救亡运动的指导，实在大有提倡一种革命哲学的必要。这种哲学说着似乎很新，其实在中国本是最传统的。只是为后世所遗忽，所以不解罢了。这便是所谓易的哲学，所谓一阴一阳之谓易的哲学，所谓物极必反，剥极必复，相反相成的哲学。新的名字简称便是所谓辩物论。

第三，更进一步，更具体言之，中国危急到，屈辱到今日这个样子，本来不能完全怪人家。中国人是太自私了，是太短视了。自私到只知有己身。短视到只知有今天。怯外颓废都是自私与短视的表现。中国今日固有提倡道德纲常名教者，但那大都是些无识之徒，就令不能有意欺骗，也是中不了什么用的。中国今日确需要一种东西，这种东西，就是理想。必须指明：人世不止己身，人生不止今天。人生人世，所贵所重，固有大胜于己身今天者。中国今日如仍只知应付目前，人人但作自了汉，而不能共同打点物质基础，趋向久违广大的理想，中国的危亡是必逃不了的。供给这种理想的，就今不止哲学，却以哲学为首要。照这样说，就在救亡上，中国今日之需要一种哲学，岂不很是显然？

（原载 1936 年 11 月 14 日《人人周报》第一卷第十九期）

人生的哲学
（1936 年 11 月）

一、为什么生活呢？

"为什么活着呢？"要回答这个人生意义的问题，第一先应该分开"是"的方面与"应"的方面，就是"是怎样"的方面与"应怎样"的方面。这两方面虽属相联，却很不必一致。普通问"为什么生活"的问题，常常是把这两方面混在一起。本来"为什么"三字原可有两个意义。一个在先的，"为什么原因"；一个在后的，"为什么目的"。大体言之，可以说，"是"的方面就是原因方面；"应"的方面就是目的方面。同时，也还可以说，"是"的方面就是事实方面；"应"的方面，则是道德方面。

事实上，人为什么活着呢？简捷地答，第一层，就是为活着而活着，为生活而生活。但还有个第二层，则是为遂其生，为美其生，为扩大其生，乃有生活上的种种。这也不但于人为然，凡是生物其实都是如此的。一切生物第一件要紧的事就是生。一切生物所以生活第一件都是为的生活。这似乎有点儿盲目，但是事实却是如此的。这似乎对于原问题并没有回答，但是事实方面，即"是"的方面的回答，却只有如此。不过，天下事常是相反相成，常是由矛盾而进展。事实上人是为生而生，但同时也是为死而生。人从生以来，便天天要死，天天预备死，也天天在死着。只是这一层，在人更是不自觉的无意识的了，但也确是应该补充的事实的一面。

这个为生而生，在人诚然是无意识的不自觉的。但直到现在，人的许多比较根本的活动事实上岂不都还是无意识的不自觉的？其次可以讲讲这个问题的自觉的方面，就是应当怎样的方面。人应当怎样虽不能以是怎样为限制，但是却不能不以为根据。否则便不免徒逞空想，远离事实。事实上人既是为生而生以至为善生大生而生，因此人生的目的便应当是使人人都得遂其生，善其生，美其生，扩大其生。而所谓善与美者，也就是使生活易，使生活易于进步的意思。人人都得生得活着不但是人的义务也是人的权利；不但是人的本分也是人的使命。这样说来，为生而生等等，不但事实上是这样的；道德上，理想上，也是应当这样的。本来是无意识不自觉的，要紧的乃是由无意识而到有意识，由不自觉而到自觉。本来虽似乎盲目，但就是这样子，吾们也有吾们的事作，而且大大地有吾们的事作。睁眼看看！不用说善其生，美其生，是不是许许多多人都还不得生，都还不得遂其生？一切莫谈，就根据这个生物学的意思，吾们的责任，吾们的使命，吾们的理想，吾们的目的，已就明摆在眼前！

以上是对于这个为什么生活问题的一般的哲学的回答。原来提出这个问题的人也许会感觉着不满足，也许会感觉着空泛。但是如果要个别地具体地来回答这个问题本来是难的。因为人与人的情形常有不同。因此便有回答，也常是部分的，而不是说的整个的人生的意义。假使问这个问题的意思本来不是一般的，而是问一个人应该作什么。如很具体切实地答，这当然是要看各人的情形为断。但于此却也有一个原则，便是不拘作什么，总不可背乎时代。追逐潮流是要不得的，但背逆潮流更要不得，可要的乃只在驾驭潮流，抓住时代。

大概一个青年人而提出为什么生活的问题，常是因为生活上有了什么不满足，或遇着什么困难了。但是可以真正解除困难满足不满足的，乃在奋斗，乃在实践，同时也增加认识，深刻认识。只是空想，只是自己与自己说话，那一定不成。而奋斗实践最低级的第一步便在找一件身外的事情，注意作作；总在自己身上打算盘，不但不可以，而且必会出毛病。因此最后我还愿奉赠这次提出这个问题的几个字，便是"From Struggle to Light"（由奋斗到光明）。如果要问"为什么奋斗"？我的回答是：且奋斗了再说！假使再问，"未免盲目"。我的回答是："难得糊涂"。

二、再谈人生意义问题

说人生就是生，说人生就是为的生，这恐怕有许多人会感觉着不满意，以为人生如果如此，未免太无意义。人生究竟有无意义呢？要解答这个问题，第一层应该弄清楚的仍在文字。

所谓"意义"本有许多意义。它的一个意义就是回答"是什么"这个问题的。譬如问"风是什么？"你回答说风是空气因各地方寒暖的不同而发生的流动。这便可说是风的意义。因此，说生就是生，或生活就是为的生活，照这个意义，都可说就是生的意义。那么，照这个意义（或说意思），怎能说生没有意义？当然说生就是生，是认生是一种根本现象，所以再不能拿什么别的现象来解释，不拘说它是什么别的现象，或别的些现象，都是不能恰当或概括的。说生是为的生，当然与这个不同，但既是生的一种解释，也就是生的一种意义。照这种说法，说生没有意义，实在没有意义。说生没有意义，如有意义的话，定是用的另一种意义。

意义的另一种意义，便等于重要，或价值。说生没有意义，就是说生不重要，或认生活没有价值。如果生就是生，或生就是为的生，这对于有些人显然便会觉着生不重要，生没有价值，也就是生没有意义。可是什么是重要？什么又是价值？凭空一桩事会有什么重要么？单独一个东西会有什么价值么？一桩事情，你要它，便是重要的。一个东西，如果摆得适值，也就是适合恰当，便不失为有价值。由此推想，很不难见到：不论什么重要或价值，都是对待的话。一个人或认为生活重要或不重要，一个人或认为生活有价值或没有价值，在这个地方所谓重要与价值，显然都是对于人的；换言之，也就是都是主观的。那么，照这个意义，生的重要不重要，有价值没价值，有意义没意义，既都是主观的，究竟与生或生活的本身何与？所谓实现人生价值，也不过是人给了生活一种价值（就是认为把生活怎么摆置才适当），而后求其实现；换言之，只是实现人的生活理想罢了。

但是为什么有的人认为生活重要有价值，又有的人认为生活不重要无价值呢？这应晓得所谓意义还有第三个意义。意义的第三个意义就是意味，就是意趣，或趣味。因此，有的人之认为生活没有意义，实在是感觉着生活没有意味，没有趣味，因此，也就说生活没有价值了。而人之所以感觉生活没有趣味显然也是个人的，主观的；与生活本身也直可说无与。生活之所以使一个人不发生兴趣，必是对于那个人的欲望，有所不能满足。人的根本欲望乃在生与性；其次才是名与利。凡是认为生活无意义（无趣味）的人，所以根本上却是因为在生或性上有所失望，就是这个缘故。

根据这个解析，可以晓得，生活或人生，在客观上实在不能说无意义。反之，说生活无意义，其实都是主观的。也可以说，生活无意义的问题只是个人的与社会问题。就大自然说，实在说不上生活无意义。因此要使一个人不觉着生活无意义，必须使他的生与性的根本欲望相当满足。要作到这个便又在把个人与社会加以改革；欲望固然是越遂的多越好，但欲望较少当然便可遂的较多，所以个人方面的改革也属大大必要。人要能反省。人但能反省，便也不难见到，这是使生活不至无意义问题的一个显明而当然的第一步的解决。

假使更进而追问自然是不是也可以改革，那便第一应知"习惯成自然"，改革自然就是改革人的习性。第二应知，改革自然不外促进科学，改造工具。总之，仍是人的问题。

三、为幻想活着
——三谈人生意义

"真理不必有趣儿"。说人是为生活而生活，就令不认为是搬弄字眼，总有许多人会感着：人生如此，未免乏味。但如前说，这却是一个无可如何的事实。不过，这个事实究竟太根本了，难怪差不多人都不能觉得。这儿还有个比较近于表面的事实，那便是人人的所以活着，至少有一种幻想。

这个事实虽比较近于表面，仍然不是十分容易觉得的。但是你若下细体察，总可以看出每个人的所以继续生活，至少在他心里总伏着一种幻想——至少一种。不论圣贤豪杰，以至常人，假使不是他至少有一种幻想，那他立刻会活不下去的。你随便找一个人，问他为什么活着，他大概答不上来。但在你加了些考察之后，总可以看出，至少有一个幻想在他心中。破灭幻想，在人生实在是一桩了不得的大事件。就说，幻想破灭就等于人生破灭，也没有什么不可以。

有的人自以为有大志。有的人自以为有理想。有的人活着为的有所期望。有的人活着为的有所希冀。其实，什么大志，理想，盼望，希冀，说穿了，揭破了，都是些幻想罢了。幻想也可说是幻象。大志，理想，盼望，希冀，是比较主观的，说幻想或幻象，乃比较着客观一点。吃饭穿衣不是幻想，但大志理想期望希冀显然不同于那个。有的人，比方说，可以说是为吃好吃的而活着；但试想，他吃到了好吃的之后，还想什么？这样子推想下去，可以晓得，他最后的追求也不过一个幻想罢了。有人常把人生比于飞蛾扑火，最后扑到的，总之不是空就是死。

常见有人，一家数口，胼手胝足，天天劳碌，仅免冻饿，或且不免于冻饿。你试想想，他这种生活是为的什么？你试想想，他这种生活还有个活头么？然而他却是仍然活下去的。有的说，等到孩子大了就好了。有的说等到收成了就好了。甚至有的说，等到真龙天子出世，年头好了，或发了财，就好了。你试想想，这些岂不都是些幻想？固然这也可以说是希望，但它与什么大志雄图等等其实也是一样地没有坚强的根据。"多年的路走成河，多年的媳妇熬成婆"。但是熬到了婆婆又如何？

诚然，也许有人，噩噩蒙蒙，简直是无所为而为；即所谓"不识不知，顺帝之则"。可以说，这种人生活只是习惯，这种人的继续生活只是由于惰性。这种人如果连想象都没有，当然更说不上什么幻想。但是这种情形，对于为生而生的事实，不但没有违反，简直更是一个显例。就是说为幻想而生活，也只是为生活而生活的一个补足，而不是徒然立异。其实，完全没有意识，以至无意识的人，大概是不会有的，那么不为幻想活着的人恐怕也就同凤毛麟角了。

本来，也可以说，人生只是赶鬼火。赶了这个赶那个，等到一天不赶了，也就完了。平常人是一天也离不得幻想的；一天没有了幻想，便是生活的幻灭。集合来看，人生本是一个战场。但是在打仗的时候，人是清明的么？还不都是在那里捕影子！

这种说法，不但没有趣味，也许会有人以为悲观。其实，对于自然世界本说不上什么悲乐。对于自然世界，不论悲观乐观，都算不得正见。说人为幻想而生活着，不过揭开一个事实，纵令由这个揭开也许会引得一种人趋于悲观。但是事实只是事实。飞蛾扑火乃扑其不得不扑。人的为幻想而活着，也是活其不得不活，为其不得不为。幻想本常非人所自觉。听说个为幻想活着，便悲观了，不活下去了，这样的人也正不多。

四、生、活、生活、生命、生存
——四谈人生意义

"天地之大德曰生"。"生生之谓易"。古多单语，生字本是古来常用的。活字便用的少了，但诗中也有"实函斯活"一语。生与活虽也常常通用，意思显有不同，尤其在现在。生是可以赅活的，活却不能赅生。一个东西必先生了，然后才能活。生以后仍可说生，活以前却不能说活。现在可以说，生是体，活是用。不过天地大德之生与生生为易之生，可以说都是用，并没假定什么体。照中国哲学，本来也是，体不离用，用不离体，体用一体而两用。如此，就认生为体的话，有活必有生，有生也必有活，生与活是分不开的。现在生与活两字不能通用的地方却是多的。别的不说，"活泼泼地"不能说"生泼泼地"；唯物辩证法内里的精义是活，也难说是生。活物可以同于生物；生人却不必同于活人。

假使只有单语就够用够方便，只有生与活两字已经足够了，什么"生活"、"生命"、"生存"等等实在是多余的。不过就在单语中，后来也又有一个命字是一般常用的。所谓"救人一命胜造七级浮屠"、"猫有九命"，以及"拚命"、"要命"之类都是。这是与所谓"乐天知命"之命大不同的，实在含着一个很不好的意思。"要命"不过是使你不能继续活着；"拚命"只是拚个你死我活；"救人一命"只是设法使人活下去；"猫有九命"当然是迷信之谈，但意思也不过一条猫等于九个生物。这样看来，有生与活已经很够解释一切生物现象，用着假定什么不可捉摸，超乎生活以外的"命"？

"生活"、"生命"等词当然都是为用着方便而起。生活略当于生与活，但有生的意思，它却不能赅。生命略当于命；天命，命运的意思当然它也是没有的，纵然不是没有一点关联。生活与生命，在西文本只是一个字，譬如英文的 Life，德文的 Leben，法文的 vie。本篇的意思也只在只有一个字就够了，用不着在生活以外更讲什么生命。假使在现实具体的生活以外，更假定一个什么超悬抽象的生命，那便是所谓生力论或生机论之所由来，那便真糟的不堪。同生或活对命一样，说生活是为的维持生命，也不过是说，生活是为使生活继续下去罢了。没有生物的地方当然没有生命，但生物的具体表现也岂外乎生活？这实在都用不着更假定什么生命。说生命是生活的前提，那不免表现了一个太玄学的意思。

古也有性命联言的，本是两桩事。至常言中"性命"一词，意思实完全与生命一样。所谓"性命交关"，不过是"生死关头"的意思。但由这个地方却又可看出，生之与死，与大与小，厚与薄，一般是相对的，是相反相成的。说生便含着死，没有生的地方固没有死，没有死的时候大概也就再难说生。说生为的死，意思一在说死是生的还原，也在说生与死的相关，缺一不可。生绝不是死，死也绝不是生。生中无死，死中也无生。但同时换一方面观之，生中既有死，死中便也有生。生物现象便是这个生与死的矛盾的统一。

至于所谓"生存"，当于英文的 subsistence 与 existence 与德文的 Sein，一种只是继续生活或生活的意思。所谓"物竞天择，适者生存"自然就是适者继续生活下去的意思。所谓"非人的意识定人的生存，乃人的社会的生存定人的意识"当然只是说的生活。生存的另一种意思，同于存在，那就比生活根本而普遍的多了。活着的必存在，存在的却不必活。生活只是存在的一种。就有也只有不存在的，却是活必不离开存在。不存的生命只等于龟之毛兔之角。

知道生必存在，不是悬空的了，但是生究竟是怎么一回子事呢？答"生是什么？"的问题说"生就是生"，回答"人生为什么？"的问题说"人生为的生"，便得到了人生的两种意义。两种意义与原来的两个问题一样，虽颇相像，却是不可相混的。现在乃是抛开人生的问题，且一看生的一般的意义，也就是生在自然界的意义；看看生是怎么有的，是怎么构成的。本篇第一个意思本在表明假定一种生的原理的生力论之无当。但是与生力论对立的机械论也一样是站不住的了。生不是机体以外的另一种东西。但也不仅于几块骨头肉。生之所以为生实在结构（因此吾称为结构论）。机体的部分加起并不等于全体。但几个部分，物质的部分，配成一种适当的结构，便会有生物的现象。所以生物现象不是不可以物理解说的，生之构成实在于一种结构。只是这种结构太细密复杂了，至今还未能发见得出。等到一天算学物理更发达，生的结构发见出来了，自然便可以有人造的非人的生物。人生扩大其生的目的于是便也可更进一步地达到！

（原载 1936 年 11 月《世界动态》月刊创刊号）

具体相对论
（1943 年 4—6 月）

（一名绝对相对论或相对绝对论）

"真理是具体的。"

"绝对是相对之积。"

一切辞说，除最简单的可以与显然的事实直接比较者外，其是非真妄，都不只依其依据，尤要说其说法（或人说之的），看其看法（或人看之的）。

就是：一要看照那种意义（或意谓），作怎样解释（怎样讲），为什么问题（科目，事件或旨趣），在什么范围（畛域，分寸，程度及种类），就什么或那方面或那点说。

二要说什么观点立场，于什么时候地方，对什么局势关联，本什么前提背景，由什么因缘条件看。

三有时更要随着名词字眼，分别类型，层级，伦序，或等次。而意义解释，于字义（字谊或字的意谓）外，还要靠句法；并要看与生活（实践，行动）与社会与历史的相关关系。

或要而言上，就在看其所、分、当。而以中、以直（值）为其的。——"中者天下之所终也"。"是谓是，非谓非，曰直"；"规周矩值"。中，直，值，皆有正义，当义。

更积极言其方术以及旨归，就是要解析而核实，厘清（廉，辨，弄清楚，井井有条）以达通（公，贯，大客观，头头是道）。切实平实如实，周察活观参验，解悟理会契证，体生生之易，时时极中，极于仁哲。

征诸成言，这即在"明见"，"解蔽"，"破执"，"绝四"，"知谓"，"知类"，"知反"，"汰太"，"去甚"，"处实"，"时措之宜"。

也在"反覆相明","得其环中","知通为一","分以明之"。密察"相反相成"。慎戒"言过其实"。务免"知数而仁衰","知机械而实衰"。深识权之切,切认量之要。而力求"明白四达"——"实在质也"。

是以"明分以辩类","因资而立权"——"先迁而后合者之谓权"。"权者圣人之大用","神圣之所资也","圣人之所独见也"。"人无动而可以不与权俱"。"无权,不可为之势,而不循道理之数,虽神圣人,不能以成功也"。——权本义悬锤。铨称衡(横)量,平别轻重。即所谓"所以称物平施知轻重"。也即因机反复迁变以次得平,称知轻重之数。反之,就是用机称物之轻重,反复迁变,浸假得平。

盖知"智生于当","从通为中","不中则失","无所不得","失所为愆"。

故期"各得其所","各处其宜","各当其分","皆用其能"。"观其会通"。

也如郭象注《齐物论》所说,假定"物物有理,事事有宜",而令"各冥其分","各止其分","各安其所安","不失其所是","止于实当","皆得其极",以至于"莫不条畅而自得"。

这不是无是非,漫是非,而在明辨是非,而不泛滥是非。是是非非,"无乖其分","各得其宜"。确知是之所于以是,非之所于以非。是不遣是非,而非"不谴是非"。是由有当的分辨,而去无谓的纷辨。也就是由治分别,而去乱分别。循分别以明分别而冥分别,以若无分别。也如子玄说,"以其知分,故可与言理也"。

可是《庄子·秋水》也尝说,"分无常"。"知东西之相反而不可以相无,则功分定矣"。因此又说,"达于理者必明于权"。

哲学之要在天人体用,条贯疏通。因是术(道)在辩论,而法(方)在解析,的通为旨,而以用为归。"制而用之谓之法"。"推而行之谓之通"。"用也者通也。通也者得也。适得而几已"。

证以新义,哲学本是所谓讲可能之学。照哲学的一个看法,就在要使字字都有确切的意义,句句的意谓都弄个清楚,把一切的假定都罗抉出来,对习惯说的不全的话都指明其全之所在。如此的一个社会功用,就在减少含混、假托与误会。

上说原因罗素的类型论而广之,即在示综合可能、辩析名实谓之要,造辩证解析之极,而达通与用之端。辩证的话,周,参,知行一贯，（一）察关联；（二）观变动发展；（三）验 1. 内在矛盾，对立斗争；2. 物极则反（或如列子说"物不至则不反"），相反相成；3. 量质相转，否定否定，入手。而解析（逻辑解析）在（一）厘字义，清辞谓；爬疏句法，条贯统系；（二）辨别类型，展示型式：表著类滋、函变、章显关系、结构、格子；（三）即实立说，以构代推；准节省律，剔除虚废——着实，责实，核实，归于分明具体。简要言之，也可说就在：分类，立界，穷原竟委，核实具体。而具体的一个意思就是反不必要的抽象，反有损的玄离。

附记：此具体相对论，最近我总拿两句话来表示，就是"话的对不对，要看对着什么或就着什么说：真理（即对不对）最后的判定者总是具体的"。六月中曾写一篇《我自己的哲学》。七月下旬曾写一篇《我的哲学的中心点》。旧八月中秋月下又写一篇《逻辑与政治》。都与此具体相对论有关。并对它有较平易的说明。——一九四五年十月下旬校时自记

我自己的哲学
（1945 年 6 月 23 日）

多日没有执笔了。并不是不想写。也不是没有话说。更不是没有想说的问题。只是关于许多问题，许多想说的话，都挤在脑门口儿要出来，结果都卡在那儿了。

比如关于新学风，新作风，新风气，就是我很想讲的。联带着也想再重谈谈这些年来我曾总在号召的"实与理性"。世界能还原复旧么？也是我近来总想讲几句话的题目。关于民主当然可说的话题很多。多少年来我总想拿"人与书"作总题，讲讲我所重视的人与我所读到或知道而认为有意义的书。近来见到大有意义的书虽不多，究竟也非没有几本值得介绍。

究竟，我是弄哲学的。虽然我不得教哲学已经十年了，我所最愿谈的究竟还是哲学。如我的素愿，我也愿意谈谈我自己的哲学。

我也有我自己的哲学么？当然，是有的。而且也何能没有？

最一般说来，本来人人都可有他的哲学。美国的詹美士就曾说过这个意思。这样的所谓哲学，就是对事情的最广泛的看法，就是对事情的最一般的看法，就是对事情的最根本的看法。一种东西的基础理论，就可以说是它的哲学。

我所谓我自己的哲学，固不仅仅是这种最广泛意思的哲学。

我一向把哲学大别为一般的与专门的两种，就像罗素先生把教育也分为一般的与专门的一样（见他一九四〇〔年〕为女博士安琛夫人所编的《自由：其意谓》论集所写"自由与政府"一文）。我现在要讲的我的哲学是多少偏于专门的方面的，但当然不能写得太专门了。

凡是一种新哲学都是一种新方法，至少都有一种新方法。这在西洋近期从代嘉德（笛卡儿）起，中经斯辟诺萨，本来之（莱勃尼兹），洛克，柏克立，休谟；狄岱麓，赫尔巴赫；康德，黑格儿；马克思，列宁，直到今日的罗素，斯大林；较前于罗素的实用主义，后于罗素而出于罗素的逻辑经验论，都是如此的。就是在西洋上古由普通认为开创哲学的闳利史（德黎），以及毕达哥拉，巴弥匿智，芝诺，额拉克来图，德谟颉利图，苏格拉底，柏拉图，亚里士多德；乃至中世的阿白腊德，多玛士，欧坎，也罕不如此。

如认哲学为一种看法，这种情形，原无足怪。结果由方法而来。要有新结果，应用新方法。这种情形，更无足怪。而且历来哲学与科学一个很不同点就是哲学一向无一定的方法。要有新哲学，也就非先有一种新方法不可。

我所想讲的我自己的哲学也是偏向于方法方面。

在中文，制而用之谓方法。在西文，方法就是所遵循的路子的意思。方法的范围原也可以很广。凡是循之有所得的都可以属于它通领。方法与工具的不同，只是方法是抽象的，无形体的。照广义，方法也可以说是一种工具，但其实它是讲的怎样用工具，假使有工具可用的话；否则就本讲的材料东西事情怎样处理。方法也不是运用，方法乃是怎样运用。一切方法都要活，方法的精义就是活，方法的赋性也就是是活的。

我现在只能简单而不太专门的谈谈我的三点意见，都多少与哲学的方法有关。一、我的大客观主义；二、我的具体相对论；三、我所见到的辩证唯物论的心传精蕴。现在是民主的时代。民主应该更发达。应该有一种更圆满的民主哲学。我深信，我的见解恰恰与这个合拍，恰恰可以作为民主哲学的一种基石。这也就是我所以现在要讲它的一个原因。——现在先来谈谈第一点。

我在二十年前，有一种见解，我曾经名之为大客观主义。普通所谓客观主义，一个意思就是事情怎么样就怎么说，客观怎么样就说它是怎么样，绝不参加主观成见，绝不意想情愿，指鹿为马，诬白为黑。这样的客观主义原是对的，原是要得的。

另一个意思的客观主义，是只承认有客观。这就已很有问题。客观的一个意思就是公共的，人人可及的。说只有公共的，说物物事事都是人人可及的，这在今日，无论如何，还说不下去。

但所谓客观主义还有一个意思，等于旁观坐待，一点也不承认主观的作用，一点也不发挥人的力量，只是简单地承受客观现状。这就是列宁早年，去今五十年前，曾经拿唯物论与之对比的那种客观主义。这种客观主义，是死的客观主义，是机械般的客观主义，是很要不得的一种主义。

我所谓大客观主义乃是既承认客观，也晓得有主观。所谓大客观，一个意思就是扩大客观的范围，并包主观于其中；以客观为主，结合主观客观而为一。一方承认客观事实为依据，一方也承认主观的作用。原不该把主观与客观绝决地对立，至少二者也是相反相成的。主观应该作为客观的一分子。客观不只是客观，它是含有主观的成分的。西洋哲学的一个不通之路是把主观方面的人与不依附人而独立的所谓外界，截然对立起来。我的大客观主义是免于这个的。切实见到人也是物的一种，一定可以减少许多人类间的麻烦。

所谓大客观也颇有超拔飘逸的意思。

它是可以使人理得心安的。

我一向认为哲学的目的是通。我相信，大客观正是到达通之路。

在我当时解释大客观主义曾说："跳出主客，主亦为客"。不局于一隅，能够卓然地作如实观，平等观，分别观，发展观，关联观；我乃认为只有这样子乃能观察处理，乃能得到真理，乃能得着事实的真情实况，达到它的底里。

我的大客观主义的另一个意思，是关于知识的。知识以知觉开始。我乃认为以知觉开始的知识不是主观的，也不是客观的，它乃是主观与客观间的一种关系。

真理也如此。真理也是主观方面的东西与客观方面的东西间的某一种关系，至少普通所遇的真理是如此。

就是美以及其他所谓价值也如此。

一个美的东西（好听的，好看的）的美，不只属于主观，也不只属于客观。对于美，要有能感于美的主观，也要有客观上必须具备的条件。这种条件不会太简单，但也不必很复杂。发见这种条件，今日盖颇有待于统计解析的研究法。可是一个东西纵然具备了客观的美的条件，如无人感为美，那它就还不是人所谓美，就是它还缺了美的主观条件。只是东西所具的美的客观条件越完备，所能刺激，所能感动的人越多，能感为美的人一定也会越多。伟大艺术作品的长久普遍价值一部分就在这个地方。这种作品一定牵涉极广，一定涉到深处；一定所涉的是人与人间的共同之所。所谓阳春白雪，曲高和寡，大概是太曲了，大概只是一部分人的扭捏作态，不会是真的东西。美育的重要至少有三方面的意思，一在它养成人的高闳的美感，二在它使人能感美，三也在它使人能创美，尤其是创人人长久能感之美。

美是好的一种。好总离不开本身的可好（读号），离不开人所好，离不开好之者。好之者越多，也就会越好。但这个多少要就久远来计，一时一地不能算数。

美是一种所谓价值。我往尝把慎解为值，就是适值；解为直，就是正直；也就是逢上，也就是逢巧，也就是恰恰逢着。这也是主观与客观的一种会合。

在这地方，我还愿意引到我在中国哲学上最喜欢的三个字之一上去。那就是中。中正是恰好切中的意思。在大客观主义下，中正是价值的标准。满足这种标准，必是主客的会合，而不能偏于那一方，斜到那一隅。

应用到目前现实上，当可以承认，这样一种哲学见解，是可以助成民主的。民主而没有这种大客观的态度，一定圆满不了。不论抹杀客观或抹杀主观，或隔离而二之，都不能得到真理。同样，不论抹杀别人或抹杀自己，或隔离而二之，也都不能实现民主。

（原载 1945 年 6 月 23 日《新华日报》）

我的哲学的中心点
——具体相对论
（1945 年 10 月）

在大客观主义之后，我的哲学的中心点就是我所谓具体相对论。

我本来还曾给它起了另一个名字，就是绝对相对论或相对绝对论。在我三年前初讲它时，我并曾引列宁常喜称道的黑格儿的两句话作为题词。那两句话就是"真理是具体的"，"绝对是相对之积"。

我这个见解，说它的隶属，它也属于知识论的。更确切的说，它属于真理论。但与方法或方法论也大有关联。

我这个见解，说它的渊源，它的最直接的渊源就是罗素的数理逻辑上的类型说。与罗素鼓吹最力的逻辑解析法，当然大有关系。现代哲学里的所谓维也纳派与英国的剑桥派，主张虽有不同，但同以解析为哲学方法，对我的见解也同有影响。显然，现代物理学上的安斯坦的相对论，以及马克思主义里的辩证唯物论，也是我的见解的启发者。但是我这个见解也还有一个渊源。那就是中国哲学，特别是孔子的真传统与庄子的一些话。

我这个见解，说它的应用，也不限于专门哲学。它的一般应用，特别就在人生理想以及个人修养上。而对于民主，它也大有用处。民主是缺不得这个说数的。民主缺了这个说数，纵然不能说一定不能成功，但可以说一定不会圆满成功。

那么，我这个所谓具体相对论的见解，究竟是什么呢？说来其实也简单。

照我原来的说法，它就是说：

"一切辞说，除最简单的可以与显然的事实直接比较者外，其是非真妄，都不只依其依据，尤要说其说法（或人说之的），看其看法（或人看之的）。”

这就是说，一句说话，一段论断，甚至一种理论或学说，在一般情形下，要断定它的对与不对，或是不是真理，都要看它是“照那种意义（或意谓），作怎样解释（怎样讲），为什么问题（事件或旨趣），在什么范围（领域、程度、种类），就什么或哪方面或哪点说”。

也要说出是“从什么观点立场，于什么时候地方，对什么局势关联，本什么前提背景，由什么因缘条件看”。

有时更要随着名词字眼，分别类型，层级，伦序或等次。而意义解释，于字义（字谊或字的意谓）外，还要靠句法，并要看与生活（实践，行动）与社会与历史的相关关系。

“要而言之，就在看其所，分，当。”

更简单明白说来，我的意思就是说：不论对于一句话，对于一个道理，或一种理论，都不可以孤立来看，更不可以抽象来说，也不可以笼统模糊含混着就算了然，就断定其是非。

一个道理的是非总要先看它的种种色色的关联，也要看它是在什么范围或就哪方面说，就是要把界线划个明明白白，同时更要把意思弄个清清楚楚。而清楚明白的最后归宿或最后标准必须是说到具体事实上去。

这种见解并不是说没有真理，或没有绝对真理。但是真理却不是容易断定的。一句说话，这样解释，在某范围，就某方面说，可以是对的，但是换一样解释，或出了那个范围，就另一方面说，也许就错了。一个道理，在这个时候，对这个地方，处这个环境之下，可以是对的，但是换一个时候，对另一种地方，处另一样环境之下，也许就错了。

许多真理的变成错误，有的是因时过境迁，有的就是因它不安于其范围——范围广言之，也可以并包时境。

举一个例看。比方说“唯心论”。这不过三个大字，假使不把它的意思弄明白，不把它代表的理论说出来，不划定范围，不指明种类，尤其是不归结到具体事实上去，那么不管你主张它，或反驳它，必都是无当的；争来争去，至少也逃不了所谓无谓之争。

又比方像所谓“资本主义”，假使你不说明意义，指明种类，划明范围，以及指出在什么时候，对什么地方，那你如何可以断定它的要得要不得？

再像“地球是动的”这句话，现代一般人是都承认为真理了。但是认真说来，照安斯坦的相对论所要求，那就还要补充出对着什么说。对着太阳说，地球固然是动的；对着静坐的你我说，他就是不动的。

照我的见解，百家正不妨"争鸣"以期相反相成，相得益彰。但不可只是"相非"。譬如讲真理的"一贯说""相应说""实用主义"，以及发展出来的"炸弹说"，"可验证说"，如其分，实各有所见，其弊首在有所蔽或要有所蔽。——所谓"否定"，总该是扬弃的意思，是进一步发展的意思，而不应只是消极地毁灭。

"夫言非一，亦各有当。"（礼"祭义"："夫言岂一端而已，夫各有所当也。"）这不但在讲学说理上，就在人生日用中，都是一句极有用的话。

"失所为愆。""不中则失。"凡话都有其所分当。得其所分当就是"中"。"中者天下之所终也。"失所，过分，无当，都是要不得的。

所以我总主张"汰太"。

但是"从通为中"，"中"并不是一定。所以孔子要"时中"。——"先迕而后合者之谓权"。所以庄子也说，"分无常"，"达于理者必明于权"。——荀子："人无动而可以不与权俱"。"无权，不可为之势，而不循道理之数，虽神圣人，不能以成功。"

这些意思，对于民主，都是必要的。民主的所以可能，在能容人，容人生活，容人活动，尤其是容人之言或意见。

而要最能容人之言，那就是要切认：一句话这样解释虽是错的，换样解释就可以是对的；就这个范围说虽是错的，换个范围说就可以是对的；根据这种事实说虽是错的，换种根据说就可以是对的。

对于别人的说话最好是尽量替它求解释，找所当，而最不好是轻下判断。

人如能替别人这样设身处地，这样体谅别人，民主方真能行得通，行得圆满。

常说，知道一切才能宽容一切，其实知道一切就是宽容一切。

把话说清楚，可以使社会少误会。如知道了话要具体，理是相对，那就不但可以少误会免麻烦，而且可以更进一步使人相容、相通，时时在在都肯替别人设想。

这样子，在己总是自觉的，对人总是理性的。

这样子，民主才可以圆满发展而成功。

这样子，人生乃走上向上的至善的坦荡大道。

我总相信："哲学之要在天人体用，条贯疏通，因此术（道）在辩证，而法（方）在解析，以通为旨，而以用为归。"

"辩证以活、周、参，知行一贯，（一）察关联；（二）观变动发展；（三）验 1. 内在矛盾，对立斗争；2. 物极则反，相反相成；3. 质量相转，否定否定，入手。而解析（逻辑解析）在（一）厘字义，清辞谓，爬梳句法，条贯系统；（二）辨别类型，展示型式；表著类滋，函变，章显关系，结构，格子；（三）即实立说，以构代推；准节省律，剔除虚废——着实，责实，核实，归于分收具体。"

我的具体相对论就是要达辩证解析的极致，而期适于通，而便于用。

"用也者通也。通也者得也。适得而几已。"

一切都看得开，行得通，天人合融，物我无隔，自然是会泰然的。

由我的具体相对论，对于一切可以作旷达之观，应用在人生理想上，正可以作到所谓理得而心安。

大同之世，就是不但在某个人，在想象上，在体验上，而且进而在一般人，在一般实践上，在一切物质上，都实现了天人合融，物我不隔的境界。

这当然更有待于像我这个见解的哲学，解析，理性，以及社会生产技术，科学的民主的设计（计划化），等等的发展。

（原载 1945 年 10 月《中学生杂志》第九十二期）

科学与民主

自由与秩序
（1919 年 7 月 13、27 日）

政治家重秩序，革新家重自由，二者之不能相容，实根于此。就是一般人也不免把秩序看得太重了，以为他是最应培根的东西，其实这纯粹是谬论。秩序实是极易致的，最难得、最难保时的东西乃是自由。秩序当为自由而设，妨碍自由的秩序是绝对要不得的。秩序与法律相依附（就往今说）；自由以自然为止归（永久如此）。越高的理想必是越近于自然的。违背自然的制度总不会有好结果。待遇一个人、一个群、一个种族、一个阶级，如使自发自展，见助而不见阻，那个人群种族阶级便是走在正道。这条新则的势子已至是流行如火的了。凡自然都是帮忙这种待遇的，自然之中，自有法律。自然之中，自有秩序。人如从他以外，另有造他，矫揉扭捏，就不必有意为非作歹，也必弄得迷了轨道，致有像现在世界这样子的种种非自然的不相容。

以前人讲自由，常说什么自由于法律之中。天性少人性多的人遂就把法律为利器，一切压抑专暴之弊都从此起。须知现在世界的法律本是少数人居着强者、享乐者、统治者的地位，本着私意设的。这种东西，岂可容他约束人人应有的自由？自由本是政治营生中最伟大最宝贵的东西，合乎自然的自由——就是真正的自由——绝没有什么太过不太过的说法。就令有可以过的，得还没有得到，就怕太过了，这种念头也岂妥当？

现在好像很有人把自由看得很轻，至于有不屑一谈的情景，以为借着自由，可以行恶。但这并不是自由的坏处。真正的自由总是纯洁无垢的。美的东西、伟大的东西，也免不了为人假借为人利用，如是暂时的那便怪不得他自己。绝世美人常常受恶暴糟蹋了，岂能说是美人自身之过？况且就是他们所说行的恶，也实模糊得很，不见得就是真实的、真不合自然的，未必不是居旧看新，看不惯便说是恶。

吾们期望自由，第一便要先由自己自由自己。吾们的心、吾们的精神，不但要伟大，自由更要紧。一切心里的锢蔽束缚、思想上的网罗，都须尽先解除。旧有人造的恶性，可以消灭的消灭，不然也须完全转到他途上去。必先有了内部的自由，乃有外面的自由可言。权势不能束缚吾们、传说不能束缚吾们、古人不能束缚吾们、今人也不能束缚吾们。习惯、罔信、成见、偏执，都是应当极力排斥的。吾们只求的是真，吾们只认得的是实。"刚亦不吐，柔亦不茹"。大至于仅约略可想象不可测度的全宇宙，小至于几万倍的显微镜下看清楚的微尘，吾们要一律看待。代加德的方法之疑（Methodical doubt）是吾们的方法。孔仲尼之四绝——毋意、毋必、毋固、毋我，"意"是本私意猜度、预先揣测的意思，与"不亿不信"、"亿则屡中"之"亿"同。"亿"不可解作"想象"。预测与想象的分别是一个有成见有欲望，一个无有。就是：预测本着欲望猜未来怎样，想象只坦然求未来可能的真相。"必"、"固"就是韩非所谓"无参验而必之"、"弗能必而据之"的意思。"毋我"的意思不是要不认我的存在，只要毋事事以我为主，毋把我当物物的标准。认得我存在，便要同时也认得外界种种个体与我有同样的存在。重要也是相等的。既不可以我为主、强非我与之合，也不可以非我为优，屈我与为一。但当并立而齐合，不然则脱。——这便是"毋我"的意思——是吾们的精神。吾们总要把心、把思想放开，要晓得、要觉到除了现实的以外还有种种色色的"可能"。——研究数学原理方面的最晓得这个，研究新物理的次之，一般哲学家又次之。现代最新的逻辑（即数理逻辑。去今二百年前第一流数学家、哲学家、德人来本之发其绪，近今意大利土林大学数学教授帕诺、德耶那大学数学教授佛芮格各独立其形，而今之第一伟大的数理哲学家英人罗素所大成）是给思想以翼的，就是大吾们的抽象想象力，而具备无穷不期望的可能的器。世界不止这一个世界。人类也不止这一个人类。"尼采的超人是见到此地的。"必不可一听人说差样的东西，就拒绝、就恐怖、就怕闹毛病。拿旧的恐怖抵挡新的希望，拿往或今的毛病猜疑未来的计划，是万万无当的。一听人说废除婚姻，就说要淫乱；一听人说把世界一切旧有的组织制度通换新的，就说不成、就说要骚扰，这都是不思索，不能自由思索，没有受过想象力的教育，被旧的固定的东西缚住脑筋不活动之所致：只知道三个上加四是七，不知四个上加三也是七——本来就是怕骚扰的念头已经差不多错到极点。

吾们如有上边那样科学法的态度，有了那样思想和精神的自由，自由绝不会弄出恶来。须知科学法乃是西洋文明在世界上最大的贡献。新近刚过四百年祭月、有史以来最博学多艺、思想观察极自由、亲自然而顺实的李翁奈始器重之，厥后百年伽离略乃大用之，实立近世科学之基。这个方法，质实说来，本不过实事求是，弃绝习传，说他非西土所专有固无不可。但是用他奏出很大的功验，确是在彼。现在他们把他越发看重，许多地方都要用他，还有好些大的果效放在眼前。吾们今要改革思想，期图自由，变风易俗，实在也缺他不可。科学法就是实法，原来没甚稀奇的。

自然也不是能束缚吾们的。前说期合于自然，只是顺从本然，不是自加网罗。此也可说就是"天行健，君子以自强不息"的意思。因为吾们不应因为自己是人就把人看得特别高贵，所以人间法绝不可违反自然律，所以如果自然行健，人便该自强不息。种种所谓自然恶自是要祛除的，但是所谓自然恶，如病与夭折，细考起来，多半是人造的，并非自然如此。至于说以科学的力量战胜自然，乃比方话，那里有所谓可战胜的自然，不过开发自己罢了。

吾们所谓"自然"本有两义：或说一种方法样式，或谓一个物件，就是统括一切个体的一个代名。这两个意思不分别说时，每每要惹出纠纷来。在第一义，期合自然只是不加矫揉造作、不像中国女子把她好好的脚裹得不方不圆。所以期合自然不但不是自加网罗，实与他相反。第二义的自然，存在不存在是不必要的假设。吾们确知真实存在的只不过个体。照"奥开亩剃"（Occam's razor）："实体不必须勿多积"，就是说，不必须的假设不要堆累许多（此也叫"节省律"）。那么，实体自然的假设是不必设的。所以在这个意思，期合自然不过是破障求通，不拘于偏。于他之下，一切平等。现在但认一个他作范围，等到把他外一切范围限制齐销除了，他的范围自也不存。那便是不求大自在而大自在自见——也必如此才能见。所以自然也不是束缚吾们的，所以自然法就是无法，无法而无不法。

有人道法律秩序所以为安宁为幸福。不用说所为是少数的安宁幸福是要不得的，就令真能为到最大多数人的最大幸福，一样不合。吾们应当标为人生最高鹄的是自由，不是幸福。不自由无幸福。现在世界的坏，岂纯是因为贫寒。许多受难者之所要求，与其说为幸福，不如为解放、为自由较为得真。使人自由实比使人幸福，无穷的更重要，这就是不要你百座楼台十床美，但要你点石成金的那条指的意思。吾们应当极力自由去想象人人自由，人人的事事合乎自然的自由的时代的境况——去开发，去创造！绝不可徒抱着幸福的大腿，而况安宁乃是苟且、偷惰、因循、敷衍、呆板、停滞、衰落的引子！

人为的秩序的功果，有史五千年来，吾们算看着了。

自由！自由！个个的自由！没有自由没长进！没有自由久沉沦。

（原载 1919 年 7 月 13、27 日《每周评论》第三十、三十二号）

罗　素
（1920 年 10 月 1 日）

　　罗素（Bertrand Russell）是现代世界至极伟大的数理哲学家，是于近世在科学思想的发展上开一新时期的一种最高妙的新学〔即数理逻辑（名学），也叫记号逻辑或逻辑斯谛科（Logistic）〕很有创发而且集大成的。本着数学之批评的研究，他在哲学里也成立了一种新方法，（言精神是哲学里的科学法，言方式就是"逻辑的和解析的方法"或翻"名理·解析法"。）他的哲学（名叫"名理原子论"或"绝对多元论"，认有种种的个体和关系，而不认有个包括一切的宇宙根基。简单说，是由于"关系"的新研究，而在于"关系在外说"。）在现代哲学界思想界，要算最有影响的。最近，他又拿那在数学与哲学已著大效的"名理·解析法"为心理学的新研究，得出与在美发生的"行动主义"（Behavorism）最新的心理学与"中立一元论"（即美派的新实在论）大部分相同的结论，认心物的分别不是实质的，只是他两所从的因果律的等级不同。此是一件去年学问界里极可注意的事。

　　他又是第一流的能文者，有逻辑与作散文的天才，最能解析，最精细，最能析事理入微，他文章的明析透澈，周密锐利，真是一时无比。无论论什么东西总使人容易领悟，论学能使人深入，论事能使人感动。他这种能力，人没有不佩服的，与揭慕斯和般迦雷一样。

　　罗素是一八七二年五月十八生于西英蒙卯兹县（Monmouth Shire）之推来克（Trelleck），与巴枯宁，托尔斯泰，克鲁巴特金，等同，也出身于贵族。他的祖父罗素伯一世（即 Lord John Russell）是维多利亚时代有名的改进派的政治家，对于一八三二年的改革案（男子普选权案）的成立最有影响，曾经两次为首相。父是个子爵。他自己又是他长兄罗素伯二世的假定承嗣（所以名子前头有 Hon. ＝Honorable 的称呼）。罗素的母亲是斯丹雷男爵二世之女。罗素在剑桥大学三一学院虽学的是数学与哲学，原是关心政治的，以后主张社会改造并不为奇，先就尝强烈的主张过女权，主张过自由贸易，竞争过选举。他那个老兄也是当有独立精神的，就由其自号为"彻底主义者"，自号为"不可知论者"（主张除实质的现象以外不可知）也可看出；也研究科学与社会问题，以为游息之所；著有"离婚论"等。

欧战以来，罗素大唱和平论，不抗主义，反抗战争，论英国外交之谬。一九一六年竟因作小册子替因良心上不肯当兵而得罪的人辩护，被政府所加罪。（小册子是由当时的反强迫征兵同志会发的，未署名。有六个人因为散布它罚作苦役。罗素因函泰晤士报自认，遂被传审定罪。罗素不肯出金自赎，认了六十一天的徒刑。）剑桥大学的三一书院也把他的数学原理讲席革掉。又不准他出境，破坏了他到美哈佛大学任数理逻辑讲师的宿约。但是他的勇气却越发旺起来，他的智慧之光越发亮起来，他的头脑越发冷静，心越发热起来，他的学者的良心也越显露出来，他的改革论越发盛起来，他的主张越加公正起来，他的感化力也一天比一天更大起来。他是无论为什么，决不肯屈服一点精神的自由的。政府更慌了，遂由军事当局把他约束，不准到各地作通俗的政治哲学讲演。前年遂把他下狱六个月（从一九一八，四月起）。但是如于巴枯宁、克鲁巴特金一样，下狱一次也不过使他的意志更坚固一番，使他的见解更透彻一层罢了。所以现在罗素已完全成了光明磊落的根本改造论者，世界改造的指导者。同情于他的人已经遍处都有。罢工的工人也多找他去指教。自然，以世界的学者说话是容易使人信的，也实因他的话能够恰合事实，深当人心：本来真理不外与事实相应的说话。

罗素新近表明他的态度：他是以无政府主义为终极的理想的；但现在主张的是倾向无政府主义的一种"行会（Guild）社会主义"。要晓得这全是几经思索几经考察而后得的结果，必不可轻轻看过。又要晓得罗素的政治学说社会学说与他的数学学说，哲学学说通是一贯的。他最重视个人，个人的自由，小团的自治，与他哲学里的重视个体与主张绝对多元，实不为无关。因为他是一个头脑极清楚的科学的哲学家，他是很见到科学与艺术的重要的，所以他的社会改造的主张也总照顾这方面。他说世界最好的东西是由内来的，像创造的艺术，爱，思想，这类的东西是。这些东西上必不可缺的便是自由。所以罗素主张的行会社会主义是偏向无政府主义的，正因无政府主义对于这等物事最为注重最为便当，就是最强于这些事以及人的关系和生活的愉乐。他以为社会主义不过人类发展中的一阶段，大概继之便是无政府主义。但为现在，只有社会主义能够实行。他的社会主义是极端彻底的世界社会主义。不过他同时又是不变的和平主义者。他总是个学者，所以人也称他的主义作智识的社会主义，可以与摩里斯（Morris）之美术的社会主义媲美。

罗素是极能洞烛社会之根本，现代的病原的，所以他主张改造要从根本下手，绝不枝枝节节而为之。他的改造社会的方法之根本便是他常说的"冲动之转变"，他说人的行为多是发于冲动。冲动分两类，一是创造的，一是占据的。学术等都起于创造冲动，而占据冲动是种种恶事之源：财产和国便是这种冲动两个重大的表现。所以改造社会要使占据的冲动变成创造的。最好的制度是最发展创造冲动，最减削占据冲动的。最好的生活是创造冲动居最大的地位，占据冲动居最小的地位的。罗素这种主张便也是关系他的注重思想学术，个人自由，爱情善意的。以至他对于教育，人间关系（如男女关系）的主张也都如此。〔在教育上，他极重儿童的思想力，心的冒险。他说教育不外发展本能，发展天才，发展个性，与他的同道怀惕黑和南白瑟（T. Percy Nuwn）说并同。〕

罗素又是很注重中国的，极说中国诗的美为西方所未有，也很喜欢引老庄之书。他那部讲社会改造最近的书，《到自由之路》，卷头题有老子"生而不有，为而不恃，长而不宰"（见《道德经》上篇十章。——编者"Production without possesion, action without self-assertion, development without domination"）的话。罗素的改造理想，实大致类此。他又引庄子马蹄篇开头的话，以为古代无政府主义的学说，甚称赞之。

罗素本是多方面的，研究数学、名学、哲学（元学与知识论），既高而广；又涉及社会、政治；但还不止于此。伦理、宗教、心理，他也是很有研究的。不过，他虽研究伦理与宗教，而能不为所拘，保持伦理中立的态度。他现在是一个很新的心理学家了。茹当（P. F. B. Jourdain 1879—1919），曾说他越来越注重心理的需要，恐怕他要尽其余生作一部教会史或一部动物动行史。对于后者，可算已作了一点。但这非偶然，罗素原早就对于心理学书读得很多。但虽如此，对于名理、心理的分际，他其实看得很清。本来罗素最可注意的就是他所抱持的科学精神。他是最能实行科学法的。他真乃最切实、最重事实的哲学家。读他的书而忽略了这个必是心盲。他新近尝论英国现代哲学主要的三趋势。

第一派是英国的古传哲学，从事于常识棣他之解析，罗素旧同道穆尔博士是其一个可称赞的代表。罗素自然与此很有关系，但因研究了近代数学能救其弊病。第二批译哲学，即唯心论，是他所反对。第三是最有后望的科学的哲学，这派的人必须娴于物理、数学、与数理名学；因为欲懂得科学最关切哲学的那诸部分，非此不能。罗素便是此派的领袖。（此派少壮有 C. D. Broad，A. E. Heath，Miss Dorothy Wrinch。怀惕黑教授是老一点的健将。）罗素哲学地位的优上又不但在英而已。今日进步的可靠的哲学者有一不受他的影响么？论他的高深精微，论他的广大洪博，今日全世界的哲学家实没一个能比得上他的，就同现今没有一个英人能胜过他的散文能力一样。

罗素的勤于学事，真可佩服。他说他从没有看过电影，头一次看电影乃为的要印证柏格森的一句关于元学的话。（见其一九一五年二月在满切斯特哲学会的讲演："物质之终极成分"。）柏格森说数学家想念世界仿照电影的样子：就是，是一片一片的集成的，不是一个囫囵的整体。罗素看了看电影，以为这话完全是对的。本来柏格森所说数学家的主张，就是罗素的主张。罗素相信万物的实在同电影的实在一样。真的人，不论警察怎么发誓的说他的同一，实只是许多仅存在片刻的人之一个联缀，彼此都不相同，结合一起，并非以数目上的同一，乃以相续和些本然的因果律。桌子椅子日月星宿都如此，都只要以为是许多彼此相继，仅存片刻的东西的联缀，不是一个单一长在的东西。世界是一个"相续体"（Continuum），差不多有些像唯识家所说的阿赖识耶①，"为常为断，非常非断"。

罗素的人格与他对于朋友，都是很可敬爱的，毫无可议。就如，他多年的朋友茹当（很宣扬数理名学的，也信实在论），是尝对于他有不当的讥诮的，但罗素于彼却始终如一。

罗素的学位是 M. A.（Master of Arts）是从剑桥大学得的。他以前在剑桥大学三一学院（Trinity college 这个学校以数学名，英国第一流数学家多半出身于此）读书是在数学第一班与伦理科学第二部第一班。后曾为此校的特待校友（Fellow），并讲逻辑与数学原理。如前所说，战时，因为他主张公道，三一学院的评议会是把他革职了。但新近出征回来的当兵学生已强迫该校把他请回，而且在大学记录中把免他职

---

① 应为"阿赖耶识"。唯识宗为中国佛教的一派，即法相宗。

的记事抹销。他的受人服膺爱戴没有多少大学教师能赶得上的。

千九百〇六年，罗素选为伦敦皇家学会会员（F. R. S. ＝Fellow of the Royal Society）。皇家学会是英国国立的第一个学会，会员虽是比别的国里国立学会多得多，但选进去也不是容易的。罗素又是亚理斯多德学会与伦敦数学会的会员（曾任会长），前一个是英国哲学方面最重要的学会——他的目的是哲学之统系的研究，一方对于他的历史的发展，一方对于他的方法和问题。伦敦数学会是英国数学方面最重要的学会。

千九百十五年初夏，罗素从纽约哥伦比亚大学受头一回的巴特洛金奖牌。这个奖牌五年发一次，专送给在前五年内不拘世界什么地方的人对于哲学或对于教育学说或实际，作了最卓异的贡献的。这第一个送给罗素便是因为他对于逻辑学说的贡献。

战前罗素曾数次到美讲演过，也到法讲演过。今年五月随英国劳动委员团赴俄观察了一个多月，有极友意的批评。

罗素是一八九四年结的婚。他夫人姓斯密（Smith）名亚鹿（Alys），美国费城人，大学出身。曾为研究女工生活状况，亲到伦敦某工厂从事劳役。作有"社会民主党与德国的妇人问题"一篇附在罗素的第一部书："德国社会民主党"的后边。又是奎克宗〔Ouakers 即同志会（Society of Friends）〕的信徒。此宗门人是不当兵的。战时，罗素所极力辩护的从良心不肯从军的人（Conscientions Objectors）多是此宗门人。罗素作这一部讲演，很感谢他夫人底帮忙。

对于罗素之著作，我正在预备试编一个详目，故今不及。现在但欲晓得他的书：可看新潮二卷二号。至于研究罗素的各种学说应如何下手，也当另作一篇细说。又现在世界的哲学家怎么没一个能比得上他的，也不是一句话可以使人信服的，应别为一文拿现代世界上有名的哲家，如柏格森，杜威，倭铿，等等，一个一个的就诸方面来比较。

一九二〇，九月十二。罗素要到"中国"的正前一月。

（原载 1920 年 10 月 1 日《新青年》第八卷第二号，1989 年收入《罗素哲学译述集》）

罗素论原子新说
（1928 年 3 月）

罗素新著哲学大纲，乃是现代科学的一个结晶。审核融通行为论的心理学，完形心理学，以及物理学里的相对论，原子说等等，而形成一崭新之哲学。书中第二部分讲物理世界，首述关于原子结构的学说。这种学说的通俗文书，近年本日出不穷。可是像罗素讲的那样条理清楚，简当得要的，可说还没有过。而且不但明白清楚，并且举及这方面的新获，加以哲学的解说，更属前此未有。近年在英，著书讲相对论的，首推爱丁顿；而讲原子说的，则推安推德（Andrade）的著作，其大著《原子的结构》未及三年已出了三版（第三版于一九二七年出）。可是，虽安氏之书，也不及罗素所讲之新。今特为敷陈如下方。

罗素对于相对论与原子说，本已著有专书，各以 ABC（初步之意）为名。（原子说一种，中国已有两种译本。）现在所论，原在借以表示物理世界之为何，云何为物质？据罗素说，则一方由相对论所得，一方由最近关于原子结构的新说，物理世界，与日常人生所体验接触的世界，已经大大不同；就是与十八世纪欧洲所流行的那种科学的唯物论所讲的世界，也复大异。现代科学家既看着在人物理观念上，非加以革命的变更不可；凡是站得住的哲学，对于这种变更，一定是不能置诸不论的。物理改动，哲学必须随而改动，所以简直可以说，所有相传的哲学，今日实非全部废除不可，要建设新的哲学，即应炉灶另起，对于过去的种种旧系统，应该毫不加以瞻顾。现代对于物性，比较以前，已经深入得多多。如果还把可以从十七、十八、十九各世纪的元学（玄学）家学习而得者，过分重视，那在今日，未免自谦太过了。

这是罗素因现代物理学的成就，对于哲学与哲学家的意见。那么，从哲学家的见地来看，关于物质，或者一般言之，说是关于物理世界，现代物理学所要讲的是什么呢？罗素以为这有两个来源，先须分别：第一就是原子结构说，第二是相对论。二者之中，以物理言，原子结构说，本是尤其革命的，但在哲学上，则直到最近两三年来，原子说的革命性始才显著。一九二五年以前，各种关于原子结构的学说，基础上都根据旧日的见解，把物质看成不可破灭的本体。这种旧见解，人本久已视为不过一种方便，然而各派原子说之以为基础，却是因仍故常久而不改。这三年来，情形便大不同了。大体是因两个德国的物理家海森巴格与释尔丁格的功劳，旧式的固体的原子，便连其最后的遗痕也完全消失了。于是所谓物质的遂与鬼学家的神坛上降下来的东西一般鬼里鬼怪地不可捉摸。不过，要懂得这种新说，不可不先了解其所代替了的旧说，旧说是比较简单得多的。这项较旧之说，对于安斯坦所提出的关于根本的新学理，不过间或提及，所以比相对论也容易懂得多。这项学说所解释了的事实，也不在少。不拘原子结构的圆满的学说如何，这项较为简单的旧说，必总不失为一个阶梯。现在所谓更新的学说，其实就是直接由此旧说而出；如果无此种旧说，大概新说是不会发生出来的。所以今欲讲新说，不可略述旧说；虽云旧说，却也自有其使人迷恋之处，述述必不至于白费工夫。

以物质为由所谓"原子"，即由些不可分的小块块而成的学说，本起于希腊。不过在那时，只不过是一种玄想。至于以后所谓原子说的，证据乃由化学而得。这种学说，照其十九世纪的样子，大体可说都是英国化学家达尔顿的功劳。当时已晓得，世界上有若干的所谓"原素"或"原质"，别的东西（质实）都是由这些原素而成，即是这些原素的化合物。化合的东西，当时又晓得是以所谓"分子"的组织而成，每个分子都由一种东西的些"原子"，与另一种东西的或同一种东西的些"原子"相结合。譬如，一分子的水，就由两原子氢与一原子氧而成。用电解，就可使之分别开来。在放射活动还没有发见以前，都以为原子是不可毁灭不可变化的。不是化合物的东西（质实），便都叫作"原素"。既而俄国化学家门得烈埃夫（Mendéleev）发见出来，可以把原素借其性质上逐进的变化，排列成一个系列（所谓周期表）。当时，在这系列上，尚有不少缺空，但大多数后来因新原素的发现，已经渐渐填上。如果一切缺空都填齐的话，应共有九十二种原素。现在实际上所晓得的数目，还只有八十七，如把三个还不无疑问的也包括其中，则为九十。一种原素在这个系列中，所居的地位，叫作该原素的"原子号数"。氢（旧作轻，或叫水素）居第一位，原子号数为 1；氦居第二，原子号数为 2；铀是最后一种，原子号数即为 92，在星星上，也许还有原子号数更高的原素，不过在实际上，至今还没有观察到。

自从一八九五年德国物理家郎特根（Roentgen，伦琴，1845—1923）发见 X 光线，次年法国物理家白格赖尔发见了放射活动（或叫放射能，亦作放射性）以来，对于所谓"原子"，遂不得不另成立新的见解。当时见到，一原子有放射活动的原素，都可以分解成一原子的另一种的原素与一原子的氦；此外并且还能有一种别的变化法。而且还见到，在原素系列上，可以有若干不同的原素都居同一地位。这便是所谓"同位素"。譬如铢（镭锭）解体时，最后便发生一种铅，不过与平常在铅矿中所看见的铅却稍有不同。英国物理家博士阿斯顿已经证明出来（一九二〇），许许多多"原素"其实都是同位素的混合体，用精巧方法便可以鉴别出来。因为这种种，尤其因为在放射活动中原素的变质，于是便得出一个结论来：就是，以前所谓不可分的"原子"其实都是很复杂的结构，如失掉一部分，便可以变成另一种不同的原子。那么，这种结构是如何的呢？想象这种结构，有过种种的尝试。经过这种种尝试之后，乃使得物理家们都承受了英国物理家罗兹佛一九一〇年之说。又复两年到一九一三年，其青年弟子丹麦物理家波尔继之而更加以阐发。

这种学说，虽因新近的阐发不能不有所变更，大体上固依然还是对的。照这种学说，所有物质都由两种单位而构成，一为电子，一为质子（或作素子）。所有电子都是完全相同的，所有质子也都是完全相同的。所有质子都带若干分量的正电，所有电子都带有同分量的负电。可是讲到质量，则一个质子的质量约比一个电子的质量，大一千八百三十五倍：就是秤起来，要有一千八百三十五个电子才当得一个质子。质子彼此互相拒，电子彼此也互相拒，但电子与质子则彼此相吸。凡原子都是由电子与质子而成的一种结构。在一切原子中，最小的是氢原子，由一个质子与一个电子而成：质子在中央，电子围之而转，就同行星围绕太阳。这个电子，有时且可失去，只剩了那一个质子。于是该氢原子，便带了正电。可是，在该电子保存没失的时候，则该原子，以整个而言，在电感上，则是中立的，非正亦非负，非阴亦非阳，因为质子虽带正电，然由电子的负电，便完全抵销了。

氢之下第二个原素为氦，结构就繁杂得多多了。于中有一核，由紧凑在一起的四个质子两个电子而成。在平常状态之下，更有两个行星式的电子围着核转。但这两电子，有时可以都失掉，或失掉其一，于是该原子便带了正电。

自此以下的一切原子，都与氦相同，由一个核与若干围核而转的行星式电子而成，而核又由些质子与些电子而构成。核中所有质子都比电子为多，但在原子未带电的时候，此多余之数，便为行星式电子所抵销。由核中所有质子的数目，即得该元素的所谓"原子重"（或译原子量）。由核中质子超过电子之数，则得"原子号数"，亦即原子未带电时周围行星式电子的数目。最后一种元素铀，核中有二百三十八个质子，一百四十六个电子，在不带电时有九十二个行星式电子。除氢外，原子里行星式电子的排列法，现在都还没精确地晓得。不过就一种意思，显然可说其是成为种种不同的环（轮），而外环里的比较近于核的内环里的，更易于失掉。

原子说照罗兹佛所阐发的大略如此。现在可以讲波尔所增益的部分了。这个增益实是一种极出奇的发见。有一种不相续，本先已晓得有几项自然过程表现有。而波尔的发见则又把这种不相续引到一个新领域里。拉丁文格言，有所谓"自然不作跳跃"。在哲学中大概在以前再没有别的格言比此更为人所重视的了。可是照罗素所自述，如果一生经验曾经特别教以什么，那就莫过于拉丁成语总是表示谬论的一事。就在"自然不作跳跃"这一个例，也就已证明是如此。明明白白自然是作跳跃，而且不但间或而然，除于别的些种机缘以外，在一个物体发光时就总是如此。德国物理家博兰克，柏林大学物理学教授，最近乞休，即由发明原子新说的释尔丁格代之。是第一个指证出跳跃的必要的（一九〇〇年，所谓量子论的开始）。博兰克那时系在看物体比其周围环境为暖时，怎么样子向外放射热。热乃由颤动而成，这是久已知道的：这种颤动则由其"常率"，即由每秒钟颤动的回数，而互相别异。博兰克当证明，对于有一定常率的颤动，并非一切分量的能力都可能的，可能的只不过那些对于该常率有一种比的分量（即所谓量子。此为能量子），而此比即是有一个数量 h 乘以 1 或 2 或 3 或一个别的整数而得；实际上用以乘的总是一个小的整数。h 这个数量通称为"博兰克常量"。已经证明出来，不拘什么地方，只在量法精细得足以晓得是否含有之，实际上便总是含有之的。这个数量其实是小得厉害，除非量法能够精确到很高的程度，因此数量而成的不相续与相续所差离的便无从识别。（h 乃是所谓"作用"的单位，亦称作用量子或作用元量。h 的度数乃是所谓

"作用"的度数，即是能力乘以时间，亦即动量的能率，又即质量乘以长度乘以速率。其大小约为 6.55×10^{-27} 秒工。)

波尔的大发见就在：h 这个数量便在原子里行星式电子的轨道上，也是含有的，而且轨道的如何可能，就由该数量而限制：其限制的样法，不但奈端力学不曾预备到，就是相对论力学里，直至今日，也无可解释。照奈端的原理，一个核外的电子围着核周转，应该随便顺着什么以核为中心的圆轨，或什么以核为一焦点的椭轨，都可以，都该能够作得到，在种种可能的轨道之中，这种电子应该可以随其方向与速率，随便选取其一。可是事实上，在这些种种轨道之中，乃只有几个发生过。诚然，这所发生的是在根据奈端原理可以有的之中，可是不过其中选出的无穷少的几个，就是极少极少的几道。现在为使解说简单，可以照波尔最初的样子，但论圆轨；并当只取只有一个行星式电子与一个只由一个质子而成的核的氢原子为论例。要界说已晓得可能的圆轨，可以这样作法：即以该一电子的轨道的圆周乘该电子的质量，然后再以该电子的速率乘此所得；结果总要是 h，或 2h，或 3h，或 h 的一个别的小整倍数，此中之 h，与前一样，即所谓"博兰克常量"。照这样子，所以是有一个所可以有的最小的轨道的，在这条轨道上，上边所举的乘积，便是 h；其次紧接着的一个轨道，则上举的乘积为 2h，而其半径的长度则要有那个最小的四倍；再其次一个，九倍；复次，十六倍；以下也均是"平方数"（即自乘数，一数自乘而自得者），依此类推。明明白白，在氢原子中，除此种轨道以外，没有别的轨道是可能的。椭圆轨道固然可能，但此仍要得的是 h 的整倍数；现在为简单起见，可以不必深论。

一个氢原子，在任它独立自在的时候如其电子是在最小的轨道上则该电子一定要继续着循着那个轨道旋转不辍，但令没有外来的什么搅扰之。不过，该电子如并非在最小轨道上，而是在随便一个可以有的较大的轨道上，那它便早晚均可以突然跳到一个较小的轨道上去，不是那个极小的，就是中间可以有的一条。但令该电子不变其轨道，该原子便也不放射能力。可是在该电子由一较大的轨道，跳到一较小的轨道时，该原子即失掉能力，此能力即以光波的样子，放射出去。这种光波且总是那样子的；即以其常率除其能力，恰得 h。该原子也可以由外边吸收能力，其法在由其电子从一较小的轨道跳到一较大的轨道上，就是，其电子这样跳时，该原子便吸收了能力。如此跳上一较大的轨道以后，如待了一会儿，能力的外源移去了，该电子于是便又可以跳回原来那个较小的轨道。这就是荧光现象的原因，因为在电子这样跳时，该原子便以光的样子，发出能力来。

以上所讲的这些原则，加以繁杂得多的算数，便也可以应用于别的原素上。不过，最后有几个原素，其中却有一种现象，在氢上，则无其比。这便是放射活动。一个原子如有放射活动的时，便放出三种光线来，分别叫作 α（阿尔发）光线，β（比陀）光线，γ（嘎姆）光线。就中，γ 光线是与平常的光相类的，只不过常率较高的多，即是其波长较短；这种现在无须深论。反之，α 光线与 β 光线，则都是人所以得到关于原子核的知识的主要源泉，重要得很。且已经晓得，α 光线是由氦核而成，而 β 光线则成自电子，两种光线都由原子核而出，这是因为原子经过放射活动的破裂之后便另成了一种与前不同的原素，而原素性征又总是由原子核而定的缘故。可是现在却还没有人晓得为什么原子核恰是那样子地解体，也不晓得为什么，譬如在一块铱之中，有些原子崩溃了，而别的却否。

现在，关于原子，人所得到的知识，主要的来源，已有三个，即是，原子所放出的光，X（埃克斯）光线，及放射活动。现在人人都晓得，一种赤热冒光的气体放出来的光，经过三棱镜时，便看出来是由些不同的颜色的界划很清楚的线而成，这种色线便是为各种原素作特征的，因各种原素而有不同，叫作原素的"景"的也由此而构成。这种景的范围，实出乎平等可见的光以外，一方申张到赤下，一方申张到紫外，在这后一个方向上，并一直申张到 X 光线的区域，所谓 X 光线原本不过紫外外光。借结晶体，已经看出来可以把 X 光线的景，研究得与平常的光的景，一样地精审。波尔学说的大功劳就在解说明白了原素为什么有其所有的景，这在以前也完全是一种神秘。以氢与带正电的氦两例而言，由波尔这项解说，特别照德国物理家卓玛雯德所扩张了（一九一六）的曾经在理论与观察之间，得到了极细密的数目的一致。在别的例上，因为算术上的困难，所得虽不能这样圆满，但以为可以适当地用同样原则来解说，固是有种种理由的。物理家们当时所以承受波尔的学说，这也就是其主要理由，也确是一个很强的理由。此外并曾看出来，由平常可见的光，使人可以研究行星式电子的外环；X 光线使人可以研究内环，而放射活动，则使人可以研究原子核。为这后一项目的，现在也还有些别的方法，尤其显著的就是罗兹佛的"轰击法"。此法目的，在以弹子射击原子核，而使之破裂。不管这个所射击的标的，怎么小的厉害，却是有时也能够一中。

　　以上概略述过的原子结构说，也与理论物理学中所有的东西都同，可以数学公式表示之。可是却有与理论物理学中许多东西不同的，便是此说也还可以拿一种想象的图像来摹状。不过，在这个学说上，也与历来总有的情形一样，数学记号与图像言语之间，是非锐烈地分别清楚不可。数学记号虽很可以确然是对的，或则至少也差不多如此；想象的图像，可是却不可以看得太严重。如把上边这个原子说所根据的证据拿出来，看看它的性质，便可以看出来，为要把实际的进行情形，作成一副图像，实在不免于太过于具体了，其实是并没有权理可以这个样子。如果要只宣说确有理由可以相信者，那便对于在原子里头进行的情形，就不可以打算要具体，只可以简单地这样说，就是：一个原子同着它的电子乃是一种以几个整数为特征的系统，这些整数全都不大，而且全都可以独立变化。这些整数都是所含的 h 的倍数。如其中随便一个变为一较小的整数时，便放射出一定分量的能力来，其常率且一定可以由以 h 除该能力而得之。如在那种种整数中，随便一个变为一较大的整数时，便有能力被吸收，所吸收的分量并且也是一定的。可是，在该原子既不吸收能力也不放射能力时，进行情形如何，则人不能晓得，因为在那时，该原子在周围区域中是没有效应的。所以，所有关于原子的证据，都是关于其变化的，而非关于其稳定状态者。

　　于此所要注意者，乃是照这种情形，并不是事实与把原子当一个行星系（太阳系）的假设，不相适合。诚然，不是没有几种难处，所以使得下即要讲的一种更新的学说，得了些经验上的根据，遂取波尔之说而代之。可是，就令没有这种根据存在过，波尔学说不免说的过分了，溢出了从所可以观察的上可以推得者的范围：这也当是显而可见的事。大凡说的这么多的学说，必有无穷个，都可以与实际所知的相容；在这种地方，人所实实在在可以宣说的，便只有这些学说中之所共通者。比方假使你对于中国的知识，完全不出于观察进出口岸的人商货物。那么，在这个例上，关于中国内部的情况，你便可以发明许多的学说，全都当与所有所晓得的事实相合。这种情形与现所讲的关于原子的学说，是完全相类的。假如你在物理宇宙中，随便区划出一个区域来，不拘大小，但其中不含有科学观察者，那么，在这个区域里边，不管出现了什么，但令影响不到经过这个区域边界的能力之流，所有科学观察者，所有的经验，便当都是完全相同的。所以，照这样子，如果这个区域里含有一个原子，那便不拘什么两个学说，但令关于该原子所放射或吸收的能力，所得的结果相同，这两说，在经验上，即无可分别；除了看孰简单外，便再不能有理由以取此舍彼。所以，就令没有别的根据，但根据这层道理，为慎重起见，便也不得不另找一种比由罗兹佛与波尔而得的那个较为抽象的原子学说。

这个比波尔的更新的学说，大体上是由前已提及的两个德国物理家海森巴格与释尔丁格相继揭橥出来的。但还有法国物理家德卜罗利参与其间。三人所揭橥的样子，所用的言词，表面看着，诚然不同：可说海森巴格自为一系。而德卜罗利与释尔丁格合为一统。不过在数学上，两种说法，其实是互相等埒的。这项新学说乃始发自一九二五——一九二六两年，现在还不能以简单的言语摹状之。可是也非不可以讲讲，以表明其在哲学上的关系。广泛言之，这种学说就是借从原子出来的放射以摹状原子。照以前波尔的学说，本以为行星式的电子当原子不放射的时际，是顺着轨道转来转去的。现在照着这个更新的学说，则对于在这种时候所出现的，是全无所说。这种默然的目的，乃在把这个学说只限于经验上可以验证者，即是放射。至于放射所从来的地方有什么，那是人不能谈的，而且在科学上，也无须去悬想。再把这个学说前举的两种样子，就什么是物质，而分别申言之：在海森巴格，是把一块物质，看成一个中心，放射由之而向外迸发。这种放射，虽以为实在出现，然其中心的物质，则已变成了不过一个数学的虚构。这种放射是什么呢？拿一个例来说，这种放射就是那构成光者；显然都不过是些事系（事情的系统即一套一套的事），而非什么"本体"或"质实"的状况或关系上的变化。照德卜罗利及释尔丁格的说统，则物质乃由波动而成。所以德卜罗利称此说为"物质之新波动说"，谓在这个学说上，"把质点遂看成波中的一种特性"。在这个学说上，并不必须对于这种波动，安设什么，除其数学的特征之外；只是这种波动既然是要以解说物质，显然不能又由物质的动而成，那样子还能达什么解说的目的。所以，在这个说统上，也要拿些事系（一套一套的事）来构作物质，而物质并非本原，至于那些事则不过只是出现，而非"对"物质或"对"什么别的东西而出现：就是只是遭逢，而非"为"什么物质或别的什么东西所遭逢。罗素初因相对论空时之不可分而成的事为世界本原的哲学，于是遂益得证成。

总之，由海森巴格而电子质子分解成放射之系，讲这种学说的，叫作"模胎式力学"或"新量子力学"；由德卜罗利，尤特由释尔丁格而电子质子分解成波系，讲这种说的，因叫作"波力学"。若谓放射的中心，有一小块硬邦邦的东西，波也有波动者，那才是电子或质子；这不过是滥以普通由触觉而得的常识概念相凑泊，其实是无当的。就今日所知，原子也许就完全由从之而发的放射或波而成。所有人辩称，放射不能从无而来，波不能无自而发，这不过徒然辞费。放射之来，波之发动，现在是知道的，就令假设其来自或发自小小一块的硬东西，那也不会因此实际上遂就怎么样地较为可解。

照这原子新说，第一结果，就是，人对于空间的见解，便非加以改动不可，不过那一种的改动，现在还不十分明白。这种学说，还有一个结果，便是这个时候的一个电子与那一个时候的一个电子，如在这两个时候的间隔中，该原子放射了能力，这两时的电子，人便无从认为是一个。就在一个电子或一个质子持久的时际，其所有的持久性（持续），也与以前属给物质的，不是一种。今日是，电子已完全失了常识所怀想的所循"物"或"东西"的性德；现在电子不过只是一个能力可以从而放射的区域罢了。质子自亦当同然。

关于前边提及的不相续的问题，释尔丁格的意见，与别的物理家都不合。大多数物理家均主张量子变化——就是一个原子放射或吸收能力时其中所出现的变化——必是不相续的。释尔丁格则以为不然。这是一个专家间还在聚讼的问题，为免于鲁莽，现在还不好对他轻下意见。大概不久总会有一种决定。

现在这个原子结构的新学说，对于治哲学的人，主要之点，就在如前所隐示的，当作一个"物"或"东西"看的物质已经不见了；简单说，就是，物已失其为物了。已由从一个地方而出的发射，取而代之。这种发射就正同于鬼怪故事中所讲的闹鬼的屋子所以为特征的那种莫知其所从来的影响作用。根据相对论，也可得到同样的结果，同把物质的固体性毁坏，只是所谓的理路不同。照这种说法，物理世界里，种种种类的事都出现得有的，只是桌子椅子，太阳月亮，以至于人日常吃的喝的，则全已变成了此淡然的抽象，只成了在从一些区域里放射出来的事的相承递禅上所陈示的些规律了。这就是现代物理学的成就。也是近来罗素一派的哲学的中心思想。

罗素论这个原子新说，大致如上来所述。读者或者有的要嫌其语焉未详。关于波尔的学说，罗素本于一九二三年曾作有成本书，即开篇所说叫作《原子说ABC》者。其中有几点确是值得注意。即是，罗素于其中，不但把电明白界说为东西的一种行为样法，人但能讲说其规律，并且设想电子质子不过以太（此在罗素，今与空间为同谊语）或中所生的拘挛，所生的一种扰动，一种歪。这其实可谓已预见波系或放射系的原子新说于未发之先了。这种新说既然甚新，艺文当然未富。唯大体既应说是发祥于德，所以于德关于这个问题的著作也比较为多。此外尚有去年末出的怀提（Whyte）的小册子阿奇默德（Archimedss），本柏格森与怀惕黑一派寄重时间的意见，预言物理，生物，心理，三学未来的发展汇通；中有比较几种新近关于原子说的话，今移录于次，以结此篇：

怀提说："一九一一年，罗兹佛采取了一种原子模型，把原子当作一个具体而微的小太阳系，有若干行星式的电子迅速地围着一个核转。罗兹佛借此以解释自己对于放射活动研究的结果，遂得到显著的成绩。可是后来，波尔为要解说为什么一个原子所放的光的景表示一种有特色的线系列，提议谓，一个原子里边的电子只有从一条可能的轨道，作一种不相续的跳跃，跳到别的一条完全不同的轨道去，如此才会能放光。电子运动上的这种显然可见的不相续，现在已经把物理家们绞绕了十多年了；新近对于这种困人的行为，已有人提出了下边的几种解释：

"一、自然是以电子作成，不过不论空间或时间，根本上都不是相续的。电子显似有种选择自由，显似能出人不意地重现于禁地。

"二、自然不是不相续或任意的，然而却有种东西使人不得把一切关于电子人所应喜欢晓得的物事都规定了。譬如，假使人想要确切地规定一个电子在什么地方，那该电子就行为得使人不能同时测量其确切的速率（海森巴格）。这种见解的意思，或者可以解为是在要说：原子模型不免作得比原子本身还复杂了，所以所用的数量，不免过多了，只为摹状对于电子的行为所有所能观察者，实用不着这些。

"三、自然非以电子作成，乃以波作成。原子只可看为一套电波，弥布于其全容积者，所谓'电子'只不过一种不精审的摹状这种波的一部分性德的方法。不过，原子之波图，也只可看为一种姑且使用的暂时的方便，到能发明一种更好的原子摹状时即不可再用，在那种更好的摹状上，不论原子的波性或粒子性，当都要表现为一种更深的物理性的一方面（释尔丁格）。"

（原载 1928 年 3 月《东方杂志》第二十五卷第六号，1989 年收入《罗素哲学译述集》）

现代物理科学的趋向
（1928 年 6 月 10 日）

　　新近在南京召集的全国教育会议，似乎对于提倡科学教育，曾经与以极大之注重。此于国家前途，实在最属有利之举。吾尝私议，今日在中国如欲提倡科学，有一种事业，最为不可缺少。即是由国家集合全国学人，仿照欧美各国的前例，成立一种"科学促进协会"。每年集会一次，请定专家，分门别类，报告各科学一年来研究的成绩及进行的趋向，既以引起一般社会的兴趣，也以促国内学人的注意。如此，与学校的科学教育相辅而行，科学的振兴，必就有望的多。

　　现代科学中，最重要最进步最有力量的，厥为物理科学。那么，物理科学的现状与趋势是怎样子的呢？作上举的详细报告，机会虽不许，也非我能力所能及，但东抄西袭，述说述说大要，我是愿意的。现代物理科学中最惹人注意而开辟新纪元的学说有三：即是相对论、量子论与原子说。前两说原不相关，但于原子结构皆得其应用之地。吾前述《罗素论原子新说》（本志本卷第六号），已述该说的概要，但于现代物理科学，固犹为偏而未全。近见美国《科学月刊》载有意理诺大学昆兹教授（Professor Jakob Kunz, University of Illinois）一文，著墨不多，概括甚富，解说允当，正是吾意之所求期，爰斟酌其辞，间加注释，重成此篇，以补前文之未足。

　　要晓得现代物理科学的趋向，莫便于拿十九世纪末物理学的世界图与现代的物理学的世界图，两相比较。双方对照，差异如何，趋向安在，可以立见。十九世纪末，即是德国物理巨子亨谟霍兹（Hermann von Helmboltz）、英国物理名家爵主开尔文〔Lord Kelvin 即威廉汤森（Willialm Thomson）〕时间的末年。那时以为物质宇宙充满有无所不在的以太，为宇宙本原的原子分子以及电磁都寝息于其内，光则以波浪的形式传布于其中。那时物理空间差不多是绝对的。时间则是完全绝对的。而且空间与时间，互相独立而不相依。一具时计既不拘对于什么观察者都表示相同的时间，一根量竿又可以作一切的测量，全不随时随动静而有变动。力是以为是物理的实在。摄引为一种远隔作用，本自奈端以来既已有然，而电磁作用，在那时，则以为是点点相是传，藉着以太沿着一定的曲线而发生。这种线路即是十九世纪英国物理两大家特有功于电学者法腊台（Faradey）与马克思威尔（Maxwell）之所谓"力线"。当时理论物理学的方法即是全偏微分方程式的方法。此外则用有机械的（力学的）模型，以期对于物理现象，得到一种直觉的了解。那时的因果原理本质上乃是自昔相传的一种：即是说，如在一已知顷刻、已知质点的位置与速率，则其在以后各顷刻上，均可假借微分方程式，唯一地规定之。或更普遍地说，就是，如在一已知的时刻既知物质宇宙状态的大小与变率，则对其以后各顷刻，均可以依照数学规定之。理论物理学当时是清清楚楚地分成三个部门：一为力学，以厘克、秒为根本单位；二为电力学，更加两种单位，即电荷与磁极强度；三为热力学，更加一种单位，即温度。这三种区域的现象则分别以奈端的方程式，马克思威尔的电磁场说，及法国十九世纪初叶的物理家嘉诺（Camot）的热力学第二律统辖之。那时，理论物理学也正像一座向阳的花园，处在数学的天下，茂盛的很。特别有两种原理，似乎一切物理现象，都为所宰制，是即最小作用原理与热现象的概然原理。不过，把现象分成三个部门乃是人为的，并非出于天然，人对于自然乃是感觉其为一体的，这种分法不免有违人情，所以就令在逻辑上不无可议之处，物理科学的这一时期，现在确是已可以称为"古典的"了。

人智的变迁是相系的，并不单行。欧洲古典文学之后，有浪漫时期。古在骨子里，写实的色彩，尤为较浓。规定物理科学现在的趋向的，就是相对论与量子论两种学说。由这两种学说所得的世界图，是怎样子的，现在当来举其梗概。

先据相对论：空间与时间已不是绝对与独立的，已成了相对的，而且彼此密切结合在一起了。空间联合而成一种四度（四次元）的相续体（Continuum），而且不是平常欧几里得几何的，而是"非欧几里得"的。一切物理现象就都在这样一种四度的非欧几里得的相续体中而发生。现在只一具钟只一颗量竿是不够的了，现在作物理的测量，各非有无穷的时计与量竿不可，特此无穷的时计量竿，都以一定的方法互相关系就是了。以太是消灭不见的了，虽是相对论的成立者安斯坦曾说：
"据相对通论，空间而无以太，是不可想的"（见其一九二〇年题为《以
太与相对论》的一讲演）。现代科学的哲学家罗素也尝悬想，"更进一步
研究的结果，也许可以求得：以太到底是那实在根本的东西，而电子质
子不过是以太中的些歪态（拘挛状态），或一种那类的东西"；又说，
"也许一个电子就是以太中的一种扰动，很类似散布在一种区域里的一
个声响的"（《原子论 ABC》一五二至一五四页）。不过，安斯坦所谓以
太实是抽象的厉害，一切机械性都没有了；而罗素也时把"以太"与
"空间"用作同义语。要之，在现代物理学里，旧意义的以太是找不到
的了。在现代物理学里，物质乃由孤离的正负（阴说，则也不过"是些
东西的一种行为样法"）（《原子论 ABC》三十一至三十二页）。化学在
今日最是千奇百怪。现在已成了电学的一部门。至问电荷是存在什么地
方，则就存在上说的相对论的四度相续体之中。现在一切动都是相对的
了，不论是笔直的移动，还是旋转。一只玻璃杯子的水，摆在桌子上
面，还是这只杯子在那儿转，还是全宇宙围着这只杯子转，就所观察的
现象而论，并无差别。什么离心力、重力，都不过虚构的力；实在说，
现在也都已完全不见了。现在所要讲的乃是"空时"相续体的曲度，这
就代替了以前的力，在"空时"相续体中，一切动的进行，都是顺着测
地线即最短线的。力学现在已归化于动学。但虽如此，奈端的方程式与
其所假定的力，现在却仍可以用作物理实在的第一级的近似。马克思威
尔的方程式也仍留着，作为计算的规则。照这样子，所以现代物理科学
的趋向：所去的就是机械的模型与直觉的了解，而所趋的就在只把自然
律加以一种代数的程式或解析的表示。可是这并不是止于皮相，在相对
论上，对于绝对的自然律，其实比在以前的学说里，领会得更加深透。
相对论方法上的要义本在显主观以示客观，由相对而达绝对；所以排除
了像力一类的人形的色相，而成立一种极其高尚美丽的逻辑结构。

至于现代的量子论，为说虽大有不同，同样的趋势，却也可见。量
子论也该括有种种现象。但是主张断的，不但与旧来的相续说，适相抵
触，即与相对论，亦属针锋相对。如吾前举文所说，量子论本创始于德
国当代物理大家蒲兰克。蒲兰克于一九〇〇年在黑体放射（radiation 普
通译为辐射，但译为"放射"，似更通妥）的理论上，提出了一个新常
量 h，证明原本振动物，就像无线电报上的小触线，其放光都只照一定
的小分量（即量子），以一种不相续的涂术。振动物的能，所据以变化

的数量，即等于常量 h 乘所放的光的常率（此即"能量子"。现在只 h 则名"作用量子"。常率亦译"振动数"，其实须改为"振动率"方合）。因此，蒲兰克遂得把光从白热灯细丝一类的热体而放射的现象，解说明白。自从二十世纪初年以来，对于光本既有两种互相抵触的学说。其实两说都有相当的历史，但现在则竟复并行，而不能相灭。一说即所谓波动说，谓光由电磁波而成，是相续的。此说适用于光的几何现象，反射、曲折、分散、偏极、干涉、回折，以及偏极面的旋转等。另一说即量子论，适用于光的发放吸收，并适用于光之电的与化学的果效（现象）。凡光在发生或消灭时，均行为得仿佛是由微粒子 hν 而成（hν 即能量子。ν 希腊字母，h 为常率之符）。可是如其一旦脱离了物质的约束，便好像是以波浪而传布。即是，在源头与没处，光像是由一定的小单位而成，可是在源头与没处当中的空间中，光便行为得同波动一般。光这种性质，由光电果效（现象）便即可以表明。譬如，有光落在碱族金属上，于是便有电子放出来。这种电子的数目要看光的强度（光强）而定，至这种电子起首的速率，则看光的色或常率而定。落在那儿的光，不管怎么薄弱无力，放出来的电子，对于一已知的光色，却总是以相同的速率而发放，完全好像光是由一定的微粒子而成，这种粒子的能只随光的色或常率而定。且据光的发射说（即微粒的发射），光的强度随光离源头的距离的平方而减。在光电果效上，放出来的电子的数目，便也同样随其离源头的距离的平方而减。光的强度只影响放出来的电子的数目，而不影响其发放的速率。光色则只影响电子的速率，而不影响其数目。这种情形，不拘对于什么以波动说为根据的解释，都是抵触的。电子若是因受伦特根光线〔即 X 光线，以为德国物理家伦特根（Roentgen）于一八九五年所发见，故名〕的作用而放出来的，这种果效还要更显著。样子就仿佛有一个动的电子，全体的能，都由伦特根光线传递到一个别的原来静止的电子上，中途毫无所损失。对于这种情形，如找一个机械上的（力学上的）类似情形，当是这样子的，即：比方有一块石头，在吴淞口左近从高处落在东海里，当立即造出一套波来，向四下里散布，待达到日本海岸，仍会把一块一样重的石头举到同样的高。此外，新近还看出来，在伦特根光线的离散上，光线的硬度是变化的，就仿佛落下来的光线有一种一定的动量与能力，并仿佛这种光粒子乃照着能力与动量的常住律而与电子相碰相撞。

丹麦青年物理家波尔（Niels Bohr）应用此量子论于原子结构上已

阐发了一种原子的量子论。波尔所研究的本特对于最简单的氢原子，所根据的假定大致如下。原子中有一个荷正电的核，在最简单的氢原子，此核乃由一个质子而成，其次氦原子，其核则由很紧凑在一起的四个质子两个电子而成（看本志六号《罗素论原子新说》）。此核虽极小，却为原子最大部分的惰性所集。原素即由其原子核而定。各原素原子核的净正电荷，则等于该原素的原子号数（亦名"序数"）。〔此层原为英国青年物理家摩思雷（Moseley）所发见。一九一三年摩思雷曾对于示征 X 光线加以所谓结晶分析，结果得到所谓"摩思雷律"，即 X 光线景（高常率景）各线的常率的平方根为原子号数之线函数，即与成比例，亦即该常率随原子号数之平方而增加。因此反之：晓得一原素的 X 光线景，便可求得该原素的原子号数。摩思雷由是重定各原素的原子号数，并确立原子号数的根本重要。〕围绕此原子核的，有荷有负的电子。顺着一定的或圆或椭圆的轨道而周转。照平常对于电波的经验，像这样子的绕行的电荷是应当放光的。然而波尔却假定在原子里头这种的电，在静止的轨道上，并不放射。波尔还假定静止的轨道乃由电作用的古龙律〔古龙（Coulomb）为十八世纪法国工程师，电磁学家，古龙律即关于电磁吸拒的逆平方律〕，与量子关系而定，此量子关系即是绕行的电子的动量矩（或译动量能率，Moment of Momentum，于此即角动量，即绕行物体的质量乘其速率再乘其离中心的距离）等于蒲兰克常量 h 乘一整数，而以圆周率 π 的二倍除之。最后波尔乃假定，一个电子从一条静止轨道跳到一条较小的静止轨道，始发放光。这种学说在解说化学原素的线景（Line Spectra）已经大有成绩。由这种学说，并对于原素的周期性，得了一种新解说。此外，更加以简择、相应、拒除等等原理，截热的假设，遂得成立了一种物质的新量子论。蔚然为一科既宏且要的新科学。在类别的原素景线的种种群上，还提出了一个很有趣味的新观念，即"空间量子化"（Space quantization）的观念。新近又假借由电子轨道的空间量子化提示出来的实验，已把氢原子的磁子规定了。因为这种学说种种的成绩，对于塞曼果效〔即发光气体的景线在强磁场中的分裂。因为荷兰物理家塞曼（Zeeman）于一八九六年所发见，故名〕，斯塔克果效〔即发光气体的景线在强电场中的分裂。因为德国物理家斯塔克（Stark）于一九一三年所发见，故名〕共鸣势量与游离势量（res-onance and ionization potentials），氢景线的微妙结构，复杂多子（Multiplets）的配合等的解释，遂使多数物理家都只见其长不见其短。

但讲到电磁场同时对于原子放射的作用，此说便发生了特别的困难。

近两年来，又有两种新学说出现。两说都抛弃了波尔原子、小太阳系式的原子，唯一的直觉性。这两种新说，一种是纯粹的不相续说，一种是强有力的相续说，两说的结果则却似恰相吻合。这便是数学的力量。德国物理家释尔丁格（Schroedinger）的相续说引来了波力学（看前举吾文），波尔原子的轨道遂为人所不能直觉的超现象的空间里的示征或自振动所代替。主张不相续说的另一德国青年物理家海森巴格（Heisenberg 新任德国利俾瑟大学理论物理学教授），也尝说："这种轨道只于人观察之时，始发生。"旧说的量子条件实与这个问题的边界条件相应。这种情形不由得要使人想起古希腊唱数为物宗的闭他卧刺的古琴上的数目的谐和。振动弦的三和，其整数就由弦的边界而得。不过，原子里的振动则是玄学的、形而上的，或超现象的。原子里的电子本身并不是一个点电荷，电子的电荷乃是散遍全电子或全空间的。又电子的电乃围着一个发生磁子（Magneton）的轴而回环。只有四等自由，照机械上的类似情形，虽应以为有六等，其实不然。

如果世界有什么非直觉的东西，那就是释尔丁格这种原子了。所以照这样子，不拘在相对论里还是在量子论里，现在都有一种趋向，去机械的模型而趋于把自然律加以一种纯粹数学的程式。马克思威尔的方程，没有以太与力线，实在不过是些数学的计算规则。现在在相对论里谈光的速率时，是不承认有什么东西在那儿动的。同样，现在的原子新说，也不过只是些计算规则；释尔丁格谈超现象空间里的振动，就简直并不说什么在动。

固然，纯粹数学家今日在几何里，依然还用模型，不但构造欧几里得空间的模型，简直连对"非欧几里得"空间也然。化学家则由用模型代表本沁环而建设了自然科学中最丰富的一科，即有机化学是。可是居数学家与化学家之间的物理家似乎已非舍弃一切假借模型的直觉思想法不可。当然，这种情形也许乃是现代理论物理家一时的风尚。纵然理论物理学要化成若干的计算规则，再不用机械的模型，对于现象求什么直觉的了解，然总有人还要以为机械的模型，不但可以用以作譬喻，就是作为研究的器具，也是很有用的。这实因有一部分极重要的发见，确实就是由机械上的类比而得。譬如，嘉诺就是如此而得到那有名的热力学第二律。法腊台为物理学中最伟大的发见家，也为模型所指导。把法腊台电学实验的结果加以数学程式的马克思威尔在演绎其电磁场律上，也用有机械的（力学的）原理。又如，由奈端的光的发射说，可以推知，从恒星来的光线经过太阳旁边，是要弯的。这种结论其实就离开相对论，也应未尝不可以证验。

　　总之，不管用模型不用模型，依然是有些深奥的问题在待解决。相对论的相续说与量子论的断而不相续说，二者间的鸿沟仍然没有弥缝了。蒲兰克常量 h 仍然没有解释或与马克思威尔的电磁场说关联在一起。对于光的学说，仍然还是被一片黑云给蒙着，未得开朗。这都是今日物理科学中悬而未决的根本的难问题。不过，不管这些问题怎么困难，不管现在各方的学说怎么不免互相抵牾，物理家也是与所有别的科学家一样的，总相信自然是一体，总相信自然律形成一种和谐。这种信心，也许只是一种宗教的信心；这种信念，也许只是一种迷信，只是一种信仰。世界也许是多歧而非一体，自然也许是无理而非有理。这都是有待于将来的问题。但今日物理科学的又具体又抽象的趋势，究是显然的。一方物理专家的研究考索既在日进不息，卓特超拔的青年物理家既在日出不穷；一方又有当代科学的哲学家罗素〔去年刊有《物的解析》（"The Analysis of Matter"）〕，怀惕黑〔A. N. Whitehead，著有《自然知识原理研究》（"Enquiry Concerning the Principles of Natural Knowledge"），1921，《自然的概念》（"Concept of Nature"），1920，等〕，麦耶森〔Emile Meyerson，著有《科学里的解说》（"Del'explication dans les sciences"），2 tomes，1921，《相对论派的演绎》（"La déduction relativiste"），1925〕以及美国物理家哈佛大学教授卜利支曼〔P. W. Bridgman，去年出有《现代物理学的逻辑》（"The Logic of Modern Physics"）〕等人，对于物理科学哲理方法的批评审核，那类根本问题的解决，当也并不在远。〔科学月刊今年四月号又有耶尔大学林德塞教授（R. B. Lindsay）题为《新近原子说的些哲学方面》的一文，并可参观。〕

（原载 1928 年 6 月 10 日《东方杂志》半月
刊，第二十五卷第十一号，署名张崧年）

非科学的思想
（1936 年 6 月 3 日）

西洋文明，自古及今，最大的特色，一言以蔽之，不外乎逻辑。逻辑普通分为二部。古代开始有演绎，近代开始有归纳。但是归纳的影响人生，尤在它的产物，现在人人都晓得了的科学便是。

科学当然是一种好东西，就今还未发达到极点，但是现代生活里，有那几点不直接间接地深受它的影响？不过，科学的重要犹不仅在它的结果，尤在所谓科学方法，科学态度，科学精神，科学脾气。

所谓科学方法等等，详细现在不必说，语其精要，一言以蔽之，就在就事论事。换言之，也就是，脚踏实地，实事求是。更简单说，便是"切实"二字。稍详细点说，对于一切都要看证据。证据强点，便信的强点，证据弱点，便信的弱点。不拘对于什么，没有证据，绝不算数。有证据而不精审确凿，也定不满足。是的是，非的非，是怎么样，就说怎么样，绝不把臆想当事实，绝不因喜欢怎么样，就认为一定怎么样。绝不感情用事，也绝不利禄熏心。不怕传统，不畏权威，是是非非都还它个本来面目。这与佛家的如实，孔子的四绝（毋意，毋必，毋固，毋我），本来相近。这也就是，贫贱不能移，富贵不能淫，威武不能屈的大丈夫的态度。

粗略看来，这似乎就是精密地说实话。其实说来容易，作来难，这种科学的态度脾气，虽然在西洋近代已收了大效，但是不但为现在中国所最缺，就在西洋也还很未普遍。不论什么地方，从古到今，普通流行的思想都是非科学的思想。

法国十九世纪首倡实证主义的哲学家孔德，曾把人类思想的进步分成三个阶段。第一个阶段是神学的，第二个阶段是玄学的，第三个阶段才是科学的或实证的。不论什么神学的或玄学的，其实都是非科学的。不过这还是十九世纪的分法。到了今日，仍然还可以分成三段，但已应是：

1. 有灵论的。
2. 机械论的。
3. 辩证论的。

非科学的或先科学的思想，便是万事万物有灵论的思想。

科学的思想是就事论事的，有灵论的思想却事外求因。科学解释什么，就就着什么找解释。解释自然，总认为解释不外乎自然。解释一个现象，也认为解释就在那个现象，或与它一类的东西。有灵论的思想却动不动就抬出神来，灵来。自然之外，有超自然。世界的创造由于上帝。神学归一切于神，玄学要在变幻的现象背后，安个永恒的本体。二者表面虽似有殊，其为不肯就事物本身找解释，其实是一体的。所谓本体，还不是胎于什么神或上帝？人穷则呼天，所谓天便是有灵思想的一个最大的作品。因为承认自然之外有超自然，事事物物都有个主宰，于是主宰宇宙的便有玉皇大帝。风有风姨，雨有雨师，雷有雷公，电有电母，月里有嫦娥，太阳又是她的不许人看的妹妹。进而什么黄鼠狼，柳树精，特别胡三爷，也都来了。小孩子碰了脑壳，大人便打桌角，因为桌子也是活的有灵的呵！

有灵论思想的起源，盖人震骇于自然，而又把自己外射，完全是一种孩子的想头。科学的思想乃是人已能自己作得了主子，对于自然种种已能作平等如实的观察；虽是偏于零星的外物了些，但却是一种成人的作法，可以进于大客观的地步。不过，非科学的有灵思想的流行，也非只是对于自然而已，在人事上也是一般的普遍着。举一例来看，假使有一场风潮起来，不察就里的有司们，一定就认为一定有主动。假使在党派招忌的时候，这种主动且一定会同那招忌的党派联上。其实如果敢于就事论事，敢于面对事实，敢于细察就里，这种所谓主动，还不是同风姨雷公一类的？这种认有主动的想法，还不就是赶狐仙，打桌角一类的举动？只是人类不幸，直到今日，这种野蛮的，幼稚的，先科学的思想行动，还在非常地盛行着！

现在的急务之一：一方切实地倡行科学的方法，发挥科学的客观脾气，一方急切从根铲除尽，非科学的、先科学的、万物有灵的主观思想。

（原载 1936 年 6 月 3 日《清华周刊》第四十四卷第八期）

解析的解析
（1936 年 6 月 10 日）

凡是解析大概都是把一种东西所包含的或概括的，分别出来，爬梳出来，条理出来。

最古的解析，也是最普遍的解析，就是与综合对立的，最简单的意思就是分，而综合则是合。

现在一般所知的解析，有文法上的解析，数学的解析，化学的解析，以至心理的解析。哲学上的解析，逻辑的解析，现在还不是许多人都懂得的。

此外，凡是对于一种复杂的东西，一篇文章，一部字典，一个统计，一本年鉴，都可以说解析。就令是本有条理的，但是换一个条理较为简易，较易明白，都可说是解析。

解析的不同，一方固在所解析的是什么，这可以叫作解析的对象，一方也在所要解析出来的，即是所要分别出来的，爬梳出来的，条理出来的是什么，这可以叫作解析的目的。比如，文法解析，所解析的是句子，所要解析出来的是构成句子的字（词儿）的职分（主语，谓语之类）。逻辑解析的对象的一种也未尝不可以说是句子，但它的目的却不在构成句子的字的职分，而在句子本身的切实的意谓。

解析与综合对立初用在几何里是就证法说的。解析是证明一条定理，先假定为真的，而逐渐找出其最后根据。所以是一种逆证法，综合则反是。现在平常逻辑书里讲方法部分，所讲的仍只是解析与综合，其所谓解析与综合的意思就是承袭的这个。

至近代数学中解析与几何的对立，不过一是讲数式函数的，是讲数形的；只多少还带点分对合的意思。解析几何就是以代数几何，综合几何，则是以几何讲几何，所以也叫作纯粹几何。

数学中一般的解析不过在采出数式函数的条理。至于一般讲所谓数理解析，则在以数学表出一种现象的数的理络。数学中更有所谓位势解析，只是关于位势的探究，又有所谓限量解析，也只是关于限量的探究。从此所谓解析，目的皆不外求出数学的条理来。

平常文法里的解析，对象是句子，目的是句子里，字或词的职分，已如前述。

物理解析的对象是物质，目的则是构成它的原子，以至原子的成分，电子，质子等。一种现象（如光）的物理解析，也在求其最后的构成。

化学解析对象也在物质，一种种的物质，而目的则在构成的原素，及其性质与分量。

泛言心理的解析，与莆罗乙德专门心理解析或简称心解者，自然不同，泛言心理的解析也有二义，一在解析一人一事的心理方面，一在根据心理学加以解析。解析心理方面，就是求出心理的条理，索出心理上的隐微，可以只是根据常识，不必依据心理的专门学问，若根据心理学加以解析，根据在心理学，方法靠心理学，求的却不必是心理上的条理。

莆罗乙德大夫的心理解析，所谓深心理学者，本在探索人心的隐微的无意识，或不自觉方面。对象也在人心，或人的行动，而特别是病的人心，或人的反常行动。目的则是人所不自觉，或觉察不及的心理话，特别是关于性的心理活动。莆罗乙德认为人的行动没有无意义的，就是不自觉的心理活动也有根有据，有归有趋，他的解析也可以说是找出，特别是不自觉的，心理活动的意义，找出其意义，也就是找出其来由归趋。

哲学上的解析也不止一种，也有泛言的与专门的，泛言的哲学上的解析，显明的也始于西洋所谓近代哲学之祖代嘉德（即笛卡儿）。明白的条文，就是他的哲学方法的规则第三条。意思就是一个大的繁难的问题，要分为许多小的简单的问题，然后分着解决之。专门的哲学上的解析，在一个意义，已始于苏格拉谛、柏拉图，他们都曾经尝试确定的意谓，这便是现代专门哲学解析的一种。现代专门哲学解析就是逻辑解析。它的对象本有三种，一是字或名词，二是句子或命题，三还有学问的系统。以字为对象的目的在得出字的解析的界说，以句子为对象的，目的在找出句子的切实意谓。以学问系统为对象的，目的则在组成逻辑的系统，显明其所据。解析的界说，切实的意谓，意思也都在还元于直接经验上。有人尝说，懂得一句话一向却不知其解析，意思就是只知其字面的意思，而不知其切实的意谓，也就是不知其与直接经验的关联。逻辑解析都在把意思弄清楚。为什么要弄清楚？乃在使人不误会，怎么样弄清楚？即在还原于每人的直接经验，就是诉每人所能直接经验者，说什么最后要能找出个什么来。所以也可说逻辑解析就是由逻辑而到经验，法似抽象，而其实，找的是具体。

哲学解析乃是理性的极致，在根本上，是与科学法一致的，都在认为问题可以分着解决，分开而得的解决，就是真解决。反对解析的，便以为问题不纯分着解决。或则总解决，或则不解决。分着解决而得的答案也都是部分的，并不完全对。但是现代的逻辑，实是近代科学的自觉。除非科学自己完全圆满，逻辑解析总是会有其需要的。

哲学解析所假藉利用的不出乎语言文字；所注意的至少也半在语言文字，这也是解析在哲学里常招攻击的一点。但是除非世界并无道理，有道理也不可表示，也就算了。不然的话，总是离不开语言文字的，至少就最广义说。那么把语言文字弄清楚，岂是玩的字面把戏，至少也会有助于世界事理的普遍发阐。

哲学解析的求事理，总是求之于迹象中的，就是，具体地，实际地，切实地，积极地，Positively。此与超乎象外，得其环中，只是要笼统的契证者当然不能相容，一个要切、要实，一个要超，要不着边际，不但相着得远，直是相反。但相反者相成，二者其实也可以说，都是要切，要真，只是不免各真其真，各切其切；一个利用语言文字，仅求分理；一个却以为不可思议，不可言诠，但这不是不可以通的，调剂而通之者盖在于辩物的话；盖在于使各得其当，各当其所，究极言之，仍是推进理性。

（原载 1936 年 6 月 10 日《清华周刊》第四十四卷第九期）

诉于理性
（1936 年 8 月 9 日）

我总希望大家都肯理性一点。

说"人是有理性的动物"，纵然不合事实却是人类一个很高的理想。

所谓理性者，一在不为己甚，二在肯替他人设想。

诚然，我尝说过，因为人的愚蠢，许多事情，还是非力不能解决的。但是力的解决，决不是长久的解决，根本的解决。

肯诉于理性本有一个根本条件，便是承认彼此之间有共同点。这其实不但一个民族里的人是有的，就在全人类里边，又何尝没有？只是因为社会的根本制度不是理性的，人类本已很富裕了，却弄得几乎人人都在闹饥荒，人人都在作生死之争，彼此的共同点，遂全被忽略抹煞。

人类但肯理性一点，就用现在这个还很幼稚的科学的成就，本已可过得极优裕消闲的生活，也再用不着像现在这样的尔虞我诈，勾心斗角。就令还不能长生不死，总可多活上几十年。

与理性相反的，第一是意气与感情。可惜现在人类里，许多地方都还是意气用事，许多事情都还是感情作用。培养理性最好的地方本是学校，尤其是大学校。不幸现在许多大学校的当局似乎还是不大懂得这个的。有的大学的当权者，对付学生的方法，仍然只是感情用事，仍然只知闹意气，动不动便是记过开除，甚至于拉着全体教授总辞职来对学生要挟！拿理性的理想来看，拿教育的真义来绳，像这类的大学的当权者，真不能不说是不了解其职务的，是滥用职权的，是失职的。

与理性相反的，第二便是成见与习俗。成见与习俗乃是权威与传统结合的产物。所谓封建思想之应该铲除，特别在于这个地方。就因它不是理性的，而是传统权威习俗成见的集成。现在大多数的人还是囿于成见，拘于习俗，受了权威的恐吓，而为传统所笼罩，于是甘背理性，而不自知。在各种学问中，一种最可以发扬理性的就是所谓哲学。不幸现在有的讲哲学的人完全蹈于中世纪繁琐派的恶习，所从事的不过驰骋空想，钻牛犄角，搬弄字眼，支离破碎，结果是头绪茫然，归宿全失。全乖了哲学辨通的本义。又如，如果重视理性，便应脚踏实地，实事求是，就事循理；对事事作面面观，而不拘于一方；注意事情的发展关联，而不拘于一事一时的状况。这本就是所谓唯物辩证法的一种根本精神。不幸繁琐派的人对于这个，又是但凭成见，不求了解，而全然抹杀。最应该发挥理性的人犹且如此，别的地方的不容易见到理性，当然当然。

诸如此类的情形，我总愿意大家有则改之，无则加勉。由无理性进于理性，才是人类的真进步。人都应该自己想想，谁配说自己完全无罪？既然如此，那就也不应该随意加罪于他人了。当然更不应因为什么忌妒或排挤的缘故，就随便造谣生非。

（原载 1936 年 8 月 9 日《北平实报·星期偶感》）

科学与民主
（1936 年 12 月 13 日）

中国今日对外应该联合抗战；对内应该实行民主；在教育上，在思想上，应该尽量提倡科学——这已是今日的天经地义。中国但我生存的出路，这就是必须遵循的出路。

有人固然主张独裁。但是就要独裁，也必须先履行这三个条件。中国现在是屈辱到这个地步，危急成这样局面，一个人如果对外不能御敌，不能捍卫国土，对外没有丰功伟绩，对内能独裁么？一个人如果不能容纳众意，不能集中一切力量，不能适应民众要求，不能发扬民众强烈的情绪，换言之就是不能民主，不能得到民众的拥戴，也必然是独裁不下去的。至于科学，今日乃是科学的时代，没有科学是不能立国的。没有科学，现在不拘什么国家什么政制，也必然难得维持。

科学与民主本是西洋文明的两个最大的贡献，这已是人人能够承认的事实。中国提倡科学与民主本已有年。但是现在社会上封建思想还是这样普遍；政治上官僚武断的恶习还是这样流行；鬼神的迷信还是这样深中于人心；物质建设，利用厚生之道，还是这样落后。国虽已号称民国，其实并未实行民治。城市乡村生活上虽都已受到了近代科学的影响，人民心习思想上却还看不出科学精神的效力。在这种情形下，显然仍大有把科学与民主重新加以提倡的必要。但是现在重行提倡科学与民主，我以为有三层不可不更加特别注意。

第一，须知科学与民主都是客观的东西。没有客观的精神，不但科学不能成立，民主也必不能实行。提倡科学与民主，第一切戒的就是把它人格化。在五四的时候，曾有人把民主叫作德先生，把科学叫作赛先生。这不过是一种文人的结习，其实很违反了科学与民主的真义。这样子提倡科学与民主，无异南辕而北辙。现在再提倡科学与民主，是万不可再因袭那个的。科学与民主，就科学与民主就是了，可叫什么先生小姐？

第二，现在提倡科学，不应只注意其结果，尤要注意其方法，其精神。不应只把人家现成的科学结果搬运来，更应使科学在中国栽根生芽，必须使中国有了中国的科学在。要作到这个，首在广设科学研究的机关。但要使科学影响一般人生，改变人的心习思想，那么，科学方法，科学精神，科学态度，科学脾气，更大有培植的必要。这种种的要义就在认事实，重证据，要清清楚楚，一丝不苟，确切精审，而戒漠漠忽忽。所谓科学法，专门来说，本就是算学与实验的结合，这实在是一种中国最需要的东西。有人提倡科学，所晓得的却只是钻故纸堆的汉学。有人提倡科学，以为街上有了电车汽车，屋里安上电灯电话电铃电扇，就够了。更有人提倡科学，提倡理工，而意思乃在造就些驯服的机器。那便与科学的本意更其背道而驰。

第三，现在中国需要联合，需要团结。但联合团结，没有民主是必不行的。中国政治上社会上应该实行民主，实在已十分迫切。中国既已定名民国，现在要实行民主，第一就在循名责实。但没有一种争斗，这大概也是不可能的。其次要知，民主是实践上的事。凡是实践上的事，只有在实践中学习乃最方便。真要准备人民在民主政治下必需的能力，只有立即实行民主政治。实行民主政治的第一步，自在切实保障人民的信仰、思想、言论、出版、集会、结社、爱国救国的自由。因此，要实行民主，争取这种种自由，便是今日的一个最当务之急。没有这种种自由，人民不得发挥独立的意趣，各方力量必然难得集中，国家整个必然难有切实的力量，国基必然难以稳固，对于文明文化尤其必然难有广大深至的贡献，就是科学的研究也必然难得进步。这样说来，争取这种种信仰思想言论出版集会结社爱国救国的自由，显然就是提倡科学，实行民主，联合抗战的先决条件。

（原载 1936 年 12 月 13 日《民声报》）

理性的必要
（1937 年 5 月 9 日）

这些年来，我总感觉到理性的必要。我深相信，没有理性，人类是不会走到一种比较着好些的状况的。因为这样子，对于现在需要的新启蒙运动，我既主张要更以理性为内容；对青年们谈起怎样思想来，我也主张要以理性为出发点。诚然，就种种学问来说，人类也未尝不是向着理性方面走。但在政治社会上，现在却是正过在一个非理性以至反理性的时代。因此罗素才发出"反叛理性"的警告。在这样情形下，尽力对理性加以显扬，显然有其需要。

理性究竟是怎么一回事，说明并不很易。但显著的特点，却也不难指出。第一，有理性的人说话必要有根有据，必不故意造谣生事。第二，有理性的人看事论事必是客观的，解析的，必然有分别，有分寸，有分量，必不因此害彼，也不含混笼统。第三，有理性的认识事物必力求圆融，而不拘执，必不只从一方面着眼，只作一方面的认识。第四，有理性的人对人必是宽容的，体谅的，必肯替他人设想，而不轻凭己见抹杀异己；必贵自由，必主民主，必重说服，必尚理而不尚力。

更换言之，有理性的人必是不迷信，不盲从，不武断，不固执成见，不拘守偏见，不畏惧权威，不因袭传统的。切实，客观，解析，圆融，是有理性的人的总态度。孔子的四绝，勿意，勿必，勿固，勿我，就是有理性的人知识上的理想。韩非所说"无参验而必之者，愚也，弗能必而据之者，诬也"，有理性的人是必不如此的。

从正面说明理性，纵然不易，反过来举几个无理性或反理性的实例却容易的很。第一，例如，有的人受了西洋文明的感化或威吓，便以为凡是西洋的都是好的，凡是中国的都是不好的，因此主张对于西洋文明全盘承受。这就是一个显明的无理性的例。反之，只知固守本土的，而排斥一切外来的，情形也正相同。第二，有的人只因一时冲动只因自己的成见，便不察事实随便加他人以诬陷，不是说他人的行动有什么背景，就是说什么事件为他人所策动，或则抛开公事而在私行上攻击。这也显是一种反理性的行径。第三，还有的人身负教育青年的责任，对于青年意外的凶殴，既不能及时制止，事后反加以奖励，加以鼓吹。这不但失掉了教育者的身份，构成教育界的不幸，也太中于感情，而忽略了理性了。像这一类的情形，对于宇宙的进行，固然不必有什么影响，但为人类前途计总不能不愿意它可以绝迹。

在人类社会中，感情当然也有它的用处。不但从事救亡，非有一种热烈的感情不成；就是专弄学问没有一种热情也必然是维持不下去的。可是一方需要热烈的心肠，一方也需要冷静的头脑。感情是要有范围的，感情是要有调剂的。而范围感情，调剂感情的，就正是理性。

（原载 1937 年 5 月 9 日《民声报》）

国民精神总动员的逻辑解析发凡
（1939 年 4 月 10 日）

　　国家遭遇这样一个非常的巨变，国民精神上，国民生活上，当然都应有重大的变化；不然一定不足应付这个非常的局面。

　　在抗战之始，我们就感觉到，既在战时，就应过战时生活。所谓战时生活略同于前线的战士生活：必须严肃，敬慎；紧张，规律；敏捷，干脆；切实，活。

　　艰苦的抗战已经二十个多月。既然抗战现在入了一个新阶段，不但抗战工作更应加紧，建国的大业也更应积极。在这个时候，颁布国民精神总动员纲领及实施办法，由政府号召全国国民普遍地实行全国国民精神总动员，实在有其绝大的历史意义。

　　第一当知道，所谓国民精神总动员，范围是极其广泛的。所有：精神，思想，生活，行动，都要包在里边。其目的则显在使全国国民的精神，思想，生活，行动，都与抗战建国更适应，以使抗战迅速胜利，而建国顺利成功。

　　为了这个目的来实行国民精神总动员，第一在精神上：当然要力求振作焕发，诚恳积极；力戒消沉颓废，客气虚喝。而民族意识必须提高，民族精神必须发扬，民族气节必须鼓励，民族情绪必须加强，民族抱负必须复振，民族气概必须恢皇。要使国民的一切精神力量都集中在民族国家抗战建国上，纵然百变也不离其宗。态度，感情，都应为抗战建国而受相当的制限。

　　第二在思想上：思想当然可说是广义的精神的一方面，一部分；但谈到思想，要弄清楚，必须晓得七个方面。一是思想现象，二是思想前提，三是思想观点，四是思想方法，五是思想内容，六是思想目的，七是思想结果。思想现象是说在生理上思想是怎样一回事，怎么一种过程。思想前提就是思想或一段思想的根据，就是根据什么想，也就是思想的出发点，也就是假定。这除感觉、知识外，大部分就是所谓信仰或信念。思想观点也可说是思想态度，也是思想根据或出发点的一种，也是一种假定，但是偏于理路原则大法的。思想或从分的观点出发，或从全的观点出发，便是根本的不同。思想方法或思想程叙或思想过程是怎样想，主要的其实就是推断方法，推断程叙。这就是逻辑所从事的一种。思想内容就是想什么，就是所想的，也就是所谓思想对象。思想目的就是为什么想，要从思想上得到什么，也是思想对象的一种。思想结果则是思想所得，就是想出来的，也就是所思想而得的结论、决定、见解、意见。普通所谓观念，当然也是包在思想中的。观念一部分是由外来的知识或信仰来的，大部分也就是思想的结果。

所有思想的这七点，除第一点是生理或心理的事实问题外，其余六点，现在发动国民精神总动员便都不可忽视。为端其趋向，当然信仰问题是重要的。为集中精神，集中意志，对象问题也应注意。同时为节省精神，增强效率，而免精神的白白消耗，或使用的不经济，思想观点、思想方法的讲究更是必要的。必须改革的，过去中国思想上的漠忽、笼统、凌乱、飘空，便大部分是思想方法问题。思想的呆板机械而不活，偏而不作面面观，割裂而不圆通周到，则是由于思想观点的不妥善。两种情形都造成思想上不切实的坏习惯。

第三在生活行动上：生活与行动原是一体的，都是精神与思想表现于外的，而且是精神与思想必须有的表现。没有生活，固然没有行动。离开了行动，也必没有生活。生活是合起来说，行动是分着说。生活比较抽象，行动比较具体。生活与行动上的毛病也每每互相关联。直到今日，中国社会的基础仍在封建残余的经济关系。至少封建的积习至今还残留着。因此，生活行动上的大病，就是散漫松弛，泄沓迟缓，因循敷衍，苟且随便，都至今依然。这如何能应付今日抗战建国的紧急局面？现在为了贯彻抗战建国的目的，行施全国国民精神总动员，自必须一改这个，一改为严肃、紧张、规律、敏捷、整齐、敬慎、切实、确实。也就是必须要合理化、军事化、现代化、科学化。一般具体生活的应当整洁简朴自然是不待言的，正如新生活运动所号召、所鼓吹。

提到生活行动，立即联想到的，一是习惯，二是道德。我以前讲战时生活已经说过，所谓战时生活就是说的战时的生活道德或生活习惯。习惯可以说是生活行动的比较自然的方式。道德则是比较人为的规则，比较自觉的规则，是有更显明的限制或约束的。既有社会，便是不只一个人，便是人与人发生了关系，道德便是势不能免的。道德便是在一个社会里告诉人应该怎样生活、怎样行动的。道德的作用特别在人的关系上，特别在怎样对待人上。社会是变迁的，却不是间断的。因此，一个社会里生活行动的道德，一方面要与时代相应合，一方面也应与传统相衔接。中国本来对于人生理想，对于人间关系，特别讲究，特有贡献。在人生理想上有仁，在人间关系上讲礼。"仁也者人也"。"礼，人之干也"。"礼节者仁之貌也"。"道德仁义，非礼不成"。礼者理也，履也，立也，例也，律也，屡也，离也，体也。实在，礼与仁也有些子相反相成。今日要国民精神总动员，必要发扬固有道德；要发扬固有道德，在根本上，仁与礼便是第一应该发扬光大的。形于个别的行动，乃有忠孝信义等等德目。

因此种种，实施国民精神总动员不得不在精神、思想、生活、行动上，清除过去不良习惯，发皇历来善良道德，坚定同一信仰，彻底改造精神，以求其充实，集中与革命化，实在都是当然应该的。只是道德、信仰、精神，都是属于所谓文化方面的物事。要圆满作到它，自行造成风气，掀起潮流，当然也未尝不可。但为迅速而有效，因势而利导，则我希望能与近年思想文化生活方面的运动，新生活运动，新启蒙运动等，互相辅助，互相呼应，互相推进，共驾齐驱。而况根本上，今日的国民精神总动员与五年来的新生活运动是一贯的。

同时，讲到关联：精神与组织、与事业、与物质是必不能相离的。精神必有所附丽，就是物质。精神必有所施展，就在事业。使得人、使得精神，不能不动，则赖组织。因此，我更希望，现在实施国民精神总动员，必要能深切注意到组织、事业、物质三方面。

（原载 1939 年 4 月 10 日《战时文化》第二卷第三期）

科学与技术
（1942 年 2 月 26 日）

技术对于科学的产生，对于科学的进步，是必要的。但是对于科学的产生，对于科学的进步，是不是只有技术就够了呢？

在算数以致在逻辑中，常讲事理生成的条件，有所谓必要的条件与充足的条件。技术对于科学的产生，对于科学的进步，是一个必要的条件。但是不是唯一的必要的条件呢？是不是也是充足的条件呢？

所谓必要条件就是没它事理必不生成，有它事理不必生成的。现在很多人都晓得，这当于墨子书中所谓"小故"。所谓充足条件就是事理有它必生成，无它不必不生成的。这当于墨子书中所谓"大故"。对于事理的生成，充足条件只有一个就够了；必要条件却是可以要好几个的。假使是唯一的必要的条件，那就等于所谓必要而充足的条件了。技术对于科学的产生，对于科学的进步，是不是就如此。

技术是必不可轻视而确实应该重视的。但是重视应该重视到什么程度？过分重视技术，是不是也可与许多别的过分事一样，要弄出毛病，酿成流弊？"技术决定一切"的口号，有时确是必要的，但是不是就永远总是充足的？

"教学者如扶醉人，扶得东来，西又倒。"假使因为要重视技术，假使因为有的时候确要提出"技术决定一切"的口号，于是有人就像得了什么秘诀似的，开口技术，闭口也是技术；甚至把科学运动也认为只是技术运动，或认为就是工业化运动，这也还是要得的吗？是不是也应该急起加以说明，加以纠正。

但是，更反过来说，技术对于科学确是必要的，确是不可离，有时且不易分的。此所谓科学就是近代科学；或更明白具体说，就是近代（耶稣纪元一千六百年以来）西洋的社会产物的科学。近代所谓科学，中国是曾经翻过"格致"的，本有广狭三义，广义包括一切学问，直与知识同其范围。在西洋就科学的本来字义说，本来如此。狭义专指物理与化学，也就是所谓理化；稍广则为理科。不广不狭义，则所谓科学等于自然科学。但所谓自然科学，也有广狭三义。最狭之义乃指生物科学，而与物理、化学、天文、地学等物理科学或物质科学相对待。广义则包括此二者，这现在已渐渐成了流行的用法了。更广之义乃并包括应与逻辑同属于型式科学或方法科学的算数在内；现在所说与不广不狭义的科学相等的自然科学，就是指此而言。

所谓技术本也至少可有三个说法。一是泛泛地说，只比所谓方法具体一些；普通与机械仪器工具以至设计联言的技术，就是指的这个。二是工艺技术，或发明史上的所谓技术。三则近年苏联颇重视所谓技术科学，以与物理、算数科学、化学科学、地学科学、生物科学、农业科学、医药科学，等等并立。例如少壮的夫拉索夫教授与老克里洛夫院人，就是今日苏联代表的技术科学家。这也可说就是工艺技术的理论。另一方面，第一次世界大战前后的德国里也曾大谈技术。譬如以作《西方的衰落》出名而后服役于法西斯的斯宾格勒就曾写过《人与技术》的小册子。但是法西斯是把技术矫揉歪曲烂污了的，那不过也是一种的伪学伪说，像希特勒的《种族说》以及什么所谓《地理政治学》一样，万不可以被它所迷所误。

无论如何，技术对于科学的发生，对于科学的进步，是必要的。但是如何必要法，却是读者最有权理（注意：不是权利），最应该问的一个问题。固然要详审解答这个，就令不须写一大部从源起到今日的科学发展进化史，也差不多。但无论如何，这是一个用心肯想的读者最有权理（注意，不是权利），最应该问的，也是极值得探究研讨的问题，以救今日流行的空疏、虚泛、浮夸、笼统、抽象、以致扭捏、歪曲、滥混、甚至剽窃之弊。

为什么科学，或说实验科学，不产生于上古，而产生于近代？不产生于中国，而产生于西洋？除了一般的物质条件社会背景之外，一个缘故就是上古西洋与中国都不重视技术。

柏拉图是古希腊最大的哲学家，至少也是古希腊两个最大的哲学家之一。他的轻视技术，视物质为下贱，就是有名的。

他的高足，亚里斯多德，就不同了。亚里斯多德可说是古希腊最注重现实实际的大哲学家，至少也可说是古希腊比较最注重现实实际的四大哲学家之一。自然科学，特别是生物科学，也就在他留下了始基。亚里斯多德也比较更重视方法，并想为当时的算数建立基础，差不多有些就像自本世纪初以来罗素与希伯德与卜罗洼等所尝试的一般。因此遂建立了影响了两千年的逻辑，也就像罗素与希伯德与卜罗洼等各自建立了不同系统的数理逻辑，不过，他终不免受他师说的影响，与生活出身环境，以及学术思想发展阶段的限制，他对于生物现象的解释（隐德来希说，物种不变说），遂都是要不得的。

罗素也曾说过，算家力学家的阿奇默德可说是古希腊唯一的实验科学家。他实是古今中外第一个最大的算家科学家机械天才；是于方法有重大贡献，对于方法有珍贵遗著，本世纪初（一九〇六）始被发见出来（《论力学的些定理，方法》）。他就是"用他的力学（机械）去推进他的算数"。而他的如何发见比重的道理；如何说给他一个立脚处，他可以掀动世界；特别是设计机械保卫故乡西西里岛叙拉古城，以及死难时的情景，也都是千古流传的美谈，科学家中家喻户晓的韵美壮烈的故事。

亚里斯多德比柏拉图，约后五十年。阿奇默德比亚里斯多德，约后百年，他们间的时代思想观点观念的不同，如把与当时一般社会生活背景，政治经济的发展变迁，以及他们个人生理生活出身环境的情形来对看，必也煞是有趣。

中国古代哲学家中以墨子最娴于技术。他不但能为宋守城，而且能使楚深感宋确能守，进攻无益，而停攻；他的《非攻》说也就独不落空。而中国科学，特别在物理方面，也就在墨经里多少有些根苗。墨经里对于逻辑与算数的称述，也是可称的。墨子对于大众的重视，也更值得并重。技术与大众间确也有着密切必然的结合关联。

近代科学为什么发生于中世之后，文艺复兴时期（由一四五三至一六〇〇）之际？这也除了一般社会时代环境背景，物质生活条件以外，一个最中心的原因，就在那时解放了手艺人，抬高了技术工艺，实践了理论与实践的统一的理论。英伦博闻前进的科学作家柯乐兹君在他的新著《科学的些社会关系》里就特别翔实精审地述说阐释了这一点。

进两步看，技术可说是离不开方法的。一方可以说技术是方法的具体的实现；一方也可以说方法是由技术的实施中精炼培养出来的。虽不能说科学的产生必有待于先有了完成的科学方法，但非科学方法先有了规模，先有了纲领，科学必不能大成，必不能发展。今年正月八日是文艺复兴与近代之际的意大利的算数、力学、天文、物理的大师伽离略教授去世的三百周年。他就是近代实验科学之祖。他也就是以结合算数与实验，统一理论与实践为精髓的科学方法最初最大的实践实验人。同时，他也就是改进望远镜，自制望远镜，善于利用望远镜者，而还是摆钟的发明者。但在发扬科学方法的要旨上，却至少也有他同国的文艺复兴时期的代表最多才多艺的李翁奈为他的先驱。

其次，技术也确更是离不开工具、仪器、机械的。近代的实验科学显然离了近代的科学工具、仪器、机械，也是不能发生的，更是不能发达的。科学的观察实验，可说没有一样，只靠肉眼肉耳可以成功。有的近代实验科学家的用具，也许很粗，全没有一定不成。而要科学进步，尤其在今日要关于最大或最小的物事的科学进步，必非科学用具逐日加精不行。举最显之例说，没有望远镜，能有近代天文学么？没有显微镜，能有近代生物学，近代医药科学，以及关于微生物的研究么？没有分光镜、云室，以至原子轰炸机，现代的原子物理，格物理，也必没有今日的成绩。普遍相对论的证实，有待于天象照像；而其陈说有赖于张量解析。今日有趣的微生物学正用着统计解析。今日的量子物理也在用着统计与概率论；而近年英伦最有声望的少壮算数物理家狄拉克教授对于此量子力学的贡献也在他简化了模胎或方式，创造了所谓 P 数。这都是科学进步与方法技术相互促进的例子。当然在这上头，历史上本有一个极著名的例，那就是法国大革命时代大算家傅立业的《解析热论》中的新方法在算数上的功勋。

苏联现在最勇往活跃的少壮物理大家卡比查院人，是苏联科学院特为他而设的物理问题研究所的所长。他是一个科学家，但他同时是一个技术家、发明家。他最娴于技学，长于设计，精于制造新器。他这几年对于氦的液化与超流性的传遍世界的成就，岂不就是因为这个。而且因此得到了国家的特殊奖励，受到了第一度的（一九四一年三月十三日颁发的）物理科学部门第一等的斯大林奖金十万卢布。美国也是少壮物理家的劳伦斯教授，因发明轮转轰击机而受到一九三九年的物理奖金，也同样是应得的。

由这几点史实事实的例喻的指点，技术对于科学的必要，也许可以明白一二了罢？虽然理论原则的说明，还需要另谈，并不能只以指点几桩事实来代替。但如把历史上科学与技术与方法与用具间的相互关系详尽周密地叙说出来，当也不失为一部极重要极有趣谓的历史，一部纵而且横的立体的活的历史。

技术对于科学是必要的。但如以为科学只需要技术，或甚至不幸不自觉地以为科学就等于技术，那仍是一孔之见，那仍是错误的。科学是有科学理论的。科学是有科学方法的。科学是有科学的特殊观点的。在发生上，在发展上，除了技术、工具、仪器、机械以外，科学是也还需要适当的物质条件、社会环境、学术空气的；是也还需要适当的哲学、逻辑、算数、言语、文学、符号、记号的。

看物论事必须作如实现，面面观。社会物事是有种种方面，是变动发展的，是关联着的。但可是互相关联的。也是互相影响，互相因应，互相制约的。同时其中却也可有主导的，或基础的，或根本的一面。譬如经济对于政治，就是如此。经济是根本。经济对于政治有主导作用。但政治对于经济也可有统制能力。经济是政治的支持者。政治也可以是经济的支配者，至少在一个意义上。

科学与技术，也并不是敌对的，也有如此情形。技术可以促进科学，科学也可以促进技术。技术可以部分地限制科学。科学也未尝不可以部分地限制技术。总之，应该二者并驾齐驱，齐头并进；而必应防其相牵相碍。所谓主导与支配，是也不可以离开了时代，社会、历史，实践来说的。

再说一遍，技术对于科学的产生，对于科学的进步，确是必要的。但假使只重技术，以至工具、仪器、机械，或过重技术，以至工具、仪器、机械；而忽视了使用技术的人，忽视了指导技术的理论，那结果也许技术教育可以发达，也许可以造成些技术家，造成些新机械，但也许可以造成些机械人。这岂是今日应有的科学运动的主要旨趣？这样子提倡科学，也岂会大规模地促进科学，更岂会彻底根本地促成新的社会？（参看纽约出版的《科学与社会》季刊一九四〇［年］冬季号，即四卷一期所载，伦敦大学少壮物理学教授，《科学会的社会功用》的著者，柏努先生论《普通教育里的科学教学》一文。）

（原载 1942 年 2 月 26 日《新华日报》科学专页第二期）

科学与民主
——为纪念五四写的
(1942 年 5 月 7 日)

五四时期的中心口号是科学与民主。吾虽然从那时起就常说，科学法是西洋文明最大的贡献；近年又总喜把科学界说为用科学法得来的一系之辞（或说，一套的话），而科学法是算数与实验的结合，从罗素说。但民主方面究竟也不可忽。

就在五四时期，也已有人认为科学与民主同是近代西洋的特征了。

科学与民主，退可说就像车的两轮，机的双翼，也颇像船的舵与楫。

在人类历史上，实在也是科学与民主总是并进的，或并不进的。就是：进则一块儿进，不进也一块儿不进。

科学与民主，相关的密切，从好几点可以看出。

第一，科学是民主的。

一、无论如何，在科学里不能主观，不能意想情愿，不能感情意气用事，想怎么样就说怎么样，愿意怎么样就认为怎么样。科学所讲的事实，不能只你看得见，吾看不见。无论如何，科学必求大通，必是客观的，必是实在观的，总要认世界为实在，为实有，总要尽可能地事实怎么样就说怎么样，就令进一步要变革之也罢。同时，确也是，真正的客观必是大客观，就是也承认主观的存在，认识主观的作用，以至人力的重要，创造的意义，理想的价值。

二、科学有进步性，也可说有积累性，相续性。在科学上前人的成绩，后人可以继续。就是：后人可以根据前人的所得，继续进步。至少在历来的哲学上还不能如此。在艺术上大概也不大能如此。这也是说：科学不但不能是一个人或少数人的，也实不是一个人或少数人的。

三、科学是普利的。科学的收获可以遍益一切人或大多数人。就令历来直至今日，也是人类的可以滥用科学杀人放火，造尽恶业；但科学本身绝不负其责任。科学实在也是，不但是为大众的，也是能为大众的。

四、英雄无种，科学家也无种。科学界里不但无贵族，也不能容贵族（或说，特殊阶级）。谁敢于实验，谁有胆子尝试，谁不怕面对新事实，创辟新道路，谁不惮于推翻陈腐了的阻碍进步的旧的，而建立适合真正科学要求或人类需要的新的，谁就可以作成科学中的革新者，成为前进科学的人物。这也说明科学的大众性（参看斯大林《祝前进科学》的演说）。

五、要科学进步，以至于要有科学，一定不可以轻视作，轻视动手，轻视劳动，轻视技术或工艺，轻视工具，轻视机器，因此，就是一定不可以轻视物质，轻视大众。从历史的实例上很可以证明这一点（参看拙作《科学与技术》，见本专页第二期）。现代或近代科学的根本中心点是场，而不是力；同时现代（或近代）科学研究的着重点也确是大数的，而非孤独的（参看安斯坦与因斐德合著《物理的进化》）。

此外，换一样说法，还可以说，科学是平等的。不但科学里边不能容贵族，科学里边也无"王路"；而且科学对它研究的对象，不但要客观，不但要持实在观，如实观，分别观，面面观，发展观，以至关联观，社会观，实践观，而且要抱平等观，事实上也确抱的是平等观。科学对它所研究的脑子与脏腑，思想与便溺，人与微生物，在方法精神上都是平等看待的，都是不作、不应作、也不能作感情地歧视的，都是守着伦理的中立的，就像罗素在哲学里曾经用力鼓吹的。这也就是说，科学是民主的。

第二，民主也是科学的。至少，这也可从两点来说明。

一、民主是与迷信与无知不能相容的。民主也就是与教条主义或独断作风不能相容的。破除迷信，扫灭无知，根本在于揭露事实。在一个社会里，如某些重要事实只为一个人或少数人所知晓，那个社会一定民主不了。科学可以说就是告诉人事实的，就是告诉人事实的规律的，因而还是使人能够预言将来的事实，预言事实可能的发展的，并因而更是使人能够变革事实的，所以才是科学都可作人类行动的向导（或指导）。虽然历来科学所着重的还只是大规模的事实，或一般的事实，总之科学是最能爆发事实的。因为这点关系，可以说，一个社会越科学，必越民主。同时，下边还要说到，一个社会越民主也会越科学。

二、科学是理性的，民主也是理性的。民主与科学，不但有同样力量，至少有这一个同源。从社会发展上也还可以得出第二个同源。在一个民主社会里，必须把人看成人，必须容许他人，敬重他人。在一个民主社会里，对人对事，必然要重视证据，必然要清楚明白，必然要作客观，实在观，如实观，分别观，面面观，平等观，以至关联观，发展观。如前所说，这些都是科学方法的精神。这些精神，或这些看法，这些习惯，也都可以借科学来培养。原来，科学要有这些习惯；现在，民主也要有这些习惯。所以，照这个意思，也很可以说，民主是科学的。

第三，科学与民主彼此相需。

这一层，由上边所说，已经可以得到了。但也还有一点可说。

这就是：世界越民主，则科学也越进步。反过来说，就是：要加速科学的进步，应该促进世界更民主。

如果世界或一个社会不是民主的，不容自由思想，甚至是迷信的，不使人，或不许人，瞧见事实，或敢面对事实，那就不会有科学，科学也不会进步。

事实上，假使世界没有法西斯匪帮，科学的进步必会少受许多阻碍，至少科学的进步也会多在于人有益的方面。这在今日以至在将来已是再明白没有的事实了。

此外也有时，阻碍科学进步的，也会竟是某一种的科学家或有司。现在在科学研究上，在实验室上，在成绩发表上，以及在研究经费支配上，有某些国度里，都需要更多些民主。英国一些前进的科学家，像量生教授海登，物理教授柏努，算数教授莱维，都很注重这一点。详情，他们的著作里都说得有。而要满足这种需要，又如海登所说，"只有待人民受了科学教育"。

"晓得了科学，就会见到：假使工业、农业、运输业，都为利用，而不为利润，而组织，可以应用于公益事业的知识，量有多么庞大"。海登为表明上点，并曾说到过（看他的《科学与日常生活》）。

是的，现代所谓科学研究的组织或组织化，所谓科学研究的设计或计划化，都是认为加速科学进步所必要的。所谓科学研究的组织或组织化，所谓科学研究的设计或计划化，其实也就是至少一种意义的科学研究的更民主化，或更集体化，或更有机化。

努力促科学更进步，努力使世界更民主，同时转动两轮，同时鼓起两翼，同时拨推利用相反相成的力量以前进的舵与楫，为发扬五四的好的精神，为光大五四的进步的传统，这就是我们今日必须担负起的责任，必不可辱没辜负了的使命。

（原载 1942 年 5 月 7 日《新华日报》科学专页第七期）

祝罗素七十
（1942 年 5 月 21 日）

今年五月十八，罗素（百船），这个现代的大算学家，大哲学家，大逻辑家，大思想家，伟大的新启蒙运动者，正义自由人道理性科学民主的老战士已经整七十了。一为了他对于算数，对于哲学，对于逻辑，以及对于一般人生社会思想，伟大特出划时代的贡献；二为了他拥护正义自由的壮烈，显扬科学理性的彻底，反对迷信独断纳粹法西斯的坚决与先见；三更为了他对于中国的一往情深，若有厚爱，实在是最最应该庆祝纪念的。

罗素，他实在是现代英国最伟大最创辟最有贡献最有影响的哲学家。这不是一个人的私言。试看德国麦茨博士在他那部《大英现代哲学潮流》（英译本名《英国哲学的一百年》）中对于罗素是怎么说的，实在比这个犹有上之。而且他也不是同意罗素哲学的。至前德国显扬罗素的莱痕巴赫教授，那就更不待言了。但就在麦茨这部八百页的巨著中，也以罗素占了最多的篇轴。

其实罗素的伟大又何限于英国。就现代全世界中，最伟大最创辟最有贡献最有影响，最能掀潮流，引起风波，最能使得许多地方甚嚣尘上，著作最多也最流行的大哲学家中，也以罗素为第一。

以著作而言，除了杂志报纸、丛刊专集里的文章不计外，罗素的单行本著作，由一八九六年的《德国社会民主党》与一八九七年的《几何基础试论》开始，到一九四〇年冬及一九四一年春前的专门哲学新著《意谓与真谛探究》与反纳粹法西斯的小书《让人民想》暂止，已共著作了四十五年，也就平均至少每年有一部书（甚小的小册也不计）。而且其中自有像《算理》（三巨册。与怀惕黑博士合著），《算数原理》，与应用新算数（形式几何）解说新物理（相对与量子）的《物的解析》那样的专门巨构；以及考据的《来本之哲学评述》，在监狱里写的《数理哲学引论》，还有一九三六年出版为表扬他父母的两卷《吾父母的信札与日记》（与他新夫人合成。罗素每一次结婚，总与他所爱至少合作一部书）。而且更可以想像，罗素现在虽然老困，必然还在工作着，著作着，久已预告的一本近代哲学史大概不久也是会出版的。

诚如罗素已故一生至友桑格律师在生前纪他的一条短文结尾所说，"他的可赞美的明晰的英文风格可以归因于他没有在公立学校受过古典教育；他的些宗教见解与道德品格也许由于平衡法庭聪明地执行了他父亲的遗教；但他的慧智，他的爱真理，他的能胜艰苦的工作，却像是生来的"。

罗素当然是一个不世出的天才，他本是出身剑桥的高材生。但他的能胜任艰苦的工作，实在也是他一生最大的长处之一。他品格的高尚，他的高风亮节，也确属不可多得。他本出于英伦一个世家贵族。两岁失母，三岁半丧父。一生就是子爵。十年来且已身袭他祖父因功晋封的伯爵爵位，而为罗素伯三世。但祖与父兄都是自由主义者。他虽袭爵，更从未以此自称过，且更坚决反对别人以此称之。就是什么博士教授，也是与他无缘的。假使有人把这类字样与他的名字联起来，总会使人感着刺目。

罗素的散文，确也是公认的现代英国第一的。不但他的文字，就是他的讲谈，也都是清楚漂亮，平易畅达，语皆中的，言必有物，既谨严精审，富有充实的逻辑力，而又极善谐默，饶有风趣。不拘什么问题，到他一讲，总能深入浅出，既明白又有味。有时也未尝无刺，未尝不也犀利峭拔，但却不酸不刻。读来听来，总会使人发生快感，而不会使人感到纤巧做作。假使找一个比喻的话，那就可说很像玉泉山水的爽人宜人，清冽甘脆。

在哲学上：凡是一种新哲学，总是有一种新方法的。实在，罗素对于哲学最伟大创辟的成就贡献，造时代而且千古不磨的成就贡献，也就在他的新方法，而不在他提倡的什么新实在论，或以后鼓吹的什么逻辑原子论，绝对多元论，以及中立一元论。具体言之，就是在他的数理逻辑，逻辑解析，以构代推；与夫也是由弄算数与逻辑而得的摹状论（包括所谓不全记号，逻辑构作），尤其是类型论（逻辑诡论的解法）；以及他总在利用的一件利器，"欧坎剃刀"；还有更常常称道的一种精神，"健实的实在之感"。

所谓摹状论者，乃罗素许多发见中最重要也最自得的一种，乃解析了像方的圆，石女儿，龟毛，兔角，月中花，独角兽，法国现在的国王，等类的不全记号的意谓的。而所谓类型论，更重要，不但解决了为一门根本的新算数（集合论）以及算数逻辑化进程中的障碍的，自古就有，就像与我们墨经所记"谓言尽算，谆——说：在其言"有关的一类的所谓诡论；而且实在更开了更真能解决哲学问题，更真能奠哲学于科学基础的方法之门。我很相信，现在哲学问题已都可以解决。我已很晓得，所谓哲学问题的应该怎样解决。而这大部分，或无形中，起始都是从罗素来的，特别就是他的类型论。而后再加以唯物辩证法或辩证唯物论。

罗素哲学确已屡变。但是不但百变不离其宗，而且越变越近其宗。宗是什么？宗就是实，就是如实，就是切实。罗素尝自称他生来是一个经验论者。这就对了。这实是罗素哲学最大特点之一，要了解罗素与罗素哲学是必须懂得这个的。但是不要以辞害意，罗素固是很晓得所谓经验论的限际的，他近年重复郑重讲学以来，一开始一篇文字就是讲的这个（一九三六，在亚里士多德学会）。但罗素固是承先启后，继往开来的人。他不但把英国本国最大最好的哲学传统都得到了，更以他伟大创辟的造诣把过去英国一切哲家都已超过而上之，而且更已不止一次地开发了伟大的世界上的哲学新潮流，而且还在开发着。

罗素本从小就有一个志愿，就是给全部算数以证明。结果就是不但宣扬算数的逻辑化，而且具体实践了算数的逻辑化，就是把全部算数化成逻辑的一个支门。虽然直到今日为止，不能说已圆满无缺地成功。而且近年维也纳新起之秀歌代尔博士的研究，更要引入新胜地。但是在他这桩事业的进行中，罗素却集了十九世纪以来的数理逻辑的大成，使它得到空前的发展与流行，大盛了算数基础与数理哲学的研究，成立了由逻辑的算数化进而作算数逻辑化的新学派，更引发了以后的更新的逻辑经验论的学派与其成功，创成了如前所举，大有功于哲学等的逻辑解析，以构代推，摹状论，类型论，等等。其功必是永不磨灭的。无怪几年之前，英国皇家学会与也是鼎鼎大名的伦敦算数学会，都因罗素在算数上的成绩，相继给以极名誉的奖章。酬功表勋，确乎义所应当。

自从一九三五年与助他写成《自由与组织》一书（一九三四年出版）的斯宾士小姐第三次结婚以后，罗素是又完全回到数理逻辑与哲学领域来了。这大概与他那一年又被特邀重赴巴黎出席国际科学的哲学大会，也不无关系。他大概看着这些年来他的学问方法精神的广泛流传，他所念念不忘的数理逻辑的盛大新发展，以及对于他的衷怀的钦仰推崇，也曾经心喜的罢。一九三七年秋，他的最被称引的伟大名著《算数原理》的居然加序重刊（原一九〇三年出版，久绝）；以及一九四〇冬季，表示他在哲学上的最新成果的《意谓与真谛探究》的出版，就是他回头以后最可记的主要收成。在他一九三八年下半年赴美讲学寄寓的前一年，还并曾又一度地被选为亚里士多德学会（英国最重要的哲学组织）会长。

罗素一生讲学，直至今日为止，自也不能无所欠缺。主要的就是：一、未甚重视生物学；二、没大了解唯物辩证法或辩证唯物论。这当然是由于社会时代，思想习惯的限制。二者之间，也很有关联。其实，至少照我所解释的唯物辩证法或辩证唯物论，罗素不该不同意。关于全的重要，有一次他本已附带提到过。就是对于斯大林一九三八年所讲，他也可以不再有什么话说，如不是因为他对于黑格尔的反感确太深了，竟至迁恶的话。而且，不但他的哲学有时也就被人称为唯物论（他至少是无神论者。而且相信最后管制世界的是物理律），而且至少照这几年来在英大为唯物辩证法或辩证唯物论张目的生物学家小海登教授所说，罗素在哲学上的重视事情，以为世界根本，与唯物辩证法或辩证唯物论，本来也是一致的。

但是罗素还是健在的。这个缺欠有一天还可以弥补的罢。今当他七十寿辰之际，就谨祝他由七十而八十，而九十，以至期愿地，更健在下去，更扩大日新又新的精神，更开展如实切实的方法学问，更发挥拥护科学理性而反纳粹法西斯的无上权威，更以他的名篇杰作与勇敢贞毅的行动，充实丰富这个遭难的人世，而使他素有至深同情的人类，如他所想望地，早登自由快活之域！

同时，世人也当能接受罗素的一切的向上的教训，学习而发扬他的一切的长处与优点！

（原载 1942 年 5 月 21 日《新华日报》科学专页第八期）

友声与民主
（1942 年 9 月 27 日）

对于新华日报，我总是怀着莫大的希望。对于新华日报，我总是怀着的最大的希望之一，就是希望新华办得不仅仅是党报，而且是天下人的报。一方确守坚定立场，一方尽可能地善用灵活的作法。如果有一天，天下人都把新华看成是自己的报，那它就是真办得真成功了。其实这希望，这话，我也不仅仅对于新华如此表示，就是对于中央与大公报，我也是愿意这样希望，这样说的。而且相信这也未尝不同时可能。因为今日大家根本目标，同不外救国。或更具体换言之，就是同是抗战胜利、建国成功。就是建什么国，以至建国的方法，我相信只令认准目标而确照着方法去作，大家也当没有什么大不同的地方。

其次，今日确是个大时代，不论国内国际今日都是过的一个大时代，恐怕还有更艰难困苦的日子横在前头。要胜利而成功地度过这个日子，那确非坚苦卓绝作最善的努力不可。因此，我就希望新华能总灵活地守定固定的方策，运用一切能够运用的力量，埋头干。不急功，不速求效。抱定与人为善，尽力作到大家一团和气。不是不革命了，而乃是斟酌国情，在革命上更进上一步。尽力吸引同情者，而绝不把一切所谓中间派的知识分子一个一个地都骂翻或骂走。在己，家丑也许不妨外扬。而且是要学学孔子，知过能改（学人不是被动的事，当然要只就可学处学）。但对人，却要在某种程度内隐恶而扬善。人但能当仁不让使天下一切善尽归于己（勿误解！）又还有何敌于天下？我近来深深感到派别（特谓学派）的分歧主要乃在气息气味上（以及因所入与薰习而致的用字意义的不同，以及没有把话说清楚）。这是最不易自觉处，也就是最该注意省察处；对于人家的话切不可以轻说无聊无意义。我又尝说，人要认真，也不可太认真。太认真者不容一点恶，一点毛病。我很晓得，这在今日，至少在入手时，还是作不通的。

再次，通盘说来，战争总是不大宜于文化的。试思我们自从抗战以来，在文化上，在某些方面，是已受了多少的损失，遭遇了多大的打击。尤其使一部分从事思想学术工作者越来越感到困难的便是中西文化交通上的越来越增加其困难。但在这期间，纯学术且不说，我却晓得，各反侵略国家，不论从一般人类观点也罢，或从各个民族观点也罢，却都出了不少的有益反侵略反法西斯的图书杂志小册。只因交通流通不便，坐令失掉了不少的共同宣传的机会与效果。我也曾几度提倡的国际反法西斯文化的交流，响应是有的，实际效果自然也非无，究竟还嫌太少。因此，我也愿希望新华此后更努力于此。一个报馆未尝不是一个文化机关，一个报纸至少总是一种文化事业。虽然至今还有人总想把报办成断烂朝报。我却总觉着，至少在今日中国，斟酌国情，报纸还有很大的教育作用，还应该特别注重其文化的意义。这虽是我多年的陈见，但却觉着还不应该放弃之。无论如何，为了国际反法西斯战争的胜利，为了国际反法西斯文化的进展，为了利用并加强国际一切反法西斯的力量，对于国际反法西斯文化的交流，如由一个报馆来努力，总胜于一个个人。

新华这次改版，我觉着很日近于这些希望。新华这次改版特别有意加强友声一栏，意在使各方人士都得有发表意见的园地。我相信，这不但是一种民主的作法，也是一种有益于推进民主的作法。民主，这是我这些年来，除了"实"与"理性"以外，所最愿意表示的意思之一，也因认它就是理性的具体应用之一。因此，我也就愿借此篇幅，先谈谈这个。

民主，我相信这已是今日的时代潮流。而且不限于一国，整个反法西斯的世界都已如此。从这一点看，这次世界大战也是与上次不同的，而正证明这次世界大战是上次的继续。上次大战当时曾有人说是为的使民主得安。当时许多前进的分子都不以为然。我在当时也就曾以为可笑。但是这次却不然了。这次，在前进的方面，恐怕已没有一个再反对民主的原则的。只是不是为的使它得安，而是为的使它得以实现，得以发展。但是什么是民主呢？假使就历史，就制度来讲，恐怕非几本大书不办。但讲原则，也未尝不可简单一谈。

民主是成了时代潮流了。但我却总觉着还有两点不无遗憾。一则许多主张民主鼓吹民主的自己却不民主，也只落得一个只跟着说而不照着作，或则仍守着自己例外的老规则。为什么如此呢？那就是二则许多人并不了解民主，或则了解的不够。只觉着民主就是民主政治，而不晓得就在日常生活，凡有集体团体的地方都应，也都可，实行民主的原则。

我很相信，民主至少有两方面。一是民主政治或民主制度，一是民主习惯或民主精神。一狭一广。二者当然相关，是互相制约，互为因果的。没有民主政治，民主习惯大概不能普遍。没有民主精神，民主制度更恐不易实现。因此所以才特别需要今日要求民主者最好先就己身或自己团体尽可能地培养些民主精神，养成些民主习惯，以开创风气，以为天下先，以为将来备。

普通所谓民主政治，至少指的是有立宪、国会、选举，以至民权主义里所讲的种种，这不是我现在所愿谈。我现在所要说的乃是民主习惯，民主精神，也即前边所说的可以普遍应用的民主原则。我相信假使主张民主鼓吹民主的人而不注意于此，他一定不会圆满达到他的目的。

就此而言，即就行动习惯精神原则而言，我相信民主的基础（心理基础，实即社会基础）就是理性。稍稍具体言之，就在采取方法的多元，对人作平等观（在精神上），对事作分别观（在物质上）。更具体言之，就在承认他人，容许他人，重视他人，相信我可以对别人也可以对，同时别人有错误我也会有错误；因此，一般言之，别人的意见与我的意见是同样有价值的。在生活上绝不为人代庖，绝不强人同于己。这自要肯与人为善，也要相信人之欲善莫不如我（如嫌这样说近于唯心，就说在某些条件下人的要向好处走，彼此差不多，也可）。特别就政治说，就是承认人之为国莫不如我（这当然也可唯物地以条件说）。当然，清清楚楚，公私分明，根据对事的分别观，也是民主应有的性征。

这是说的基础性征，如说内容条款，要构成民主习惯，至少要有以下之三点。

一、有法守法——怎么说定就一定怎么作。

二、使一切有关人都得与闻有关事，而且有发言权，不论直接或间接。

三、服从多数，尊重少数。

所以所谓民主，不仅仅是属民由民为民（民有民治民享）的意思，而且一定要有事必会，有会必议，有议必决，有决必行，有行必果。当然目的在行，不在会，而事是指的不归，或不能归，一人负责的事。顾名思义，民主本是人人（有关者）都作主人的意思。人人作主人也就是要人人都有个主子的风度，都负责任，都尽责任，都觉着没他（她）不行，没他的一份力量，则事不成，就好像一个报纸一样，使他觉着是他的，而且没有他的一篇文章就出不了版，这样子他自不能不工作，自不能不尽力，而工作成绩自也要因而增进。

民主不但不与纪律冲突，而且只有民主，纪律才最能贯彻，因为曾经众心的表示。民主不但不与集中背反，而且只有民主，集中才能最切实，因为众心众力有了归结。民主不但不与领袖敌对，而且只有民主，领袖才算最有力量，因为一切心、力集成一个整体供他使用。究极的民主自要治人者与治于人者、劳心者与劳力者、管者与作者的统一，但也必无碍于有胆有识有心、先驱先觉先爱的领袖。

所有民主的这些基础、内容，当然都不以政治为限。一切日常生活中，凡有集体团体的地方，都是可以行的，也都是应该养成的作风习惯。甚愿一切号召民主标榜民主者都肯时时对此作一反省。我当然晓得，在几千年的违反民主的蓄奴与封建以及家族结习之下，又在刚刚一度对于虚伪民主的反动与反理性的世界狂潮之后，养成或更进一步地养成民主习惯，谈何容易。但是如果总是口说民主而身违民主，除了你运气好或机会好以外，那一定是等于南辕北辙缘木求鱼的。

民主是今日的时代潮流。但所谓时代潮流者，就是谁照着它作谁定可成功，谁不照着它作谁定会失败。

新华以我为友。我也以新华为友。新华这次改版，既加重友声一栏，既是在向民主方面更进一步，既是为我所重视，本来就不特别找到我，我也是禁不住要写的。但是有人说了，你还嫌嫌疑不重，你还要写。又有人说，友声，又是你几个人在写，那就别人都不写了。这些好意，我都承认。我却觉着都不免有所误会。对于第二点，更觉不免是一种借口，既不合民主精神，也有违与人为善的古训。关于第一点：其实不拘谁找我作文章，甚至不是找而只是肯登，我是从来没有不愿意写过。假使一时没有写，那或因一时没得题目，或因找的不紧，在我则总是没有忘了要写的，就令事隔几年，也依然如此。总之我所写的东西总是我所能写的东西，我所说的话总是我所愿说的话。大体，我是永远不会忘的。至于嫌疑，我简直不大了解。譬如罗素就是我所最愿说的。有人说我早年景仰罗素，其实在我中年也还是如此。直至今日，纵然我终是我，我所最不能忘的学人也总还是罗素，犹之我所最不能忘的一般事理总是实与理性。在一篇文章里，假使不使罗素一见，我便总觉不快。

譬如在我最近写的一篇纪念伽离略与奈端的短文，就很后悔没有在末后讲到伽离略的散文处赘上一句："今日罗素的英文散文也正如此。罗素对于今日科学家最佩服安斯坦，而对于过去科学家最称道伽离略，实在也是当然而非偶然的。"其次我喜讲唯物辩证法，也不过是愿意天下的利器，天下人都能得而利用之；同时相信不论叫这个名子罢，不叫这个名子也罢，凡是成功的所用的方法总之莫不与它暗合。我实在不了解像这一类的意思犯什么嫌疑，我只觉着这不仅仅可作新华日报上的友声，而且就作天下人的友声，也该无所不可。

（原载 1942 年 9 月 27 日《新华日报》）

民主原则
（1943 年 10 月 8 日）

　　差不多很像桃乐娣·汤普孙女史新近所说"有一种绝对的逻辑在历史上"，几年之前我曾深深地感到：天下有一定的道理，不为尧存，不为桀亡；顺之者昌，逆之者亡。问题当然在这些道理是什么，在哪里。一切学问，自哲学以至科学，所从事的，至少一部分就在用种种方法，甚至统计概然的方法，把这些道理发掘出来，而且弄个清楚，说个明白，而要合乎这种天理，也就是中国的一个传统。

　　同样，也像尤里安·赫胥黎博士新近所说的"达尔文拿他不多的几条原理把人与所有别的生物都联络在一个必然与变化的共同之网中"一样，我近来更深切感觉：世界随时都有个大势所趋，为任谁所不能逃，虽有大力者不能抗。

　　现在整个世界的大势所趋是什么呢？一言以蔽之，就是民主二字所表示。

　　上次世界大战是失败了。至少上次世界大战后的和平是失败了。这次世界大战的根早已埋伏在上次大战与和平的里边了。

　　上次大战中一个叫得很响的中心口号就是威尔逊的把世界弄得使民主得安。

　　显而易见，在这二十五年里头这是没有作到什么的。

　　至少就这个意义说，已很可以说，这次大战乃是上次大战的继续。

　　这些年来，对于民主虽然有种种看法，种种论调，但现在联合国方面却公认为这次之战是争自由争民主之战。所谓法西斯，前前后后，里里外外，都是与自由与民主整整敌对的，都是与自由与民主势不两立的。而且凡是压迫自由妨害民主不讲理性的东西，不管有多少样的方式，都可归入法西斯的畴类。

法西斯不仅仅是帝国主义的最后阶段，也同时是极端封建的，落后的，倒退的。这也是今日所有进步的懂得民主的人士所应能公认。

但是现在还是要把世界弄得使民主可以平安么？

这也不是的。

现在所求的实乃在把世界弄得使民主可以进步，实乃在把世界弄得使民主可以发展。

现在许多人都晓得了：要想安全，必须进步；要想稳定，必须向前发展。

盱衡全局，观察世论，很可以看出，有好几点是现在世界许许多人都同意了的，或认为无可如何了的。

第一，现在是正过在一个革命的时代。而且是一个人民的革命的时代。或者甚至说，这种革命是人民的，而非一个阶级的。现在也正是人民的或普通人的时代。

第二，民主必须扩张。必须由仅仅政治民主扩张到经济民主，社会民主。如经济上，社会上，不民主，所谓政治民主也就是假的。假民主一定站不住。也可以说，非整个民主即无民主。民主绝不等于代议制或放任主义的经济或国际的无政府。

第三，"经济人"要代以"社会人"，经济人的时代要继以社会人的时代。社会必须是有机的；必须不是各自为富，而是共同谋福的。有人且说，今日要得到的民主必是新民主，必是"有机的民主"。如果孔子曾以仁为人类关系的最高理想，而仁字可以最活最能感能生为界说，那么，道路不管还要怎样曲折遥远崎岖，人类社会究已在向之而趋。这一层是与前层有似相反相成的一种情形。

第四，社会各方面，特别像经济方面，科学方面，设计或计划化（Planning）必大流行，必不得不大流行。这也可说是与自由民主相反相成的。设计或计划化其实是并不违反自由民主，宁可说是自由民主更进一步的具体表现；或更好说，设计或计划化可以使得自由民主更圆满地具体实现。当然，要圆满作到民主的设计或计划化，也有它少不了的条件。

第五，战后必要有一种强有力的国际组织甚或世界政府。有的且说，最好即以今日的联合国为基础。关于战后永久和平的计划，近年真是甚嚣尘上。连带地，为从一种根本克服过分民族偏性（或如斯大林所鼓吹的排除种族成见。——特据郑启愚博士。今年在西美卜技利市出版，由民主主义讲到数理逻辑的大著《东西文化比较观》卷首小引中所举）而作各民族各文化传统间的精神联索的国际大学，也正为世人所注意。——固然战时战后应该并重，但究竟先有战时，后有战后；先胜利，然后才能和平。可是如回避战后不谈，既不管"凡事豫则立"，且亡羊也不事补牢，那也不免是回避问题，回避困难，而非正视问题，解决问题之道，至少人会疑其用心。而且问题，也决非一张宪章，几条原则所能济事。况且，如果有人不得直接尽力于战争，谈谈胜利的战后，总也可以比于博弈！——只是关于战后国际组织甚至世界政府（此后者当然绝少希望）的如何构成，如何产生，虽然蓝图、方案甚多，但也正因为计划甚多，遂致众说纷纭，难衷一是，与我最同情而非开玩笑的罗素先生今春在一篇美妙逻辑切实周到的大文《战后世界的若干问题》里（纽约出版的新杂志《自由世界》一九四三年四月号），曾郑重地说："开始的国际权力机关应由合众国，大英共和国（即大不列颠与各自治领），苏联与中国而成。它们四国应结成一个随时可以邀请别的国家加入的联盟"。读来最是令人兴奋。总之，仍沿旧日的此疆彼界，国际无政府状态，是不行的了。不能各自为战；各自为治也明白是不行的了。民主必须兼是国际的。

凡此种种都是今日全世界大势所趋的一种意义的根本方面。

本来，纵然今日全世界真觉悟的人还不太多，就是许多觉悟的人觉悟到的程度也很有限；但大多数人都已觉悟到了几千年前已经揭穿的一种情实。那就是：人与人差不多。"性相近也，习相远也"。"惟上知与下愚不移"。只是有的人身量长的高一点，看得远一点，早一点。有的看得早一点，也就说的早一点，因此常会招出横祸来。有的则有知也有养，虽看到了也不说。

现在许许多人都已觉悟到了：将相本无种，舜是人，予也是人。在这种情形下你还能限定某些人只得被治，只许"由"不许"知"么？"使民知之"，岂不正是安吉尔今日继罗素的"让人民想"之后的名著的名子？

而且人与人虽有差而不多，不但是中国的古训，尤其具有现代科学（特如遗传学等）的事实根据。在这种情形下，谁竟还要我智自雄，唯我独尊，致落得枉费心机，徒劳无补！

法西斯的种族论固久已被世界的人类学者与生物学者驳得体无完肤了。

举一个绝重大的东西，当然是众擎易举。对着一个明非个力所能胜的东西，也一定不该有人偏偏要独力支撑，而不虞鼎绝膑，以至"鼎折足。覆公𫗧"。

众力成城，众口铄金；耕当问"奴"，织当问"婢"，本也是流传至今犹可节取的中国古训。

说到中国，民主几乎已成了今日的万应丹。在这个由世界的大势以至国内的大势所趋之下，在客观上，中国的民主前途，已绝对可以断定，而完全无可怀疑了。

在今日世界，任谁当政，或为一群之首，如不恪遵民主原则，必都不易维持。

社会的进展总是循着螺旋摆动，波浪起伏，循环反复的路线。前事是后事之师，后事也是前事之反。而且照着反的两义，反还与反对，都可说。也必须分别阶段兼用两义才可说。这是历来社会进展的公律，一向都然，至今未爽。

自从清末民初以来，中国虽仍经过不少障碍，不少牺牲，不少曲折，不少倒退，但就通盘辜较言之，却是总在逐渐推进，穷则变通之中，推进变通到今日，根据上项公律，适应时代需要，人民呼求，除了民主，已别无他路可走。

在国际上，同样根据同一公律，为反十九世纪末叶以来多面的无理性潮流，扬弃取舍于十八世纪的理性时代，配合科学技术工艺用具的向上的发展，顺应世界出产交易往来交通的新局面，而求适合于一般人的往下生活，也已确非普遍建立进步的民主制度不可。

至中国今日，不但在政治方面，就是抗战反攻上，经济财政上，以及教育文化上，乃至社会别的方面，实在无一不需要民主，无一样没有民主能够解决其困难。

国家有困难，当然应由全体国民来担当。但如使其与闻一切有关情形，使其对一切有关事情都有置喙之机遇，都有尽力之机会，纵令担当困难，忍受痛苦，也当可以心甘情愿。

人总是对于自己有权过问的事才最起劲。而况是本来应该属于自己的事。

民主绝不会就妨碍集中领导。反过来说，也一样。

在大多数人的内心中，所以眼前今日就应实施民主者，最主要的缘由，本是为的民族，本是为的解救民族空前的危机，本是为的实现最圆满的民族统一，民族团结。而就具体内容说，实在尤在为的动员，尤在为的发动一切人力以及物力。

抗战反攻上，经济财政上，所以都需要民主作对症药，也就是主要因为这个。

实际上，今日国内有些地方试行民主，风闻收了不少的效果：抗战上，经济上，以及教育文化上，社会关系，人民生活上，据传都有不少的成绩。至少大部分也当是由于这个。

一言以蔽之，必都是动员了民力；弄机会使大多数人民都自觉了的缘故。

去年十一月英伦名流，学算习律出身的经济学家牛津大学院长贝维里治·威廉爵士提出轰动全世界的社会安全计划，所谓关于社会保险的报告，也称为贝维里治报告（二百九十九页的白皮书）。他本认为应该祛除或攻击的巨恶共有五项：穷、病、愚、脏、闲（除原报告外，参看他在《今日不列颠》月刊今年二月号与夏初出版的费鞭会讲演集《为英国设计》中文字，以及他自己更后出的新书《安全之柱》等）。这五恶在中国岂不要用大力来扫除。

以贝维里治博士特认为根本的末项，闲，而论，试问在中国今日这样需要人力的时候，有多少人力不是都不得其用，或用的不得当，以致许多时间精神都白费了。

汰太（或汰汰）与废费（或说废废）实在同属人类最重要的问题。

不要闲置人力，或把人力用的不经济！

但这决不是一般所谓作官或出任的问题。且也不仅仅是"天生我才必有用"的问题。实在更在使一切人力都发展到，施展到可能的最高峰。

使一切人所潜藏的才干可能，都得到最圆满的发展实现——这就是今日所谓民主的根本精义之所在。

善哉，"书"之伊尹作咸有一德篇末的珍贵的昌言："无自广以狭人。匹夫匹妇不获自尽，民主罔与成厥功"！

用另一个说法，民主本就是使人人都平等自由。平等自由的人与其自由越多，就是越民主（注意上句人人两字。人人自由，就是说不许以你的自由妨碍吾的自由，也不许以他的自由损害她的自由。如此，当然不许有侵略的自由。而罗素先生所顾虑的自由的不足，多少可免）。

假使，根本上，没有言论出版集会结社以及思想信仰研究讲习的自由，是必说不上民主的。

中国先贤久已知道，不让人自由的消极害处至少同于防川。个人自由绝不会只有利于己而害群。在西洋远自密尔顿，近则穆勒约翰，以至罗素，已说得十分透彻明白。

但所谓自由并不只是让人人随便，让人人解脱一切要不得的情事，就像贝维里治的五巨恶，以及忧愁，危险，或如罗斯福所说的匮乏与恐惧等等。而且更要给人人以机会，使得人人都能尽量地发展发挥发皇其才其力其业。——推到极处，两层本也并无二致。

也可以说，民主的出发点就是集体，就是与人为善，也就是认人人都可以为善，认"人之欲善，莫不如我"。也使人人事事物物都得其所。因此，假使有一人不得教养，一夫不得其用，一分力不出于身，一货委弃于地，一贤一能不见选，一事不信不睦，一物不为公，那就都算不得充分的民主。那自说不上；民的，由民的；为的民的；或民有，民治，民享。

又假使不知己外有人，不知人与己有密切关系，是一体的；不知人与己一般解事，己并不会怎样了不得地智，人也不必怎样太比己愚；或则不知有社会，只谋私而不计公，甚且假公济私，少也公私不分；不但抱定"各人自扫门前雪，不管他人瓦上霜"就是人己两便的事也不肯作；举眼前大的实例说，时至今日，还不奋发努力于"不让战争再延长下去"。——如此地不仁，自也难言圆满的民主。民主与仁，与为公，与为人服务。这些最美之德，实在都相联而不离。

那么，在今日中国，怎么样，怎样作法，在原则上，才最有使中国民主的可能呢？那它至少也要具备三个根本的条件。

第一，必须是中国的。——这些年来，许多方面都有"中国化"的呼声。似乎直到今日为止，在这方面并没有很走上轨道。但是如果在中国，对中国事，而不由中国人以中国为第一位；所采取的办法不扎根在中国的本土，对于大多数中国人必都不免多少隔阂。如此，要想把中国整好，究竟是事实上难以置信的事，文明有如酿得很好的酒，文化则如多年的陈酿，一种文明几千年来蕴积下来的气息，本不可也不能完全抹杀。不过，中国的优良处究竟是些什么，虽还不无有待于理董，有待于表扬；但关根本德目，尚有虽流行而不伦不类，不合中国真正传统与时代的，也不容不即行努力矫而正之。消纳世界一切有价值的东西，利用世界一切利用的利器，自也同属绝对的必要而分当。

第二，必须是独立的。中国的民主必须以中国为体以中国为本位而行之；中国的民主也必须不但不奴于他国，也不在精神上依赖他国而行之（就令是最好的友邦也罢）。人民精神的独立与国家主权领土的完整独立，必须相辅而具备。固然"以欲从人则可，以人从欲鲜济"；可是如一切舍己从人，舍己耘人，必会致自己田园既芜，且将再无存身之余地。本来为文且要己出，而不可剽窃，而况立国。但当然，讲信修睦，得道多助，也是要的。

第三，必须是民主的。——这就是说，号召民主的必须在自己可能范围之内自己先民主，有民主的精神，行民主的办法。自去部落思想，自辟门户之见，自绝封建的等级习惯，以及以不守法，骂当局为荣等类的优越感与无责任心。如此，庶几可收以身作则，以身教者行，以至釜底抽薪之效。否则纵然不是教猱升木，却等于缘木求鱼，更等于抱薪救火！你不与人为善，既自不进步，自无充实力量，则谁必须与你为善？

中国今日是处处都需要民主：都需要有法守法（法的原则是：一、由民意制定，二、由民意修改，三、"上下"所共守）；都需要使一切有关人都得过问有关事，人人都有贡献其知识能力的机会，并有看见其贡献被采纳施行的自由；也不得不需要在民主自由之下的合乎科学尝试办法的服从多数，尊重少数，以为一种进行事情的途术，但是，当然，在一个意义上，政治上的民主，在今日的中国，也可以说，尤为根本，必须政治上真正走上了民主的大路，然后一切别的方面的落后的情形庶几也不能不跟着祛除。

不过，政治上的民主也未尝不需要社会别的方面的配合。如果由社会的各方面多培养些有益民主的精神习惯，也未尝不可以有助于政治民主化的进行。这也正用得着所谓相互负责的大义。

这，特别就在哲学与科学上。

哲学是讲可能的学问，是根本原则的学问。本以体与辨为方法，而以中及通为归宿。因此，哲学对于人生特别可以使人注意根本，使人看到大处远处；使人养成大量的习惯，而不拘于狭隘的小圈，强作物我之别；使人实而活。使人力行以求天人合一，"止于至善"，达于理想之境，火候纯青，恰到好处，而不忽于一切可能的发展。也就是可以使人能够有理性：能够由前提推到结论，由结论回溯前提；能分别，有分寸，重分明，于异见同，更于同察异；能够作面面观，如实观，平等观，也能容纳多方面，重视种种不同的他方面。这都是充实民主所必需。

至于科学，更是实在的学问，是朴实实验踏实认真的学问，是最可以培养人的健实的实在之感而大有正德利用厚生的作用的学问。更可以帮着人养成切实笃实，实事求是，精益求精，正视事实，注重证据，小心，虚心，尝试而不固执的习惯。使人可以感到：民主一定要货真价实，冒充赝鼎一定不行。尤其形式科学中的算学，常弄乃更可以培养人的谨严精审，周密不苟而善于假设的作风。有了种种风气，实也大有助于真实民主的实践。

今日要想实现民主，发展民主，是必须变得有了理性：是必须与哲学的大量精神，与科学的切实习惯，与算学的谨严精审的作风，密切结合的。民主政治本也就是理性政治，或讨论政治。

是的，实践民主，发展民主，使民主进步，实现社会一切方面的民主设计，以便全人类适应生物进化的一般路向都走上遂生，大生，美生的平实着实的坦荡大道，这乃是今日整个世界的大势所趋，任何人不能违抗之，任何人，任何办法，如是因此大势而利导之，必会成功，不这样子，必都失败。以上所说，不过原则。至那有关今日全世界的，进步的，活的民主的一切更具体的办法，那就尤愿合全世界有心有脑的人共同商讨，分别草定，群策群力，促其实现。

三十二年中秋起稿，十月末修改

（原载 1943 年 10 月 8 日《新华日报》，修改后辑入 1945 年 12 月出版的文集《独立与民主》）

展开民主与宪政的讨论
——"民主与宪政"的引言
（1943 年 12 月 15 日）

"方今世界潮流，民众心理，政府意志，莫不倾向于民主与法治；则中国今后政治之主源所在，自可毋庸怀疑。"这是十月二十一日《大公报》社评《如何促进宪政实施?》近年来不可多得的一篇紧练具体有力的短文，里边的两句话。

不错，民权主义本是中国国民党一贯的信条。实施宪政久为国民政府既定的政策。民主、宪政、法治、守法，以及人民的一切民主权利，民事自由，也正为今日一切能表示意见的在野党派，民间团体，各界人民，共同的呼求。

在这种情势之下，中国的民主前途确是无疑问了的。

最近政府已决定召集国民大会，制定宪法，实施宪政的大致期日。并已指定一部分人士成立协助促进宪政实施的组织，意在对有关事项作广泛的准备，这样，不但抗战的胜利已既在望，民主的凯歌，也确已可闻了。

在这个时候，各界人民如何奋起，响应政府的胜举，不使政府的美意再度掷于虚牝，而迎新的将来的到来，同时也间接推动目前另外两层最最当务之急，就是一、僵局的打开，二、不让惨忍残人的战争再如法西斯的意思延长下去，这实在是今日各界人民应该当仁不让，也义不容辞，责无旁贷的事。

但是什么是民主呢？如果民主非一，中国需要那种或那些种的民主呢？要在中国实现那种民主需要准备什么条件？一般所谓民主与一般所谓宪政关系如何呢？民主，宪政，与所谓法治，所谓守法，关系又是如何的？近代中国过去的民主运动，宪政制度，是为什么失败了的？各界人民在民主运动或宪政运动上各有过什么作用或应发生什么作用？今日国际新的民主潮流，内容如何？如何起的？已有了什么表现？将趋向到什么田地？对于中国有什么影响？中国又应怎样与之配合呢？

诸如此类的问题，即起而加以缜密的研究，周密的讨论，也未尝不是由今日走到宪政实施以至圆满的民主的实现的悠久行程中的应有事。这其实也是应该号召各方面多数人共同来作，而不是寥寥几个人所能济事。

这本小册的编刊就是想在这项研究讨论工作上多少尽点应尽的薄力。只是因为篇幅时间的限制，所能触到的问题确是太少了。这也就证明少数人担负不了大工作：要认真有效，总少不了要集思广益，群策群力。

想读者们对于以上列举的一类的问题，一定也会有浓厚的兴趣。假使不弃，肯广抒宏论投寄我们，《民主与宪政》续集，再续集的编刊，也正是我们所欣望。那么，这几篇文字先行发表，也就有常说的抛砖引玉的意思。

至于本册中这几篇文字的编列，一看可见，是由民主而到宪政，由一般而到特殊，由理论而到历史，由抽象而到具体。要晓得一个东西，知道了它是什么，也要知道它不是什么。在实践上，尤贵如此。法西斯不仅是民主的正反面，而且正是民主的敌对物。讲民主而详论法西斯，便为写一个显明的对照，令人所知警惕，不致被迷。今日整个世界大势所趋的民主与整个三民主义的理想颇有妙合处，这并不是可以惊人的话，由英国国际问题专家嘉尔教授去年的文著"和平之条件"畅快的所论，已大足以令人喜欢。所以在这问题上也作了简单的陈述。

其次政治与经济是分不开的，这也正为今日全世界所注意。在今日中国要实现民主尤其缺不了发达科学与经济建设。事实上，政府也正是在这样地布置着，策进着，应该加以阐发。民主运动并不是男子运动，本以妇女为一主干，中国妇女界也确曾并还在作着这样的主干。因此本册对这方面历来的情形也有一篇大体的报导。

"前事之不忘，后事之师"。看看清末所谓筹备立宪的情形，也可以使人别有会心，知所趋舍。立宪本不必就是民主。就是现代的民主国家也不止一个，不止一种。比较比较，当也不失为一件大有意义而彼此有益的事。不但古诗说过："它山之石，可以攻玉"，而且俗语也有："不怕货比货，就怕不识货"。都是表示借鉴的益处。

民主运动本是一种双重意义的青年运动。近代中国男女青年，由戊戌，辛亥（包括黄花冈），以至五四，以至民十六，以至一二·九，在民主运动上，且曾演过最主动最卓越，可歌可泣的角色。这本册子本也想有一篇讲民主与青年的文字，只因时间的关系，未得编入。

关于今日国际的民主潮流，以英国成名的历史家，历史哲学家，政治哲学家而论，像巴克教授，像已夭逝了的柯灵乌德教授，像曾作有《民主纲要》的林赛院长，这一年多里头就都出了关于民主政治的巨著，而美国政治上最负责任的人物，像罗斯福总统，像华莱士副总统，像赫尔国务卿，像前副国务卿威尔斯，像在野的共和党领袖威尔基，这几年内对于民主自由，也都发表过值得记取的名论。惜本册对此也是有志未逮，未能多所发挥。那些巨著不必说，倘使有人肯把这些名论即辑而译而刊之，以便参考，也不失为一宗功德无量的事业，定有裨于民主与宪政的讨论的开展，定有裨于中国民主与宪政的实现实施。

罗斯福总统在今年九月十七日送致国会检讨战局的咨文中曾说：

"假使在世界的任何地方，还容许法西斯主义的任何遗痕，以其恶毒的任何形式，继续存在，那我们便不能称，在这次战争上已获得了全个的胜利。"

也就是一句令人无限兴奋的话，而为一切主张民主自由而拥护反法西斯战事的人们所应念念不忘。

三十二年十月底

（原载 1943 年 12 月 15 日《反攻》第十四卷第六期）

我们为什么要民主与自由
（1944 年 9 月 12 日）

我们要民主。

一、因为，在根本上，人与人差不多。所以在根本上，所有人都应有差不多的权与责。

二、因为国家是大家的。所以国家的事大家都有权过问。大家对国事都负有一种的责任。

三、因为要广泛地动员，以至统一心志，团结力量。特别现在在战时，只有广泛动员一切人力物力，统一团结，乃能打赢仗，乃能打败强敌，乃能把惨忍残人的战争赶快收场。——就在经济上，如能广泛动员，如能使一切人民都得过问国事，切实知道国家的困难，也许可使某些人激发天良，少趁国家困难的时候发横财。这当然很少希望。因为社会可有公道，个人本无天良。所以如能广泛动员，如能因实行民主而敢于出而指摘奸恶的多了，机会也有了，趁国家困难而发横财的人大概至少不得不敛些迹。

四、因为只有民主乃能适应国际已经造成的民主潮流，而与民主的盟国配合。然后乃能立国于斯世。也可帮着保持世界和平。——现在全世界联合起来要打倒法西斯，胜利已经确定；而且许多有力的人，许多人民，所要的还是彻底的胜利，当然战胜后所能存留的，只有反法西斯的民主。我们名义上本是民主国，现在要紧的就是要名副其实。

五、因为只有民主乃能容许人人或最大多数人的才力都得到极大量的发展与利用。然后最进步的世界，最快活的人生，人类最高的理想，乃能有实现的可能。

六、因为民主最合乎科学，最合于科学法。事情由会议讨论决定，服从多数，尊重少数，都深合乎科学的实验方法。"科学乃是民主的一个伴随"。科学出于理性，民主也出于理性。科学是多元的（就一个意义说，可以说是就方法的意义说，不是就根本说。就根本说，我一向相信，数目是多，类则一，而作用在二。中国历来所谓体用的关系，则是不一不异），民主也是多元的（意义说法，也同科学）。科学重解析，民主也不能不重解析，重分别，要宽容，要容许他人，异见，要作面面观，平等观。科学要实在，重事实，民主是有理想的现实政治，而且民主重人，重人人，重个人，也可以相通。科学于个别事实间求普遍规律，民主则于不同个人求共同点。——科学法是西洋文明最大贡献。其精义（包括现代科学法新发展的统计解析在内），如罗素说，就是算学加实验，或算学的经验主义；或部分地如罗素以下最把话说得清楚的英国剑桥解析派哲学大师博老德教授前年对科学与伦理关系问题发表意见时所说，"由自然科学的方法，就是由官感知觉与内省，助以实验而扩通以疑问归纳法"。科学法也可以说是诉于真感实觉，进而达于谨严精审周密具体。

七、因为民主最近于中国天下为公的大同理想，最近于"仁"与"中"的哲学，最近于恕道，最近于讲情理讲理性的风尚。——民主也是有合于哲学的辨与通的。这也是中国真传统之所重。

＊　　　　＊　　　　＊

其次，我们要自由，因为没有自由，民主是不可能的。如果没有言论，出版，集会，结社，身体，居住，职业，思想，学术，学习，研究，讲学，以至免除匮乏，排脱恐惧，不至赋闲的自由，前说种种必都作不到。

我们所谓自由，本尤在于机会，尤在于发展，尤在于尽性。必须以组织的途径，设计的方法，着眼在社会，时时在都以遂生、大生、美生的人生观或人生理想为所采的道德准衡，而使个人都得到最大的发展，都竭尽性分之所能，都践履职分所应尔，都对人类社会作最大的贡献，有最多的收获，达到尽可能地最高的造诣成就。

分别简单说来：

一、我们要言论自由

因为对于国家事，对于社会事，我们要说负责的话，要表示负责的意见，以求国家社会的发展与改进（谎话，暗示话，吞吞吐吐躲躲闪闪的话，能够具体而乃抽象的话，都是不负责的话或不敢负责的话。不负责的意见也略同）。

二、我们要出版自由

因为我们要把我们负责的话，对于国家社会负责认为有利的话，印出来，传之久远，共同商讨，集思广益，相得益彰，也使真理由辩而愈明，实事求是，精益求精，以求国家之福，以谋社会之善。

三、我们要集会自由

因为我们要对国家事，对社会事，以至对学术文化问题，更现实亲切地共同讨论，集体思想，互相观摩，互相切磋，互相教益，由种种不同观点不同方面的观察而得一灵活周到的面面观，以求殊途而同归，百虑而一致。

四、我们要结社自由

因为我们要更经常地作到上项事情，群策群力，同心断金，以求具体实现我们对于国家社会的善意，以求众擎易举，协力共进止于至善。

五、我们要身体、居住、职业自由

因为如果我们身体受到拘束，居住不得安定，迁居不得随意，职业时有危险，如果有一于此，我们如何还能对国家社会人类文化，尽我们所能，作我们最善的努力？

六、我们要思想自由

因为这在一个意义上实在尤其根本。言论出版自由是思想自由的一种具体表现。如果没有思想自由，什么言论出版自由，集会结社自由，便有也是空的。思想不自由，国家不用想进步，社会不用想进步，文化不用想进步。必须社会潜行发展到使人类思想得着了自由，社会乃得到一个大的明白的显著的推进力量。

七、我们要学术自由

因为这是思想自由的一个具体系统的表现。没有思想自由，也就是学术自由少掉一个根子，缺乏了内容。学术不自由，文化不进步，国家社会必由停顿而衰落，而蜕化，而自剥或被剥去外皮，同时由核里新生力量与依托它的思想的自由发展，一个新的社会，接着新的学术，新的文化，乃脱颖而出。

八、我们要学习、研究、讲学自由

因为这些都随学术自由而俱至，都是学术自由的联带的表现。还有教育或受教育的自由也如此。没有这些，学术是不会发达的。十九世纪的德意志，与今日的德意志，便是一个显明的对照。中国过去：春秋战国，魏晋南北朝，两宋之际，明清之交，以文化说都是文化最灿烂的时代。其所以文化灿烂，以文化说，就是：（一）文化交流的结果；（二）讲学自由的收获。只是在今日，在学术上，或在讲学上，除了充分自由以外，要更加上设计，配合，组织。这是使学问更发达，更进步，更自觉地有效率地进步的途径；也是所以借以增加其机会，扩大其可能。人类许多事都是以自觉为归宿。解析方法是自觉的一种。设计组织也是自觉的一种。

九、我们自然也要免除匮乏、脱掉恐惧、以及不至赋闲的自由

因为没有这些，过不了太平日子，过不得好生活，生活不能安定给足，必然此疆彼界，尔虞我诈，互相防御，互相角逐，结果非出之以残人以逞的战争不止。今日世界已经大通到一个地方一个人不能生活，全世界其余的人都要受其牵连带累。今日人仁的感觉灵活的程度已经有许多人能感到这个。"穷人不是自由人"。要自由一定就也不要穷的自由，也就是经济自由。一个不穷的方法就是不闲。不闲的自由也就是另一种经济自由。历来虽说不患贫而患不均，今日中国是既患不均也患贫。同时今日世界却是不患不工作而患无工作。问题已不大在生产，而大在种种分配。分配得当，忙闲才得均匀。这才真是已不患贫，而患不均。

照我自己的另一种说法，一般民主的理论基础就是：一、人与人差不多而不同的事实；二、理性；三、把群己才力发展到极点，最好处，且越来越容易更发展的理想。一般民主的人生观以及其道德准衡应就是我所说的遂生、大生、美生的人生观以及其道德德准衡。最民主的人类关系应就是"仁"的关系。民主政治的极致应就是"仁"的政治。民主的美学原理应就是"充实之谓美"。一般民主的宇宙观与本体论就是真正现代的真正科学逐渐片段地所得。一般民主的知识论，也就是最民主的哲学，就是我的以"中"为极则，以"辨"为方法，以"通"为归宿的"具体相对论"。它的两句格言就是："真理是具体的"，"绝对是相对之积"。都待另文详讲。

三十三年六月

（原载 1944 年 9 月 12 日《新华日报》）

自由与组织
（1945 年 3 月 8 日）

多少年来我常与人说，人类最大的问题就是群与己的问题，就是个人与社会的关系问题。如果偏重个人，则会扰乱社会秩序；如果偏重社会，则会妨碍个人自由。二者对于人类进步都是不利的。如何把社会和个人安排得各如其分，各得其所，秩序自由双方兼得，这是自古至今没有解决的一个问题。但是人类社会的演化，历代一治一乱分分合合的递嬗相承，也就在此个人与社会，自由与秩序，畸轻畸重，此起彼伏，摇摇摆摆，相推相荡之中。

我在第一次世界大战之末，曾在伦敦《民族》周刊上看见一篇讲易卜生的文字，说他一生剧作，所要解决的也就是这个群己关系问题。此外见到这个问题而想解决之的，当然更不在少数。

这个问题也可以说就是自由与组织的问题。罗素在一九三四曾出了一本大作，就是叫作《自由与组织》（美版作《自由对组织》）。但他偏于十九世纪的历史论叙，虽然在纪事上富有蕴味，时见幽默，也没有把这个问题解决得了。

我现在提出一个似乎平常而其实根本的意思，听来不过常识，但要解决这个问题，却须从此起。这就是说，自由与组织并不是互相敌对的，个人与社会并不是根本不相容的：自由与组织，个人与社会，其实是相反相成的。这听着也没有什么。但是假使不是有人心里并不这样想，我也就用不着这样说了。

我的意思也并非只是说，没有个人没有社会；而且今日世界更没有没有社会的个人，换言之，就是在今日尤其是离开了社会也就没有个人。我的意思尤在说，在今日的世界上，没有自由就没有组织，而且没有组织也就没有自由。没有自由的组织是不会组织得坚固有力的；没有组织的自由也不会自由得充分圆满而尽致。自由与组织，如果缺一，其余一个，在今日世界上，不但必然空虚而不实，而且简直竟是不可能。今日世界需要自由，也要有组织。在好的社会里与其个人上，尤其既要有自由，也要有组织。而自由与组织则是相依相赖的，相反相成的，似相否定而其实是互相发展的。相反的相成总是好的。因此，自由进步，组织也进步，也就是人类最高理想的期望。

我愿由此更提出一个意思。这也许会使得有些人骇然了。有些人也许又要对我胡思乱想。但是真理所在，我不能不说。这就是说：与其说中国今日需要自由，无宁说中国今日更需要组织。这其实不过上项原则的一个一面应用。在今日世界，自由与组织既是相依为命的，中国今日既需要自由，当然也就需要组织。

大家莫诧异，且待我慢慢讲来。

要说明这个，先要弄清楚所谓自由的意义。

远的不说，至少从英国诗人密尔顿以来，人类讲自由，要求自由，号召自由，鼓吹自由，也有几百年的历史了。但是到了今日，仍然又在讲自由，要求自由，号召自由，鼓吹自由。但这一点儿也不能说是倒退，更算不得落伍。理由很简单，就是：直到今日为止，人类并未得到圆满的自由，人类所已得到的自由，实在还太少。有人对人的自由，有人对社会的自由，有人对自然界的自由。这些之中，有的不够，有的简直没有。而且有的地方甚至连起码的自由也还没有。自由之为理想，就令不是充足的理想，确是一种必要的理想，许多人都见到了。既然自由是一种理想，而又没有得到，那么又怎能禁得住人来争求呢？

虽然三百年前讲自由〔密尔顿有名的《阿勒奥巴格提加》（Areopagitica）——出版自由请愿词——正三百年前即一六四四在国会所发表〕，今日也讲自由，究竟对于自由的见解，所讲的自由范围，已经有所不同。虽然同讲自由，但自由与自由论，在这三百年间，却也是不断地发展的。现在世界大战，照一个意思说，本是为自由而战，就是为使人得到自由而战。现在全世界，至少一切民主国与一切有民主倾向的国度，尤其是英美，上上下下，左左右右，自美国总统罗斯福一九四一年一月六日致国会咨文中提出的四种自由（即：一，言论表示的自由；二，宗教礼拜的自由；三，不匮乏的自由；四，不恐惧的自由），以及以后副总统华莱士所阐扬；以及英国特别从一九四二〔年〕十二月以来以草成社会安全计划报告蜚声全世界的威廉·贝维里治爵士（Sir Wil-

liam Beveridge）以及新进化论家与社会理论家尤里安·赫胥黎博士
（Julian Huxley）所发挥，等等，对于自由，可以说已经有了一套大体
一致的见解。这种见解，就我所能看到的，当以英国国际政治理论家嘉
尔教授（E. H. Carr）在他一九四二〔年〕三月出的一本《和平之条件》
（Conditions of Peace. 伦敦麦克米伦书店出版。二四加二七九页。价十
二先令六便士）里所讲的，为最详尽，最透澈，最有条理。

据我所见，这套今日大体一致的新自由理论，其最重要处，至少可
以分为两项。第一项就是：除了政治自由以外，还要经济自由；没有经
济自由，则政治自由虽有也是空的。因此不匮乏的自由为今日人所最注
意。因此全部有业的问题为今日人所最注意，这也就是所谓"穷人不是
自由人"（罗斯福常引语）。第二项是在自由上分别消极积极两方面。在
这一层上，就我所知，就以嘉尔教授书中讲得最为斩截干脆。照他所引
的话说（页三〇），自由的消极看法，是"不要管我"（Let me alone）。
这是不够的，这是不行的，这只有养尊处优的人或"有"的人，即富有
的人，才可以说。至于别的人所要的自由乃是"给我个机会"（Give me
a Chance）。因此他说，"假使自由要恢复其意义，必须重界说为差不多
像'极大量社会与经济的机会'样的说法"。其实自由这两义，深一层
看来，也并非根本背反。解析到最后，自会见其相通。所以我在去（一
九四三）秋所写的一篇《民主原则》里已经说过："所谓自由并不只是
让人人随便，让人人解脱一切要不得的情事，就像贝维里治的五巨恶
（穷，病，愚，脏，闲），以及忧愁，危险，或如罗斯福所说的匮乏与恐
惧等等。而且更要给人人以机会，使得人人都能尽量地发展发挥其才其
力其业。——推到极处，两层本也并无二致"。

把这些自由的新说教应用到今日的中国，那就不能不先认识中国的
国情实况，那就不能不承认现在中国的政治经济以及政治经济所影响的
许多方面，比诸欧美一些国家，实在太落后了。因此在今日中国固然要
经济自由，也同样要政治自由；固然更要积极的自由，也不能不要消极
的自由，甚至起码的身体居住迁徙职业言论出版集会结社思想信仰学习
研究讲学的自由。现在讲自由，要讲到圆满，更不能不如我在《民主原
则》篇中所说的，要"人人自由"。因为要人人都得自由，当然不许有
压迫自由，侵略自由，掠夺自由，剥削自由，欺骗自由，以至赚钱自
由，传染自由，等等。

自由是民主的精髓。要实现民主，必须保障自由。这所谓保障的自

由，确乎不止消极的自由，而尤在于积极的自由，尤在于自由的机会。尤其就是我在《民主原则》中重重说道的"使得人人都能尽量地发展发挥发皇其才其力其业"，"使得一切人力都发展到，施展到可能的最高峰"，"使一切人所潜藏的才干可能都得到最圆满的发展实现——这就是今日所谓民主的根本精义之所在"。

民主自由的这个意思，我现在愿意更系统分析地综合条举如下。这就是：充分运用一切现代科学方法与工艺技术直接间接所造成的一切可能与机会，而一，把一切人或群己的才力都发展到最高处；二，把一切人已有的或已发展成的才力都使用到至尽处；三，使一切人对于他所属的团体或所担负的任务，都得尽其最大的可能，作其最善的努力，而使一切"止于至善"。这样解说的自由可以叫作发展的自由。这样的对于民主自由的解说乃才合于今日唯一的活的实在的进步的科学的人生观或人生理想，也就是我近年常说的遂生、大生、美生的人生观或人生理想。

关于民主自由的这个意思，英国有一位已故的麦道渥先生（Arthur Sydney McDowall，1877—1933）有过一本遗著《一个超脱的观察者：论文与札记》（A Detachel Observer：Essays and Sketches. 麦道渥夫人编辑。一九三四伦敦牛津大学出版部出版。一九加二八四页。价八先令六便士），其中曾说，"民主因为坚持一切人都应有把自己弄到最好处的机遇，在人类进步上实划了一个主要阶段"；又说，"自由在最后解析之下，不仅在没有束缚，而且在每人都有为人人的好处而发展的机会"。这与我所说简直若合符节。

当然这也不只是一二人的意思。苏联的民主正是在实践上向着这方面发展。而且在这地方，今日世界新思潮，与往日中国旧思想，竟也有点儿合了拍。中国显然从没行过民主政治。至于中国有没有过民主思想，民主精神，那就要看怎样解释。讲理性或讲情理，要商量，重恕道或忠恕之道，这都是民主的根本。但是像大家常常称道的"天视自我民视，天听自我民听"；"天聪明自我民聪明，天明畏自我民明威"；以至"民为贵，社稷次之"，虽然都有个民字，却只是接近民主思想，够不上说是民主思想（前四句可说是与民主相关的人本思想）。因为民主乃是严格的民为主；主权在民。不但"对人民"（To the People）一定不是民主，就是"为人民"（For the People）也够不上是民主。民主一定是"由人民"而且"尽人民"（By the People and from the People）。断章取义讲来，倒是书经号称伊尹作的咸有一德篇最后两句话大合乎今日的民主的意思。那就是说："无自广以狭人。匹夫匹妇不获自尽，民主罔与成厥功"。这大概是民主两字最初的联用，而恰恰也正是最新的意思。纵然原文所谓民主是指的民的主，而非指的民为主（以前威尔逊也讲过积极自由，说是圆满适应的意思）。

但是怎么样才能实现民主自由的这种发展的意思呢？怎么样才能使得男男女女人人都得自尽其才力共举其事功呢？这就牵连到组织上来了。我深信，没有组织或组织不好，是不能保障人人的自由的，尤其不能保障人人这种发展的自由，尤其是不能给人人以这种发展的自由的机会。组织不是束缚或阻碍自由的，组织正是或正应是保障或发展自由的。一个乱七八糟的社会必不会使得人人都自由。善良的组织一定：一、使其分子的才能都得到圆满的发展；二、使其分子的力量都得到充分的使用；三、一定更凡可以利用的力量（人与物）都不惮于利用。要作到这些，一层就是所谓知人善任，所谓"知人则哲，能官人"（书经皋陶谟）。也就是把人人都摆在他最适当的地位，使人人都作他最能作的事，而且也不惮于所谓楚才晋用，以至外举不避仇。善良的组织也就是善于动员的组织。这样的组织是怎样的呢？假使不嫌兜圈子的话，未尝不可以说，这样的组织就正是民主的组织；就正是天下为公的组织；就正是凡是天下的利器都不惮取而利用之，而且使利器日多日利，能利用之的人也日多日精的组织。这岂不正是今日中国之所最需？假使中国有这样的组织，中国问题简直可以再不成问题。

要作到这个，当然不易。你看中国哪个组织，哪种活动，已能作到这个？以人而论，要作这个，必须大量，必须达观，必须有理性，必须大智，大仁，大勇。不幸历来中国的文人以及今日的知识分子，顶多也只是善于自用，而不善于用人。但是善于组织的人一定就是善于用物用人的人。今日中国实在正需要多多有些这样的人。中国今日实在最最需要组织家。中国今日也需要大政治家，大军事家。可是大政治家，大军事家，其实也就是大组织家。只有大组织家乃能不闲置人力，乃能不糟蹋人才，乃能使人无废人，也物无废物，事无废事。

但要长期作到这个，实不在人，而在组织，在设计，在配合，在分工合作，在脚踏实地实事求是，在活而脉络相通，息息相关。也在有好的组织法，好的组织传统。因此，开创的大组织家应该作一个好榜样，养成一种好风习，打点下一个好传统的基础。治人是一时的，偶然的。

必有治法，乃能必治，乃能久治。

在人又怎能作到大组织家呢？一个必要条件，那就仍是必须有理性，必须有站在崇闳的感情上的理性，而天下为公。必须他重新采取一个观点，以民主为观点；重新采取一个立场，以国家民族或人民为立场。更要确认是他为人作事；而非他利用人为他作事。要实在，勿御人以口给，那自更不待重说。

（原载 1945 年 3 月 8 日《新华日报》）

民主与哲学
（1945 年 10 月 10 日）

民主与科学，这个题目，讲的人已经够多的了。但民主与哲学的关系似乎讲的人还太少。我现在就想来讲讲这个问题。

许多人都说，甚至相信，民主与科学是相需相因的，科学是随民主而来；没有一种的民主，科学就不会发达，反之，没有进步的科学，民主也一定不会真。而且有民主就有科学，远古的美索波达米亚就是一个例子。我也尝说，科学与民主是相辅而行的，如车的两支轮子，如鸟的一双翅膀。正是在天有同比翼鸟，在地好比连理枝。

至于民主与哲学的关系似乎没有这样密切。纵然可以说，没有一种哲学就没有民主；但却很难说，没有民主也就没有哲学。

自从这次欧战以来，英美已有建立一种民主的哲学的呼声，我更相信民主也要有一种哲学的基础，并且我还信我近年所怀抱的一种哲学，一种可以解决一切真正哲学问题的哲学，我所谓具体相对论的，正是一种民主哲学，也正是最可以为民主理论基础的哲学。

在苏联方面，哲学在反法西斯上的作用，更是在那里尽量发挥着。

一般言之，既然非不可说，没有一种哲学就没有民主。事实上，更大大可以说，没有某一种哲学，就没有某一种民主；没有某一种哲学就没有真民主。而且还可以说，有某种的民主，就有某种的哲学发挥起来。

这地方也可以看出哲学与科学的不同来，不同的一点就是哲学还非一，而科学则无异，但科学与民主，系固极密切，说哲学与民主没有关系，在今日显然是大大不然的。

且从一个小地方讲起。

且先拿逻辑来说。不管是把逻辑属于哲学还是不把逻辑属于哲学，总之，逻辑是与哲学最有关系而不可分的一门学问。逻辑，尤其型式逻辑，一向以反对它著称的苏联近来已极力予以重视。以为近年以前的缺乏逻辑，尤其，型式逻辑中的著作乃哲学工作上的一大问题。近来已开始这方面的工作，并已从事编纂一本教科书，认其必要为不可争议（详见苏联今日领袖哲学家苏联科学院院人米丁前冬所作"哲学在苏联的二十五年"报告。伦敦《哲学》季刊今年四月号里有节译。题目或作"二十五年间苏联国里的哲学科学"，也一样）。我可以说，假使今日相信民主的人，主张民主的人，而不懂得逻辑，而不重视逻辑，而不利用逻辑，那结果一定是不幸的，至少也将是不忠于其主张，不忠于其信念。

中国古人曾经注重过正名。这就是逻辑一部分的应有事。假使今日相信民主的人，主张民主的人，而不先正名，而不防止名字的滥用，而不杜塞自己信念主张的变成八股，变成滥调，变成口头禅，变成敲门砖，那结果一定是一个谎言，切实说，假使相信民主的人，主张民主的人，时至今日，还不就所谓民主具体切实想一想，还不具体揭出所谓民主的具体意义，还不把所谓民主推到它当然的逻辑结论，就是还不把它推到具体事实上去，那结果将一定是一个天大的哄骗。

因为内外的推迫，中国的民主运动，显而易见已经非由口说的阶段走上实行的阶段不可了。假使今日国内相信民主主张民主的人还见不及此；还不急切从事于此，那他不过随波逐流，以民主为时髦而已，以民主投机而已，一定不是透底了解民主的。

在中国怎样实行民主，这在世界今日一点也不是什么难问题。

要实行民主，必须有某些条件，这当然是不错的。但既讲条件，那就要看时势，顾局面。在什么时势之下，要什么条件；在一种局面之下，就要另一组条件。而且因果常是相互的，条件可以生条件。鸡可以生蛋，蛋可以生鸡。特别拿人民程度来说，人民程度高一点，固可以民主一点；但是民主一点，人民程度也就可以高一点。所以，条件论一定不能是绝对的。

若说到提早实现民主的具体办法，那就除所谓民主以外更要注意所谓提早，所谓具体。既说提早的具体办法，显然就是说救急的具体办法。如不是为救急，何必要提什么早？既要救急，当然更不能以平常条件来衡论。

民主的救急的实行的具体办法是什么，这在真正认识民主忠于民主的人，实在当下就是更是不费寻觅。

一般说来，要在中国实行民主，就大家已经见到说到的来说，不外三条路子。

第一条路就是：召集国民大会，制颁宪法，同时或先期实行地方自治。这在今日局势之下，显然有点儿缓不济急。因此，若要提早实行民主，势难循此迁缓之路。而且我早已说过，宪政应在宪法之前，以使宪法有事实的根据；不应宪政在宪法之后，幻想社会作机械的变革。今日许多人讲民主与科学的关系，那就应知，科学是注重尝试，试验，实验的；民主也是注重尝试，试验，实验的。实行民主也应从实验入手，完全圆满的民主绝非一蹴可及。

第二条路就是：要求先给人民以言论出版集会结社身体职业等自由，或者说先保障人民这种种权理（不是权利）。当然在民主政治之下，人民不能没有这种种自由或权理；人民没有这种种自由或权理的民主政治，当然只是一句笑话或"脓沁思"。这种种自由或权理，许可说是民主的先决条件，其实更可以说这种种自由或权理只是民主的一部分内容，一部分结果。尤其在今日，如果说必待这些自由或权理都实现了，然后方可以谈民主，那就要求者一方面说只是自欺，就给予者一方面说就是欺人。事实上，在今日那不但缓不济急，简直且是不可能。在理论上，自由与民主是不相离的；在事实上，自由与民主也应同时并有。在今日事实上，简直是必待有了民主，所谓人民的种种自由或权理，乃能具体，有着，而不落空。

第三条路是：真正救急的路，那就更有待于了解逻辑了。但是这条路在那儿，凡是认识民主忠于民主，更了解了逻辑，而不惮于推求思索的人，也就不难看得出。实在当下就是，更无待于旁求。在那儿？就在民主两个字上。相信民主主张民主的，当然不是相信的，主张的，两个字。可是试想想，所谓民主两个字是什么意思。最简单的解释，民主就是民为主。这个所谓民又以什么为范围？当然是指的全体人民（汉奸除外，可不待言），而非指的哪一部分。那么，在一个国家紧急的时候，全体人民作主又如何可能呢？全体人民的意思在政治上又应怎么表现呢？显而易见要以有组织的意思为代表。一个时候，在一个国家，对于国家大事，总不外几个意见。在一个国家紧急的时候，政治上必须全国一致。而所谓全国一致者，就是使全国不同的代表意见融洽为一体，使各个方面都得有所表现，都得为国家尽其所能，而都不因一己而抹杀其他。在一个国家危急存亡的时候，凡是有理性而负责的人也必无不能融异见为一体之理。这在政治上应该采取什么形式，尤其应该采取什么具体形式，凡是认识民主，忠于民主，又懂得逻辑，不惮根据逻辑把民主推出它当然的逻辑结论，推到具体事实上去的人，当都可以默契于衷，不言而喻。

假使今日已经民主了，还用着什么要求民主。假使今日没有民主，而要求立即实行民主，那么，于势于理，当然不免要于机构有所改变，要于人事有所更动，要于政策有所掉换，一言以蔽之，要于基础系统有所挪移革新。而这种变动改革，假使能由政府领导着来作，那当然比较最为顺便，最为稳妥。只是时不期待，机不可失，要作就要下大决心，就要赶快。

特别在国家对外作战的时候，也就是生死存亡之秋，军令政令的统一原是天经地义，任何人任何党派也不能否认。可是统一不能只具形式，更要有其内容；不能只是说说，更要见诸实际。统一如何才可能，统一的内容是什么？但就含义说来，那就是在政治机构上，在人事上，在政策上，一言以蔽之，就是在政治基础统系上，各种有组织的不同派别不同意见的全国一致与联合一体。作到这个也就作到统一；这是今日民主主张的当然的逻辑结论。

以上只说明了民主与哲学干部的逻辑的一种关系。至于民主与一般哲学的一般关系，什么是民主哲学，什么是民主的哲学，或民主的哲学基础是什么，只好更篇另说了。

（原载 1945 年 10 月 10 日《时事新报》）

政治思想

知识阶级
（1919 年 7 月 20 日）

    俄罗斯之有今日，首先在世界上树出新组织，他的社会中有思想有知识的人，实在有很大的功。现在一般中国人之无知识是不容讳言的。要想顺着世界大道——改造——走，自必也大有赖于此样人。知识阶级是什么呢？照俄人所自解的，他就是自觉的国民。不是单单认识文字、受过教育的，乃是批评的思索家，对于现代社会总是反抗的，所希望的是解放与革命，行其所信无他顾，牺牲一切唯急于救其国人，常有自由奔放、独立不羁的态度。他更有四种标识：一、有一定的社会团结；二、有继承性质、前仆后继；三、不晓得自己阶级；四、不分别社会阶级。此后二者，一个关系事业的，一个关系组织的，意思通是它与所谓士农工商治者被治者等等社会阶级没相干。所以这样子看起来，知识阶级实不应叫它一种阶级，大不同绅士阀，与有产者更相反，实类乎此士之所谓先觉。

（原载 1919 年 7 月 20 日《每周评论》第三十一号）

就来的三自由
（1920 年 1 月 4 日）

　　信仰自由、思想言论自由、集会结社自由，不论实现没实现，完全实现没完全实现，许多民主"国"总都把它们订入什么"宪法"了。

　　但是合理的自由：合乎自然的自由就止于此么？

　　吾以为除此以外，还有三种自由，更加重要。但令我们肯去找它们，它们就会来。自由总是我们的好朋友；我们不要它的时候，它也有时会来；但是我们去找它，关系乃觉亲切。我们要找的三自由是什么？第一，就是教育自由。第二，工作自由。第三，男女关系自由。

　　教育自由是人人得自由受教育，概无限制。自幼稚园以至大学院，概不收费。完全破除现在的考试制度。考试制度是产生生理上、心理上种种恶病的；是与我们的理想最不相宜的。于教育事件上，这种制度在应最先破除之列。教育是改造观念的主要方法。改造观念是改造世界的下手处。所以我们对于教育不可不注意。布尔什维克对于教育非常注重，对于儿童非常尊敬；这点精神，便是他们能够长久之兆。但是我们若要改造教育第一便要人人有受教育的自由。教育自由是人欲发展天才培养能力所必须。教育自由是使个个人都得圆满发展的路。欲造一个十分健壮无一点病的世界必由于此。

　　工作自由是不问人做工不做工，但有工作的志愿（这个条件，其实也不必需），都不得缺他的衣食居，就是人人得有他必需的生活资，如同吸空气或在乡下饮水一样。工作是一件事，生活资是又一件事。我们工作应当为工作而工作不可为金钱而工作。工作与金钱是不同品的，是无共同的单位的。若问这个工作值多少钱？便是无理的话；那便一钱不为少万钱不算多，因为它俩本来不可并比。但是欲使人人都为工作而工作便非工作自由不可。就是，工作自由是使人真高兴工作，使人真有工作的趣味、美感与精神，使人工作真实的工作，做出真有价值的工作品，必不缺的条件。这就是结果而言，至于当事而论，工作自由之下，工作什么，工作的好坏，当然是提不到的。谁能说一个工作不必需？谁能断一个工作结果要不得？惟自己能知自己的工作必需不必需。惟自己能断自己的工作结果要得要不得。那么，工作什么，怎样工作，又怎可不也是自由的？现在人喜说劳工神圣，工作听人命，哪里来的劳工神圣？若要劳工神圣，也必须工作自由（"劳工神圣"自身对不对，是不是扭捏的话，是另一问题）。这个自由也可叫作保身的衣食的自由，或更简叫保养身体的自由。照此例，教育自由便也可叫享受心神的粮食的自由，或更简叫培养心神的自由。

男女关系自由，根本就是要把结果比卖淫还坏，"常常是除了更难逃脱外，与卖淫难得分别"（如罗素说）的一种制度打破。废掉男女的有意分别而扩张之，这个自由便是人间关系的自由。人间关系是要表里如一的。人间关系只有根于互相的自由的才有价值。人间关系要只以情感为绾结；情感已绝，便无值得保存之物存留。情感是要自由的，是不得勉强的，所以人间关系也必要自由。又因情感是要自由的，人以他成关系，人生乃能无不自由，而人爱情中一切创造性的东西也可得越发自由发展之地。我们要使人有关系的自由，根本固为破除那种受买卖主义最坏的影响的最难脱离的卖淫制度——嫁娶，——也就是为的交际自由，离合自由、爱情解放——与爱情以机会等等；总而言之，就是扯碎圈套，毁掉把人分隔的东西，达到圆满自然，人人都是好相识，相视而笑莫逆于心的，美的状态。男女关系的自由也可说就是为发展本能的爱好，发展两个赤子在一起可以有的情操，以达于精神之爱，以达于高阔纯洁，深邃闲寂，恳至殷切，长久永恒，与无穷相联结的爱，爱情尊敬相缔合，本能精神共愉快：人人互相尊敬其生活之精神，成群侣而于个人自由无挂碍，得本能之联合而于心和精神之生不凌害。这些事都是优游自然的世界，发达最好的冲动的世界，必需的要质。为此这个关系自由也可叫做一种本能、思想、精神、发展调和的自由；或简叫发展且高尚本能的自由。

这些个自由也要保障么？

不必不必。不但不必，并且不可。

凡是真正的自由，自然的自由都是不要保障的。有保障时候的自由，必定不稳。

有的人对于这三种自由曾不能无疑。以为废去考试，学生便要不用功；工作自由，人可以全不做工；男女关系自由，会至于淫乱。这纯是推旧的弊于新的理想，犯了只恐怕而不希望的毛病，自己先表出得为恶时便为恶并猜虞人为恶的意思，深中了习于锢蔽，习于束缚，只认得习惯，不认得创造的毒。就今我们也信难得一种制度有十利无一弊。但是两害相权取其轻，两利相权取其重。比较两个制度总要拿它们究竟的纯利来比较。疑者试把现状与我们的理想（其实可算对于自然的发见），从逻辑的、心理的（历史的），两种本源上，细细循察一下子，细细地解析一番，并设身处地地体验一番，总可由自己发出个谁善谁恶来。

上面说的自由是三种，但是更主脑的自由数目还简单，我们时时在心的中心自由其实不过一个。一个是哪个？一个便是自由去创造！

放创造性自由（Freedom of Creation, Liberation of Creativeness, 即 Liberalism of Creativeness）必有创造的自由，乃有创造的愉快，创造的欢乐（Joy of Creation, Delight of Creation）；无上无穷的愉快欢乐。

（原载 1920 年 1 月 4 日《北京大学学生周刊》第一号）

打破现状　才有进步
（1920 年 9 月 19 日）

人不论作什么，若以现状为足（就是心想照现在的样子就够了），必不会有进步。

但若虽不满于现状，却拿他当天命，当定数，以为是没有法子办的，是无可如何的，忍一辈子算了事，绝不肯自己弄个法子把他改变，另造一个新的世界——照这样子也是必没有进步的。

大家要晓得，人的社会本是由人作成的。人本要他怎么样，他就可以怎么样。所怕的只是大家不肯去想，不肯去做。常言道，"天下无难事，只怕有心人"。大家如果肯去想，能够想出一个比现在好的世界来，更奋力以创造之，他没有不发见的。

吾这个话，对于农工劳动，尤其是对的。为什么呢？人生在世，必缺不了衣食与居住。但是若不种田纺棉，那里来得衣食？若不盖房筑屋，人向那里住居？种田纺棉盖房筑室的是什么人？不是农工劳动么？那个财主花百十万银盖的高楼大厦少了瓦匠能成功？那个赛过邓通的阔老缺了胼手胝足的农夫不饿死？人的世界实在由农工养活着。吾刚才说的衣食居住，不过举几个大端，此外细看看那一样好的，必须的事情，没有劳动能存在？（学问艺术劳心居多）人的世界一天没劳动，一天就会消灭。既然如此，当然劳动愿意人世怎么样，就应怎么样。

（原载 1920 年 9 月 19 日《劳动界》第六册）

英法共产党
——中国改造
（1921 年 7 月 1 日）

独秀先生：

　　（前略）新近伦敦有一个劳动出版公司，所出有一种通俗的小丛书，其中有一本名《共产主义》，听说很好，是保罗夫妇（Eden&Cedan Paul，这两人很不错，很著作翻译了些书，都是英国共产党党员）所作。（中略）留法勤工俭学的学生中相信马克思的很有，但未必真懂得、真感着非革命不可，真肯以生命来换。许多人说马克思主义是一种宗教，其实在最细微的地方，没有点迷信，什么事也作不成。人不可以"太"明白了。吾又感着人非到被社会逼得走投无路非反攻不可的时候，也作不出什么事业来。法国的共产党是由旧有的社会党变成的。去年十二月法国社会党在都尔会议，提议加入第三世界工人会即国际共产党（The Communist International），经大多数通过（共有十二万人）。于是此党名称仍叫"社会党"（但注为 S. F. I. C 即共产主义的世界工人会法兰西部），实际上已成共产党了。不赞成的右中两派少数人（共五万）出党，另组一社会党，称为劳动世界工人会法兰西部（S. P. I.O），自以为社会党正宗，彼此攻击甚烈。法国共产党因袭旧来的底子，党费甚富；机关报：日刊有五种（均直标名为共产党报，其中以 L'Humanite 最著名，销行最广）。月刊周刊有四十余种。但虽如此，势力仍远敌不过国民总会（Bloc National 即政府党）。惟与英国共产党（此党之基本原叫不列颠社会党）比要算好多了。英国共产党新近因译刊共产世界工人会第二次会议议决的案文，被政府搜查一空，捕去两个重要党员。在法国的出版物便自由多了。英党的机关报，只有一个周刊，从五月起加了一个月刊（The Communist Review）。此外英文共产主义的杂志有 The Worker's Drandnought（周刊，Miss Pankhurst 所主持），及 The

Plebs（月刊，Plebs League 的机关报，主张独立的劳动教育的）等算最好的。法党最重要的人物为 M. Cachin 及 Frossard。法党最引重的有三个很有名的文学家，即 Anatole France（安那佛郎西），Henri Borbusse（巴比斯），Séverine（塞威利娜女士）。佛郎西七十多岁了（生于一八八四）称世界生存的最大的文学家而加入此党。巴比斯倡光明（Clarté）运动，很有势力。他的光明团与其机关报《光明》（周刊一张）都是信共产主义的。英党最重的人物为 Mc Manus（马克马那），有人说他为英国唯一的信流血革命的。（中略）法国的新心理学自成一派，以耶讷（Pierse Janet）为领袖，此派也因精神病的研究而成立，说与傅洛德之"心解"相近而不同。吾所以想研究心理学，一方因其对于哲学的关系；一方也因其为解决社会问题所必须。现在百人中至少有九十九个是精神病患者，人心不改造，社会自无希望。法国图书馆里英文书少的利害。世界第一的巴黎国立图书馆（Bibliothéque Nationale）里，英文新书简直不备，新杂志亦寥若晨星。法国图书馆很像中国旧日的藏书楼，陈腐得很；别的机关现在用女子很多，图书馆则无，多用些很疲倦样子的老头子。（中略）巴黎没有别的好处，只有一个美。美之表现为雕刻绘画与大的公共建筑物（如博物院，大学，全灵堂等；若寻常的楼房只有与人卫生不宜，更说不到美）。吾到法后，感着欧洲一时是无望的。生于东方的人，不能不仍希望东方。最好的希望是中俄之联合。中国如能整顿好了，是同美国一样可以无仰给于外的。吾现在最简单的所信是：本世界见地改造各个地方：不要为一地方好而改造那个地方，要为世界好而改造各个地方。就令一切地方各单独像是好了，世界全个仍可以不好；世界全个不好，各个地方其实不能好。吾觉着中国改造的程叙应是：革命，开明专制（美其名曰劳农专政——以今日中国之一般知识阶级而言代议政治，讲选举，纯粹是欺人之谈。政治上事切忌客气。政治尤不可专模仿人。世界趋势固要晓得，但勉随趋势而忘了自己实况，必无好结果。能认事实是列宁一大长处），实行极端的强迫教育，以岁入之半办教育，其次重要的为改良农业，整理森林河渠，兴发工业交通，尤以旧有的工业为要。这种话在现在只算是一个梦，但与普通的梦一样，却有应了的希望。（中略）现代西洋哲学家最懂得科学方法最能用他的，要数罗素第一，杜威也知重之，便差远了。柏格森口口声声说他哲学怎样与科学有关，其实纯是欺人之谈，现在人已渐渐晓得了（新近 New Republic 周刊有一篇文说此，很好）。柏格森现在法国是后古派的健将，他又对于天主教要人说他的学说与天主教义相近，此很像倭铿（Eucken）是宗教思想的大代表。他两个同是西洋近代思想界的反动派（柏格森哲学可说是孔德以前的哲学，与法人重理性的心习是不相合的）。中国再不可找这两个人去讲演，以中国人好空悬笼统的脑筋，岂可再经他们直觉不要解析的虚无飘渺的古老方法之薰染？（后略）

张崧年寄于巴黎　六月十二日

（原载 1921 年 7 月 1 日《新青年》第九卷第三号）

各地劳动运动现状
（1921 年 11 月 10、12、13、15、16、17 日）

引　言

　　劳动运动是现在世界最有力量的运动。知其重要不可不明其趋势。是为本文之旨。

　　现代劳动运动，在发达点的地方，都分三路进行。一、政治上的运动；二、工业上的运动；三、协作运动。本文因此对于运动发达的国度，多分三节叙述。

　　社会主义已成为不可侮的怪物，其实社会主义运动也可算劳动运动之一部分，工党或劳动党与社会党便是政治上的劳动运动的组织。社会主义是想解劳动之轭的，更切实言之，便是要使劳动居其应当居的地位。劳动运动的归趋，就在实现社会主义制，社会主义运动最靠得住的战斗员，又就是劳动阶级。以此之故，社会主义运动也是在本文范围之中。

　　说社会主义，共产主义便也含在里边。联合世界有思想的知识界人的光明运动乏主脑人物巴比斯（H. Barbuse）君新近说的好，"共产主义并不是社会主义之一方面，乃是他真实的精华，乃是他从来未有的适足的表示。"主张社会主义而不主张共产主义只是不要精华罢了。

　　叙说劳动运动的意思，即是要看他的趋势。这个趋势表现最显著的，俄罗斯不用说，除俄以外，便要数法国了。现在就从法说起。

（一）法兰西

　　一八七一年三月巴黎"公明"政府（Commune 即市政府之义）成

立，实为劳动革命，无产阶级专政成功之第一次。公明政府失败以后，旧政府对于平民施非常之重压。法国近世劳动运动乃始于此重压渐弛之后。初期法国的社会主义本与全世界的劳动有莫大之关系。特本篇以记述近况为主，初期运动虽属特要，不能不另篇详述。

1. 政治上的劳动运动。大战以前之情形。——公明政府以后三十年内，法国的社会主义运动分裂为许多小团。其中最重要的为盖德（Yuescle）所领袖的马克斯派，与机会主义的独立派。此末一派若在今日应叫什么"进步派"，当时他的重要领袖为米勒兰（Millerand 法现总统）、布利昂（Briand 现国务总理）、卫王尼（Vipiaui）及柔来士（Iean Iaures 法国近代社会运动最重要的人物。欧战之初被所谓爱国者刺死，生于一八五九年，农家子）。一千八百九十年总选举第一次有四十个属于各派的社会主义者选为代议士（众议员），从此以后，各派携手计划渐渐进行。一千八百九十六年有所谓圣芒德（Saint Mande 地名）约，携手计划乃正式成功。但这个所得的统一非特范围很狭，为期并且很短。一千八百九十八年前后有一个闹得不得了的德来符事件〔因一个名德来符（Dreybus）的共和党犹太族军官被诬而起的〕，社会运动的统一也因而破裂。一派，柔来士领之，主张加入"共和联合党"共力反抗军国主义、教徒主义，与复古运动（即借德来符被罪事谋推反共和的），承认党员米勒兰之入阁（一八九九）。又一派，盖德与桑巴（Sembat）领之，不承认米勒兰之入阁，并退出共和联合党。此辩彼驳，久不可解。直到一千九百零四年米勒兰被逐出党。同年举行于阿姆斯特丹（荷兰京城）的国际社会党会议又决定米勒兰政策之非，并呼求法国社会党的统一，争议乃息。由这个基础，"统一社会党"遂于一九〇六年组织成功。藉柔来士之妙手，团结不散直至战时。一九〇六年布利昂与卫王尼因不忠于党（背党入阁）也被逐出党。

该党的发长可由历次选举数目的增加看出：

	选举票数	当选代议士
一九〇六年	八七七九九九	54
一九一〇年	一一〇六〇四七	76
一九一四年	一三七九八六〇	102

但战争以前党员实数从未多过十万。一九一二年的数目为八万三千三百五十八。

战时的情形。——战争将发动柔来士忽而被害（一九一四年七月三十一日），这一害，关系至要，竟令法国社会党人再找不出公认的头脑。社会党也随人呐喊国防的呐喊，也加入各党的联合，什么所谓"神圣联合"。盖德与桑巴前本是最反对社会党员入阁的，现在自己也入了阁。不久都玛（Alper Thomas）也随之。但虽大势如此，反对战争的少数派并非没有，实在自始便有，此于一九一五年八月在齐门洼（Fimmer Wala）开的社会党国际会议已自表现出来。出席此会的有麦来谟（Merrheim）、楼留（Loriof）、布利宗（Briyon）等等。极端反战派虽不算大，但反对社会党与政府分一杯羹的少数党却是发长很快。一九一六年盖德与桑巴与内阁脱离关系，只一个都玛仍留不去。于是成了三个主要团体：一、可叫作齐门洼派或坎达派（Kienthal 一九一六年四月反战的社会党团体开第二次会议于此）的一小派，主张一种革命的反战政策，后来发展成共产派。二、少数派或叫在中派，以龙格（Longueq）为头目，主张社会党独立行动。三、多数派，都玛与赫欧代尔（Reuandel）领之，主张与政府合伙。一九一七年之际，又在迦善（Marcel Gachiu）之下发展出一个中央派，想着把党仍团结在一起，结局乃不用分裂而转了他的方向。但少数多数两派之争非常激烈，久而不决，此事大半是由多数派把被德占据的各省无从问其何从的投票都揽归自己所致。少数派乃渐渐胜利，在一九一六年十二月时两派票数之比已经是一五三七与一四〇七。到了一九一八年，七月全国评议会里，少数派遂以一五四四票对一一七二票由少数变成多数，十月在全国会议更以一五二八票对一二一二票而确定。

战后。——从一九一八年到一九二〇年龙格可算法国社会党实际的领袖，赫欧代尔的老"多数派"已退于无关要要之地。以前的齐门洼派，现在成了共产主义派，一九一九年时成为"第三国际党的委员会"，仍然还是少数，全社会党员的数目一九一九年终，升到十五万，一九二〇年终，到了二十万。一九一九年十一月总选举时受了一个不得与他党携手的计划。实际一切别的党都联在一个什么"全国联合党"以与社会党人抗。然而社会党的票数乃比一九一四年的数目增加了三十多万，增到一百七十万。换言之，便是由原来占总投票数六分之一增加到占了四分之一。可是票数虽是这样增加了，不当克雷蒙叟政府为这个时会特别计划了一种特别"比例代表"制，遂把社会党的代表由一百零一跌到六十五。

共产主义与第三国际党此时已成法国社会主义里的主宰问题。战争以来成群成伙新来的党员大半都是持革命见解的。一九二〇年三月全国社会党会议于什德拉斯堡（Strassbourg）以四三三〇票对三三七票决定退出第二国际党，但龙格与赫欧代尔乃联合其力反对第三国际党，提议召集一个左派的国际会议，并邀第三国际党谈判，以商"国际党之改造"。这个提议以三〇三一票对主张立刻加入第三国际党的一六二一票通过。这个当儿为"第三国际党的委员会"已很结实的得了根据。所谓改造会议久不能实行。待至实行，时候已太晚了。一九二〇年夏赴俄的代表为《人类》报（Humanity）的总编辑迦善及党里的总书记伏楼萨（Frossarc），回来都已投了第三国际党。趋势如此，终极的结果，已经无再置疑之余地。可是加入第三国际党有著名的二十一条件，其中又明白提出驱逐龙格（第七条，言共产——即第三国际党——不能容受意大利的都拉堤、美国的西尔格、法国的龙格、英国的马当那等等自认为改良主义者为党员）。对于这个，又起了一个暴烈之战。结局，一九二〇年十二月底的都尔（Tours）会议，乃以三二〇八票对赞成龙格的动议、主张保留着加入的一〇二二票决议加入第三国际党。在法国不可数的政党中唯一有组织有训练的"法国社会党"由此遂进而成了"法国共产党"〔形式上初时仍叫社会党，但注为"共产国际党法兰西支部"（S. F. I. C）现在已直叫共产党〕。龙格与赫欧代尔手下的少数人脱离出去，仍继续算他的法国"社会党"。

现在的组织。——一、"法国共产党"今有党员约十二万人（此是今年三月底党中的报告，最近巴比斯君谓，"法国自认自觉的共产主义者共十五万，即二百五十法人有一共产主义者"）。众议院中有十三该党代议士。现在的总书记是伏楼萨，国际书记是楼留。执行委员会中有迦善（"人类"报经理议员）、拉波波（Rapoport "共产主义评论"编辑）、苏瓦林（Souvarine）、韦郎孤居烈（Vajllant Couvrie）等。党员中最著名人物有现世最大文学家，安即头法兰西（Anatale France）与光明团领袖巴比斯。国际团书记是雷为（Levy）。首要机关报即《人类》报（L'Humanite）。此报为柔来士所创，很有名声。原标为《社会党报》，自今年四月初八改标《共产党报》。同日又出《共产党晚报》名《国际》（Lrltt Nationoale）与之相辅。主要杂志有周刊《共产主义报告》（Bulletin Communisme）、月刊《共产主义评论》（Revue Commu munitte）。此外尚有日报三种，周刊四十余种。又周刊《共产党报章报告》（Bulletin de Px Le Communisme）供党内中央与各地方机关传达消息的互相联络，求宣传一致之用。

二、"法国社会党"合前之中派右派而成，约有党员五万人。在众议院中有代议士五十一名。主要领袖为龙格，浮尔（Paul Fauar）与赫欧代尔。浮尔为党的书记。国会团书记为布虑谟（Leon Beum）。机关报叫作《平民》（Lccoopula），龙格与赫欧代尔合编辑之。这个党之名为在社会党渐渐差不多要用法国一派保守党人自称"彻底派"（Rapic Aux）或社会党一样了。

2. 工业上的劳动运动。

法国的工团。——法国的"工团"（Syndicat）与英国的"工联"（Trade Union）其实没甚分别。今但从习没分。有时也就混之。直到一八八四年，实际上，才受所谓法律的承认。一七七八年，法国第一次的大革命，不但把旧日的行会业合统统压闭，并且以一七九一年所定的那个很著名的洛沙白里律（Loi Lechapelir），把凡以工钱糊口的人结合，都拿苛刑禁止。这个法律与以后各处种种反对结合的法律，后来都订入一八一〇年的刑典。一八四八年的大屠杀把劳动阶级运动的一点萌芽又尽摧残。一八六四年以来，拿破仑三世曾想行一种宽政，鼓励劳动阶级的组织，以图保其帝位。所以彼时（十九世纪第六个十年时）第一国际党能培植把工团当社会主义的解脱运动之具的概念。但后一八七〇年的战争（普法之战）及公明政府之失败，又弄成暴烈的压迫，成千成万的工人不杀则流放。法国的劳动运动，可见曾经多少次的挫折。现代的运动实以一八八四年通过洼代克卢骚（Waleck Raunean）所最有功的，认工团为合法之案始。

劳动总会之成立。——公明政府以后，长起来的许多工团，又以种种社会主义与无政府主义的团体，争为之主宰，互相抗衡，势力很削弱。后来乃发展出两个相敌的普及全国的组织。一个是"全国工团联合会"，一八八六年成立，落于盖德派的掌握中，只供其为选举之机抓票之器，毫无真实工团性的组织，在工业上初无重要。与此相对的，有一八九二年出生的"劳动公所联合会"（Federaitnpea Bourses du Nvail），在白露杰（Pelloutier 1863—1901）富于组织能力的天才之下，不久便发达成一个有实在力量的团体。〔按：劳动公所（Bousear du Trauail）第一个以一八八七年开幕于巴黎。原来只是劳动市场，为劳动找工的地方，兼作一地方各工团的社交中心。初时多为市政府或借其助而成立，通常都受其津贴。但不久便舍促进"社会的太平"而成工团的坚堡，见

出自己与有司是不相容的。〕

因受政府的敌视（一八七三年巴黎劳动公所被政府封闭），工团们乃渐觉统一之要需。一八九四年有"全国评议会"之成立为统一尝试之第一次，但这个看出是不中用的。次年，两联合会一八九四年联席会议时，在总罢工问题下占多数的工团们乃联合成立"劳动总会"（Coadeli-ation Geuerale du Trauail 简称 C. G. T）。总会的目的，照宣言，是"联合劳动者们于为得其整个解脱的竞争中"；排除政治（会员须在一切政派之外），而采取总罢工之计划（此最为法国工团运动特色。法国工团自始就是革命性质的，不求增工价减工时，改良一时的生活状态，而求全经济制度之改变。自始就怀疑议会行动而依凭经济方法，主张直接行动）。但总会成立，工团联合会虽已自消，劳动公所联合会，却未解散，仍继续进行其宣传与组织的事业，直到一九〇二那年乃终于自没于C. G. T 内总会的名字，行公所联合会的精神。C. G. T 也从此力量才著。

工团主义之学说。——对于劳动阶级的理想与行动成立一个完全的学说，即后来通称为工团主义的，第一步乃白露杰与其劳动公所联合会的同事们之功。他们成立这个学说的起点，也就是认废除工资制度与把生产器具社会化之必要的那个社会主义者或共产主义者的普通见地，其思想之创辟处不在此起点，乃在用以成功革命的方法，社会管辖要取的形式。白露杰从一个原理着手，那个原理即谓新社会的各种制度法则只由劳动阶级建设，必须并与劳动阶级的需要与经验相应。他相信劳动公所是这种制度的基础。劳动公所纯粹是平民（无产阶级）性的；一地方有组织的工人全体都团聚于此。革命一旦成功，劳动公所应成由工团组织生产的中心点。应有一个双重的联合遍布全城，即一面以地联合，又一面以业联合（现在 C. G. T 便是如此）。由此，资本家社会的各种制度，经济上的与政治上的，应都为平民创造的各种制度所代，而工业自治之理想实现，这个理想应只以直接的工业行动达之。政治的机械自然不能转移社会品制〔为这个理由，始终拒绝与社会党携手，一九〇六年的阿绵（Omiens）会议遂确实舍弃携手的计划〕。国乃罢本阶级的组织。所谓"民主主义"、"社会改良"、"爱国心"都是迷惑工人的幻想。因为这个原故，工人们必须预备着总罢工，以地方的部分冲突自己训练，以备对资本制度施大攻击之日。

后来的修改。——上边这个社会哲理，在法国的工团运动中，永远居一个主要的地位。劳动总会（C. G. T）素来为其所主宰，直到战时，情形乃变。便在今日，有所宣传，仍以此为纲领。不过圆满承认他的，就在劳动总会的会员中，却也不过有自觉的少数人（此数，就他们自己所算，战前从未过五十万）。在 C. G. T，革命的感情也总是陡起陡落。改良派与革命派的冲突久已接连不断。就在战前，改良派已渐渐很显著的得了地盘。一九○四年，在布尔日（Bourges）举行的常年会议，对于赞成委员会议案的八百十二票，改良派的动议已得了三百六十一票。一九○八年，马赛（Merselicl）会议，委员会极端反对军国主义，反对爱国主义的动议仅以六百八十一票对四百二十一票通过。一九○九年，一个改良派人，名民勒（Nil）的，被选为短时的书记。继他的书记名茹欧（Souhaux），虽以为革命派人被选，但也表示出决意排拒革命性质的危险运动。

战争以来，C. G. T 主义，整个经了修改。现在作反对派的已是革命派了。法国工业与工团的组织都是地方性的。组织的范围只盖括少数实行的工人。在这两方面，后来情势都已改变。因大计划的资本主义日益发长，工团的范围也随而扩大，及于全国。同时又以战争以来，会员之如涌而至。一次（一九二○年之初）几乎增加到二百万。因此，以连动性质与他国之工联运动，遂愈益相同。战略上的趋势已趋于小心而缓和。自从一九二○年不幸的铁路罢工以后，此势特显。学说上的趋势已趋于新的试验；扩大把社会的迁变当一个进化的过程的概念，并使消费者与"公众"得表示其意见。学说上趋势便以这上的新试验为止归。

战时战后情形。——由上可见，战争在法国工联运动上的影响恰与在其社会主义运动上的影响相反。但近来又当危机。方战争之至，C. G. T 立舍其旧日的反军国主义而采全国一致之原理，与政府联合从事经济上的事宜。此时已经在金属工（最强的工联之一）里发生一少数派，由来麦谟领之，并得木工等的赞助。但当一九一八年八月在巴黎举行开战后的第一次常年会议时，茹欧（麦来谟彼时已与他合）仍以九百九十八票对二百五十票保住他的地位。战争之后，C. G. T 的人数非常增加，此很足助之改变其性质。专门职业工人与局所吏员之组织，为战后时期之一特性，法国也与他国同有，因此遂成立一劳动经济评议会代表一切派别的出产者与消息者（详下）。此会议之成立已是 C. G. T 近年积极方面的主要成就了。

C. G. T 里的多数少数两派之分已渐渐的增加利害。牟纳德

（Monatte）、投玛西（Tommasi）等人所领导的少数派，责现在的领袖人物把革命的工团主义之原理都已舍弃。但一九一九年九月的里昂（Lyon）会议，茹欧仍得以一三九三对五八六的信任投票。一九二〇年春，左派得管辖铁路工人联合会，五月初一宣布全国罢工。总会虽抱怨不来商询，仍以宣布总罢工应之。无奈全运动终于大败，弄成 C. G. T 自创始以来所受最重大的损失。政府却得陇望蜀，逐利不休，以 C. G. T 出了一八八四年律所许经济职分以外为辞，提起公诉，一九二〇年十二月法庭遂下解散之令（把戏）。于时 C. G. T 内部之争，也日烈一日。奥兰（Orleans）会议（一九二〇年九月）以一四七九对六〇二票把左派加入第三国际党（其实应只说莫斯科工联国际党）的提议打消。会议后左派便将其"革命派工团委员会"（Cuomite Syndicite Revolutionnaire 简称 CSR）宣言成立（会议前已决定设置），加入莫斯科工联国际党〔现在通称"赤工联国际党"（Internationale Syadicale Rouge Red Tvaed Union Matevnational）。此新组织始于去夏，今年七月初一起在莫斯科举行开幕会议。此组织之于共产国际党就同法国的 CSR 与法国共产党，要同样重视〕而活动于 C. G. T 中。C. G. T 内当局分子乃提议驱逐共产主义的团体（即加入 CSR 的工团）以为报复。因此更不相容。应在今年九月开于里尔（Lille）的总会议（第十六次）乃提前于七月末举行，以定方向，清空气。会议结果，执行部报告以一五五六对一三四八票通过。主张继续加盟阿姆斯特丹的国际工联联合会（所谓"黄工联国际党"）的政策决议以一五七二票对革命派主张加入"赤工联国际党"的一三二七票通过。分裂虽未至于，但此情形，很难保得长久。很容易看出的是革命派（CSR）力量已非常增加，且方加未已。此乃法国工团运动最近最可注意的趋势。

现在的组织。——一、劳动总会。组织基础是二元的，反照他二元的来源。一方是以手艺或工业组织的许多全国联合会（一九〇六年决定以后只承认工业联合会）；一方是许多省联（以前本是劳动公所，一九一四年以来以省联合代替之）。即各地工团一面以业组织全国联合会，属于总会。每年全国会议以"工团"之代表为基础。此所谓"工团"是地方工联的意思。全国联合会与劳动公所都以此为单位。"工团"代表的制度是每团一票，不论大小。总会委员会（即执行机关）也以联合会与省联合为基础，每组织有一票。会员名数据报告，是一百五十万（一九二〇年十二月），但据非正式的报告，远低此数。现任总书记为茹欧。

机关报有日刊《民众》（Le Peuple），周刊《工室》（La Telier），月刊《民众之声》（La Voix du Peuple）。其中左派，即革命工团委员会，有周刊机关报《工人生活》（La Vd Ouvjerer）。

二、劳动经济评议会（Conseil Economip uedu Travail）。按照一九一九年劳动总会的里昂会议而设。第一次会议于一九二〇年正月举行，其组织是劳动总会，工业上专门技术工人联合会，全国协社联合会，全国公务雇用员联合会，各出会员三人，合组而成。目的在筹备以社会为基础的工业管辖方案。其下设有九分部经理：1. 运输与机力；2. 国民经济；3. 工业出产与原料；4. 农业；5. 财政与信用；6. 社会管理；7. 普通与专门教育；8. 商务与分配；9. 被毁区域。一种"工业化的国有"计划已经提出。此计划在矿与铁路上的应用已详细拟就。系以出产者、消费者与国三方的代表之三联管辖为基础。

3. 协社运动。

法国协社运动素来分为两派。一派社会主义的，一派非社会主义的。一八八五年惹德（Gide）等所立"协社联合"（Union Cooperative）是一个中立团体，一八九三年成立的"社会主义协社公所"（Bourge dese Cooperative Sociolites）是社会主义的。两团体都奉洛池代尔（Rosbolale 英伦城名。常说协作运动以一八四三年十一月开始于此地二十八个织粗布的工人。其实他们的大功在为这个运动立一个商业基础）的协作原理。但协社公所，在理论上，很主张协作在阶级战争上作一个利器的职能。一九一二年，此两相敌的联合会乃约合一起，成立"消费协社全国联合会"（Federation Nationale des Cooperative de Consommation）。自此以后，协社运动发展很快。一九一三年两趸卖社合并成一趸卖店（Magasin de Gros）。一九一九年十月新联合会第六次常年会议时，代表出席的有二千零三十六个协社，三十八个地方联合会，十二个出产协社。书记报告自一九一四年来会员已增三倍，现在包括一百万户，营业总额达十万万佛郎。

（原载 1921 年 11 月 10、12、13、15、16、17 日北京《晨报》，署名张崧年）

英国共产党与劳动党
（1922 年 3 月 1 日）

这几天有一件很可注意的事：英国共产党已并入劳动党（Labor Party 右中）了。

这种举动凡自命高洁的人，无不骂他们。然而他们竟作了。他们竟肯听莫斯科第三国际共产党的命令作了。其实什么是高洁？高洁不过是不切实，不过是与实际生活隔离。绅士派秀才气，Ladyship 身都是贵公子超尘不凡，如是而已，如是而已。人人都讲高洁，谁与浑身煤黑的人握手？人人都讲高洁，谁去掘煤掏屎？人人都讲高洁，谁作产婆收生？人人都讲高洁，谁向民间去，谁与群众合伙？又哪是民间？又谁是群众？又谁对盗贼娼妓一洒同情之泪？

不但要想作先觉，更要作先锋，更要作先驱。什么是？就是踏险的马前卒。

赤寄自巴黎

（原载 1922 年 3 月 1 日《先驱》第三期）

国际党的派别
（1922 年 3 月 1 日）

现在的国际党只有"第三"有力量。"第二"可说只有英国劳动党维持着。"二半"里的大党也只有德法的社会党。这两个半死不活的国际党都无多大活动能力；去夏曾谋合并也未成功。新近又发生了一个第四国际，"二半"以前也曾被叫为"第四"，是德国共产劳动党（极左派）因被逐于"第三"而发起的。英国班克赫特女士派属之。现在英国政治上的劳动组织，独立劳动党已成极左派。班克赫特女士一派可算极左派。主张的分派并不是顺着一条直线，乃循着一圆圈。所以极左派与极右派不知不觉之中可以极相接近，共产党的精华在其切实主义（Realism），共产党的手段不似机会派的大机会也不如极左派的不机会。

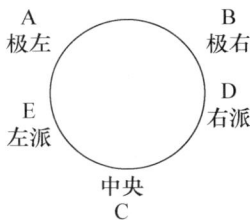

赤寄自巴黎

（原载 1922 年 3 月 1 日《先驱》第三期）

切实试行！！！
（1922 年 7 月 1 日）

杜威实在没有多少好处。有之，只一点，胡适之很晓得。便是他的实验方法。便是他的日尝主义。科学上用这个方法，日常生活上用这个方法。社会、政治上也要用这个方法。

罗素的好处，吾们能知道，他是最重科学方法的。他广大，深微，而切实。他倡哲学里的科学法，开哲学的新纪元。他是晓得哲学之真意思的。他是晓得哲学之真价值的。吾们相信，哲学如果长存在，意思绝难出了罗素所说的意思，价值绝难多过罗素所说的价值。

但罗素的好处，还不止此。他还有他的真理说。他说真理是与事实相应的说话。吾们尝说，真理就是实话。真理不过实话之雅名。实话以外，更无什么高不可攀的真理。吾们这个说法，小部分由于自家的体验，大部分根本罗素所说。

柏格森的哲学殊多欺人之点。然而他能重行，也是不可磨灭之处。

吾们现在要把杜威、罗素、柏格森三家之说合在一炉。吾们因此主张"切实试行"。这四个字要平等重看，半个轻忽不得。吾们不论主张什么东西，都要实地试试看。不论作一种什么事业，都要敢于承认事实，敢于说实话，敢于自己批评自己，勇于更改作过的错误。

吾们经营一件事，不能总说要预备。预备与实行不能划为截然的两件事。

孔子说，未有学养子而后嫁者。

特洛斯基说，学骑马要骑在马上学。

卢森堡说，群众必须以用权，学怎样用权。

孔子说，学而不思则罔，思而不学则殆。

吾们今以为不但学、思相依，学、思、行也相待，三者缺一，余不立。吾们看学、思、行，如同相对论者论空、时、物，相联同存，相离同与我无与，同与世无与。凡吾们所实见，都是三者联着出现。

不诚无物，不行也无物。

一个思想，一个学说，不体验，怎能知其真妄？

一个主张，一个方法，不行，怎能知其可行不可行？

凡是思想、学说、主张、方法，都要起于事实，更要归于事实。

不论什么思想、学说、主张、方法，未试未行之前，不论作者自己觉着怎样周到，怎样美备，怎样圆满，都是靠不住的。学说在未有充分的印证之前，都只叫作假设。"闭门造车，出门合辙"，其实殊不见得，如果前无畴范，如果前无法模，如果前无数度，如果前未就辙量过。

凡是新思想，凡是新学说，凡是新主张，凡是新方法，必有待于体验，必有待于尝试，必有待于行。不行，不知道合实不合实。不行，不知道可行不可行。不行，不知道何处不妥。不行，不知道那儿应改。不行，不知道有什么难处。"经一蹶者，长一智"。岂但如此，智几几乎都是由蹶来的。

试验可以发新理论，实行可以得万想不到的巧方法。

吾们如果不愿作寄生虫，吾们如果不肯拿思想、主张当游戏，吾们如不肯拿知识、学术当玩具；吾们有所知，有所思，有所主张，总是愿意把他实现的。既然自己如此愿，就要自己如此行。

越是一个主张，行出去，一时行者要受现状的痛苦的，要受现状的生活的压迫的，越非由主张者自己作前驱不可，越非由主张者自己先试行不可。主张者如果有痛苦，痛苦当然不能归别人。

吾们是庶人，吾们不是绅士，吾们不是大夫。吾们不会美名归己，过错待人。吾们更不怕失掉什么。吾们何所失？吾们只有失网罗！吾们只有失偶像，吾们只有失旧制度、旧风习、旧道德！吾们怕失地位么？吾们的地位已在最低层！吾们怕失产业么？吾们原是无产者。吾们怕失生命么？吾们的生命无时无刻不在被迫害之中！看！社会所以对付吾们还有什么？戕残吾们的生命罢了！困难吾们的生命罢了！夺去吾们的饭碗罢了！吾们怕什么？不知则已，知则必行！不思则已，思则必行！不主张则已，主张则必行！

不论什么好东西，没有徒徒空想能成功的。岂但徒徒空想不能成功；源起，也没有源起于空想的。不论什么好思想，都是生活迫出来的。不与实际接近，如何能说实话？不与社会奋斗，能把社会怎着？没在工厂生活过，说工人应怎样怎样组织，终究要隔一层膜。不是无产阶级的人必不能评论无产阶级举动的是非。

更有一个必要的常识，罗素说过。他说，对于一个东西，总是越离近，越认识的真切；越解析，越晓得清楚。

吾们也说，一个主张，必越切实的试行，才越觉着有活趣。

（原载 1922 年 7 月 1 日《新青年》第九卷第六号）

巴黎通信
（1922 年 7 月 1 日）

仲甫先生：

《新青年》三号昨早已收。以后愿多寄一、二册。

昨天巴黎报已载日本原敬打死了。这真是一个好消息！唉！制度迫得吾们对于人死乐，只这一点也非革命不可！

俄共产党机关报 Pranda，此间偶一见之。Pranda 就是"实话"的意思。一个亡命法国的俄国小中产阶级的人说，"许多报都谦虚着取了'实话'Pranda 之名：莫斯科《实话》，彼得格勒《实话》，诸如此类诸如此类；波尔什维克们的创造力不足改变他们日报的名称。"（N. A. Bandau-Aldauov，Deuo Revolǔtion，P. 113）呜呼！原来在实话以外，造花样的人是有充分的创造能力的！

近来读了些列宁、特洛斯基自家的著作，益感动。

列宁说，"无产阶级专政，就是，为扫清压制者，被压制者之先锋组织为治者阶级。"

又说，"养成些有经验有影响的党的领袖是一件很烦难的事，但无此，无产阶级专政与'其意志之一致'只是空话。"

特洛斯基说，"吾们记取，当社会革命时期，有产阶级的民主政治不能施用，与当帝国主义的战争时期，国际法不能施用同"。

又说，"马克思之真实教义只是行，进攻，革命精力之发展，把阶级的打击引到他逻辑的结论——这些之理论的公式。"

特洛斯基文才甚美。他现在的名著是答柯兹基的《恐怕主义与共产主义》（Terrorisme et Commutisme）。新出英译，表面被出版者改题为 The Defence of Terrorism，译文较法译为好。

列宁的《国家与革命》最富学理的价值。法译今年才出，较英译

（一九一九出）为好。他去年又作了一本书，法译名《共产主义之孩子病》（La Malaolie Infantile du Comunisme），英译名《左派共产主义——一个孩子病》（Left-Wing Communisme Ausufautifle Disorder），在战略上很重要。

一方须以剑锋与人战，一方又须以笔锋战，真难为他们。

伦敦劳动出版公司（上次说过的）七月中新出的《劳动月刊》（The Labor Monthly）为最要看的杂志。最近诸方面的消息多可从此得着。已很登了些重要文章（如列宁、特洛斯基的近作）。有很公道的批评。这个杂志是伦敦"劳动研究部"里一部分人等所组织。"劳动研究部"设于一九一二年。本名"费边研究部"，是一个联合团体，由 849 个劳动团体组成。专研究关系劳动的问题，供给教知，发行书册。由这个杂志可见英伦主张社会改造者已渐趋于左。行会社会主义者许多已归依共产主义。好像寇尔（Cole）近在一个日本杂志上也这样说过。吾现在对于日本消息茫然，望在《新青年》上时常载些。日本，无论如何，是与我们很有关系的。

现在资本阶级的举动最可注意的，当然是华盛顿会议。《劳动月刊》说，今年可叫会议之年。共产主义者的会议（七月莫斯科共产国际党第三次会议与"赤工联国际会"成立会议）去，资本主义者的会议来。华盛顿会议出生于日美之争，而中国为其处置物。罢兵，罢兵，纯粹是欺人之谈。英国对于日美，是两个都舍不得。《劳动月刊》如此说。又说，就令他们分中国这个赃分得暂时可以合洽，终究还是破裂。资本帝国主义者的性质，本来如此。

现在最可伤的是俄国的饥馑，有两三千万人待毙：两月以前，英美政府，救助救助，嚷了个不得了，鲁易乔治最痛切（法政府简直在无救的意思），但是后来左考查、右研究，直到现在，一粒未出。而坎拿大、美国、阿尔然丁（南美）各处收成好的，多的米麦棒子糟蹋了！大西洋的船都没有主顾空停着！吾们对于这种情形，还有别的办法?!

适之现在上海么?"干！干！干！"现在怎么干法？文法研究，颇有趣味。他素喜提倡归纳法，自己也喜用归纳法。但却要大大注意一件事，便是 Hasty Genrvalization（忙通）。忽了忙通，笑话百出。又科学上的则律，很重 Under Certain Condition（在某种情形下或某种条件下）一个仞语。忽了这个，也可成大错。此即是重因，还要重缘（缘即 Condition）。适之第二举例所得大通则，就欠说了一句关于缘的话。

"开明专制"不宜过说。正式的提倡总还是"劳农专政"、"无产阶级专政"。虽是吾们所谓"开明专制"与"无产阶级专政"同一意思,但可惭,狙公之术还不能不用。不然,徒惹反感,无利实际。诚然,今日的共产主义者大都晓得无产阶级专政并非无产阶级群众全体的专政,只是少数先锋少数前驱的专政,只是少数有充分阶级自觉的无产者的专政。事实不可不如此,无愤如何。列宁自己也如此说:(前引语)见构为从来无比的诚实人,这也可算理由之一。(Lenine, Cest le garŝ lo plus honnete Ilnapa;encore eǔ soil par eil sur la terre)"列宁实是唯一的最诚实的小伙。在地球上他还未有过对儿"。塥威人语,见高尔基的《列宁论》(Gorki,Vladimir Jliitch Lenine,P. 16)。"开明专制"近于吾们一时的话,深想起来,意思实极含糊。吾们说实话,又要说的极明了。一个名词不加解释,总是可以使人误会的,也无取更论。吾们的中心意思,何尝有一点不为大家?自然,说大家,自己也在其中:人如不为自己,什么事也不可作;而且必是先为自己。吾们如不是利己主义者只在吾们主张的结果可以普及大家。吾们现在只是想以吾们侥幸得的一点的觉觉未得机会觉的伴侣,使吾们,吾们自己与别人,都得更能圆满觉的境遇。所以吾们极端注重教育(注重教育也是吾们所谓专制与人不同之点)。但为办合于吾们因实地感受而相信的主义的教育,必不能不革命。因此吾们主张革命必须先于教育。罗素以前很反对这个话,现在也服了。新近曾同一个人说:"吾们现在最要紧的是大家都感着非有此一事——革命——不可。无此一事,吾们都无活路。不是吾们无活路,凡好人都无活路。不是凡好人无活路,凡应当有活路的人都无活路"。最应当有活路的人就是劳农。劳农是社会的基础。没有他们,别人都不能活。但是现在怎样?别人都活的过分了,劳农自己却迫得绝了路!

张崧年

(原载 1922 年 7 月 1 日《新青年》第九卷第六号)

中国共产党与其目前政策
（1922 年 9 月）

　　顷见《先驱》第九号，是中国共产党已在国内露出眉目来了！我们不但无量欢喜，我们更要即向大众呼吁：凡是有良心，有诚意，明白事理，舍私谋公，而不想过分出风头的共产主义者，都应立地聚集于彼，以厚共产革命的势力，以速共产革命的成功。我们又看见他的目前政策：他是要与国民党等革命民主派及各革命的社会主义团体，结成联合战线（统一前敌），以完成民主战争，建立真面目的民主政治。这种办法，乍看诚不能不诧异，然平心静气就中国现势一想，便不能不见其出于不得已，他这种办法，与现在德国共产党赞助民主派，共同抵抗反动党，用意实无大异，凡是明白事理之人，如何能不谅其苦衷？

　　但我们也不能不明白告诉大家，而请大家切记：那种办法究竟不是共产党的终极目的，那种办法究竟不是一种手段，而且也不是像无产阶级专政一样的，共产革命的普遍的必然手段。只不过处像现在中国情势之下，不得不取的一种特殊手段。采取这种手段的时候，必须牢牢记住：自己的——必须牢牢记住：自己的正手段，乃是劳动会议式的无产阶级专政，自己的本目的乃是生产共有，分配共管，无阶级、无国、无家、无政府的共产社会。更要不忘为一种行动，与终极目的不同的党派，结成统一前敌时，必须保持住自己组织的独立！必须得机即把自己的终极目的向大众标示！

　　　　　　　　　　　　（原载 1922 年 9 月《少年》第二号，署名 R）

今日共产党之真谛何在
（1922 年 9 月）

结党营私，原非好事。今日劳动阶级之所以有此，共产主义者之所以组织此，实因缺此，别无他法，可以代之达其目的，但承认自觉了的劳动界之主张为是，为应该，便不能不承认共产党之成立为是，为应该。因为共产党所逐的利，营的私，并非共产党人一己的利一己的私，乃是适于全劳动界的利、的私。

就一般而论，凡有一种共同的利益，为得这种利益，便不能不有组织。如果这种利益是关系政治的，或非借政治不能达的，便不能不组织政党。但共产党之所以组织，犹不止此。近世以来，劳动运动之势力，已蓬勃的非到全世界社会改造，不能收拾。然劳动界的人，固未同样的觉悟，也非有同样的本领，虽有共同的利益，却非同样的知道怎样去达。在这时候，试问，若无作率导的团体，运动怎能成功？寻常战争，不能无先锋；阶级战争又怎能缺了先锋？劳动阶级的这种先锋便是共产党，有了这个机关，乃有了指路的。有了这个机关，本阶级较进步的分子乃可领着全体群众，鼓舞而进。

共产国际第二次大会，决议说的好："当一八七一年巴黎市政府时，法兰西无产阶级第一次英武的举事，当时若有个强固的共产党，无论怎样小，成功也应多的多，许多错误与缺欠，也应免得了。"

最近俄国十月的革命，为什么成功，德国正月的革命为什么失败，主要的原因还不是一有坚强的共产党，一无坚强的共产党？

共产党既如此其重要，那么，其真谛何在？第二次大会决议又说："共产党是劳动阶级的一部分，是其最进步，最有知识，因此最富于革命性的那一部分。""共产党是合最好的，最有知识，最牺牲自己，最远见的劳动者而成。"

　　然此是共产党的界说，还非其真谛。若其真谛，还别有在。在什么？两言以蔽之，曰：纪律。有纪律，有共产党；无纪律，无共产党。共产党之所以强在此，共产党之能成功在此。共产党与其他政党之不同，此其重要点之一，第二次大会也说"无严严的纪律，劳动者之胜利实不可能"。游过俄的，如兰萨慕（A. Ranbome），如罗素，如布来尔斯佛（Bnailsford），不论对于俄国别的地方，怎样的不满意，对于他的共产党，却无不称赞不优；无不认共产党如例，俄国立即不能维持，俄党的数目，就俄国人口而论，本不算多，为什么小小的一个党就有这样的势力？

　　俄国共产党对于党员之加入，限制本是非常之严，然而还按时有所谓廓清，凡是有点不可靠，有点不配的党员，都被驱逐。"稍微有点懈怠，稍微有点不热心，行为稍微有点与社会主义（共产主义）的伦理不合，都是可以致驱逐的。"酒不准饮，牌不准闻，跳舞既受呵斥，吸烟也要监视，逐利谋私尤是必不可恕之罪（参看 Bnailsford, Russian Workers' Repullie，论共产党章），这种种又是因为什么？没有别的，仍是因为纪律，有这种纪律才有那样力量，有这种纪律，才能坚苦卓绝，未成功时，既饱尝监禁流放之味；成功以后，又把天灾人祸战胜。

　　不要小看这种纪律，并不是容易的事情，俄党之有此，实因其历史。若寻常出身小有产阶级而未改其心习的人，非但不能以此自律，亦且不敢以此律人。这种的人，本来不配组织共产党。就令一旦组织，也只徒冒其名。他本不求实际，又何能以实际问之？然而共产党乃是最实际的党，他的种种计划作为都是因实际为实际而起，不能以实际问之的党算不了共产党。

　　没有纪律，不能坚固，不能精神贯一，一个共产党形体不坚固，精神不贯一，又岂有能成功之理？俄共产党之有今日，本始于 1903 年，社会民主党之分裂成多数少数两派，这个分裂，本是列宁有意为之。这种分裂正是谋贯一。一个组织，精神不贯一，万万不能强有力，数目虽多，只同散沙。若不是各国社会党的分裂，今日怎能有这样坚强的共产国际？

　　真正的共产党是一点不苟且的，是一点不姑息的，不但显然不忠，或违犯纪律的党员，为其所不容。便是一个党员，居重要职位，而作事不得法，或见解不当，也必逐无疑。去年德共产党之驱逐雷维（Paul Levi）便是一个显例，这是为的什么，这其实也是为的纪律。

今日世界实只有一个共产党,便是国际共产党(共产国际即第三国际),他的决议凡是共产主义团体都须遵守。各国各只准有一个的各国共产党都不过是他的支部,各国各只准有一个的各国少年共产党又是此支部的支部。横之,此各国的少年共产团又联合成少年国际,作为共产国际的一部分,与妇女国际书记部同其作用。如此互相联贯,而谋成功之便利,共产国际所不承认的人,各国共产党必不能容之,共产党所不承认的人,少年共产团必不能容之,这也无非为的纪律(参看第二次大会决议共产国际组织法)。

总而言之,纪律是共产党之魂。失此,共产党是不能活的;不懂得这个的人,不配加入共产党,更不配组织共产党!

(原载 1922 年 9 月《少年》第二号,署名 R)

胡适等之政治主张与我们
（1922 年 10 月）

　　胡适蔡元培也公然发表政治主张了！

　　饿死事小，失节事大，本是最违反人性的话（也是圣人故意矫正人性的话），一个人的生活或其所赖以生活的事业或其生活欲，如屡受不可堪的压迫，但令其人不肯听天由命，没有不想把支配生活的政治或经济，或其他，来自己处置的。近年中国的教育是不是已被压迫到几乎不能继续的程度？所以至此，最显著的因缘当然在政治，那么，靠教育吃饭的人，逢政治表面略有可为之机，公然出而发表政治主张，又何足怪？

　　所以胡适等现在之想参预政治原是当然之事。在这一层，他们的活动实无可非议，所可非议的，不在其来主张，乃在其所主张，不在其活动，乃在活动的方向。

　　他们的主张与活动方向，总而言之，不外趁机、改良、无根本不可变的主张，而随机会迁化，不察病原，早晨头疼，早晨医头。晚上脚痒，晚来又来治脚，这个，我们实不屑细论，我们今当简单明白告大家以四事。

　　第一，一个人或一阶级的政治主张，总是为其人，其阶级自身的生活利害而发。胡适等是知识阶级的人，即靠知识生活的人，倪其主张能成功，他们的生活与事业固然应能得安了。大学校长、大学教员，固然可以因此越发作得稳了。以医学博士为职业的人固然可以从此更能显扬其职业了。可是至于一般小民，至于农工，生活如何，则犹难必，不但不能必其利，至少一部分必且要适得其反。根本原因即在士绅与农工生活方法不同。知识阶级历来是资本阶级（靠资本生活的）的附庸，必不敢过于得罪资本阶级，利害如何能与农工小民相容，晓得这个，职业非大学校长、大学教员、医学博士的人，如也要生活得安，还非出来自作主张不可。你们如但能助人呐喊，你们必落得百劫不复！

第二，胡适的根本主张不外好政府。大家想想，他这所谓好政府，是不是能更好于美、英、法、日、德的政府？便令其理想，不止于此，然充其办法条件所及，所得的是否能好于此？这当不难一言而决：便令胡适与其朋友的好政府真能得到，必不过与今日美英等政府是一丘之貉。这等政府，不但现状，便其趋向，便其可能，大家当已明见了。在这等政府之下，劳动阶级（靠自家劳动生活的）养活人而治于人的人，还不是同样的生活不能得安。我们究何取于此？我们究何取为"打这个不必要尖"而驰人前进之心？

第三，他们主张好政府，他们主张优秀分子结合抵抗恶势力。一个日报曾问以优秀分子怎样才敢结合。自我们看来，今日中国政治之坏，并不在有优秀分子不能结合，而实在并无几个优秀分子，并无几个好人（为慎重，说无几个，事实也许并一个也无），就令有几个像煞的优秀分子，似乎的好人，能力也都欠缺的利害。如果真有好而能的人，政治绝不会糟到这个地步。既然如此，主张好政府而唯现成的优秀分子是赖，究何异于空中筑楼阁？

第四，他们的主张如此了，我们自己怎么样？我们的主张，自信比他们的，切实的多。我们并不立时主张什么好政府。我们主张即刻要有的只是一个共产党，公开的共产党，强有力的共产党，极有训练的共产党，万众一心的共产党。他们要求好政府，他们并不能实现好政府。我们见共产党之必要，我们自己就可组织共产党。有人必说："无好政府，不容共产党之发生。"是的！美国政府，自美国留学生看来，总还不得去罢？然而竟不容许共产党。俄"沙"也未尝容许过共产党，然而强有力的共产党竟能成立，因之而有一九一七年十一月的空前革命，又赖其力，维持至今，根基日固，共产党是劳动阶级的代表，是劳动阶级的先驱，是要使人人都得其所的，是不许一人逾其分的。共产党主张的，因此绝不是少数人的利害。共产党的人必须是劳动阶级或同化于劳动阶级的。必须有死也不改的信仰，必须了然于同阶级人彼此利害的共同，且认除此共同的利害，别无利害。必须对于现世的恶，誓死不相容。这样的人，中国是有的，必须由这样的人，当仁不让，造成强固的共产党，中国事乃有可为。

（原载 1922 年 10 月《少年》第三期，署名 R）

共产少年运动的步骤
（1922 年 10 月）

The International of Youth Organ of the Young Communist International，English Edition，Quarterly，Vol 2. No. 1.

现在国际少年共产团（或作"共产主义少年国际"更好）的定期出版物重要的有三种，一为"少年国际"，一为"国际少年通信"，一为"通告"；而"少年国际"为中心机关。三种都是拿俄、德、法、英各种文字出版的。但"少年国际"的英版，则至今才见着两号。一是第一卷第一号。此号标明是今年三月出版，其中所载，以关于少年国际第二次大会（去年七月在莫斯科举行）的事宜占大部分。这次大会关于进行的决议，最重要的有三桩。1. 政治上受党支配；2. 作成群众团体；3. 注重教育事业。此外还有一件要事，便是把国际执行委员会定点从柏林迁到莫斯科，而在柏林设"西欧办事处"。

这一号里载有沙兹金（Lazan Schatgkin）的两篇文章。沙兹金是俄共产主义少年团（少年共产团）中央委员会委员，今又是少年国际执行委员会委员。也是一个能文者，差不多与闵岑巴哥（Willy Miin Genleng 少年国际执行委员会书记）齐名。他这两篇文字，一篇是《俄罗斯共产主义少年运动之发展》，里面有一段话是值得我们十二分注意的，因其可以订正我们一个很大的错误。他说："我们并不是什么'少年共产党'，我们乃要联合少年共产主义者与无主义的少年劳动组织。我们并非仅仅一个政治组织，我们还要集合少年的无产者而教育之，使之活泼泼的参加于我们团体的事业，参加于各工会以及无产阶级目的种种活动。"这话的意思不外，我们这个团因是共产主义的组织，本与共产党密切相联，自己既不是个什么党，也不是什么工会，也不是什么政府机关。实乃是将此三者，合成一体的；申言之，即是一种组织，一方要把少年劳动群众聚集起来，一方又要使参加我们的事业，教以无产阶级各样奋斗。

"我们团的活动越扩张，我们团在一般无产阶级运动里与在无产阶级国的政府系统里的职分乃越明显，在无产阶级专政之下，无产阶级的各种组织，要各行各的特殊职司，各行各的所以存在与决定自家活动的职司。共产党是无产阶级的领袖。这个，我们的团便是不能作的，而且从来也没想作过。本来除非共产党成了全体革命运动唯一的受信用的领袖，无产阶级当政不能实现。我们的团与党（共产党）之间，实有一层大而根本的不同，我们的团员中，百分之九十都不属于党。我们的团最大部分是合在化被教育成共产主义者的无党少年而成，无产阶级政府（苏维埃）操全国政治与经济管理权，工会则经营生产，规制工作，苏维埃的无产者全体代表的资格，凡关于劳动阶级的劳动，生活状况与教育的决议，无不受其裁定施行。俄国少年共产团在这两种活动里是都参与的。可是他既非'少年工会'也非政府之一部。……

"从一般无产阶级与共产主义运动论，我们的运动是包含为党（共产党——译者按，因少年共产团是属于共产党之下的，且除共产党外，别无为其所认的党，所以少年共产团称其共产党，常单称党）所不及的少年劳动的，我们团教育上的重要（即拿工作，拿奋斗，预备一辈新的共产主义者）实其在无产阶级专政之下的职任之关键。这种教育事情，实际上的意思即在预备无产少年参加于共产社会之建设。入我们团的少年劳动者与其有组织的劳动伙伴，原很少差异。我们团里无主义的团员，处活动有为的共产主义的分子影响之下，自不得不成为共产主义者。这种影响便叫共产教育。"

这段话的意思，第一层辨明少年团之非党，第二层标白少年团最重大事业在集聚无产阶级少年群众而教育之成共产主义者。沙兹金第二篇文字题"共产主义少年国际第二次大会之结果"，又郑重举出，合少年国际执行委员会与少年国际第二次大会全体出席代表与共产国际第三次大会根据事实经验审虑而得的决议：

"共产主义的少年组织，紧急而根本的业务在拿共产主义的精神，教育少年无产者群众。"

德国少年团员翁格（Otto Ungen），也是第二次大会重选出的十一个少年国际执行委员之一，也是今日国际少年共产运动中最重要分子之一，也尝说（见德文版《少年国际》今年五月号）：

"共产主义少年国际要作共产主义全运动的群众学校，要作无产阶级解放竞争的群众劳动学校"。

他处又说（见上引英版《少年国际》翁格论《群众团体内里的教育事业》）：

"我们必须成为共产党的实习预备学校。"

大家须知统以上所引的话，无一是一二人的私言，无一不是大会的决议；或从大会决议抽出来的结论。"集思广益"！各地少年共产运动中的少年朋友，得此而审思之，当必可断，然知所从事！

不嫌辞费，再总前意。第一，少年共产团（共产主义少年团）必不可叫作少年共产党。在政治上，少年共产主义者的组织，必须居于成年共产党的从属地位，以谋进行之统一。第二，为分工与便利起见，少年共产团必须多加力于少年群众的共产教育，以造就党的生力军。第三，欲教育群众，故不得作成群众组织，欲作成群众组织，故不得不向群众阐释，但自己未受过教育的人，能教育他人么？必不能！因此，无经验又无率导而已倾信了共产主义的少年朋友，如要尽其应尽的责任，必须切实急谋自救！

（原载 1922 年 10 月《少年》第三期，署名 R）

我对于中国革命
（1928 年 6 月 10、24 日）

　　我现在是不喜欢参与政治的。其实，我从来就没怎么参与过政治。政治不是一切。我现在是坚决相信，只有政治是万万不够的。我尤其相信，政治这个东西，性质是这样子的：管它的人越多，必致它越搅不好。人越重政治，政治必越混浊。要想政治清明，必须大家把政治看得淡一点。现在的世界，是一个复杂的世界。现在的社会，是一个多端的社会。生在这个世界里，处在这个社会中，分工合作处处都是必要的。作不到这个，便只有一团糟。试想想：假使一个国度里的人，工者悉舍其工，农者悉舍其农，商者悉舍其商，学者悉舍其学，大家群挤在政治一条路上来讨生活，那个国度要糟成一个什么样子？我固然不一定说，今日的中国，不过问政治的人，越多越好。但我却以为，有学识有才智的人，总应该有些肯在政治以外，别树事业。或者有人要说，政治不上轨道，是没有别的出路可找的。其实，在我看来，出路是待人自己辟的，谁努力谁干，谁就有出路；谁不努力谁不干，谁就没有出路。征之历史，考之事实，我以为这是不诬的。如果多有一些人，肯于政治以外，别找出路，眼光看到将来，不拘拘于目前，懂得国家民族的命脉，不仅仅系于一时，这样子，我以为政治也必容易上轨道的多。如果大家总钻在一个牛犄角里乱滚，便万年也没有出路。所以我自己，我现在是一心一意在科学上。我觉着科学真是现世最有趣味的东西。如果人生是游戏，科学才是最好玩的游戏。而且中国如不愿图存，不愿自强则已，如要图存，如要自强，也必非把科学这把利器弄到手里不可。这乃是今日最明若观火的事。在今日中国，科学实在比练兵更重要到万万倍。可是科学不是可以空口说的。终日努力于此，时日犹虞不给，我自不能管什么政治。

可是，话虽如此说，生在社会作一个人，而想与政治完全绝缘，似乎也殊不是怎么可能的事。政治不是别的，政治不过是共同营生的方法。既然是生物，谁能脱离生活。既然是社会之一员，谁又能不共同生活。这样子，一个人要完全超然于当时政治之外，显然是不大可能的事。只是今日的生活是多方面的，经营共同生活的人，应该面面有人顾到罢了。至于现在的中国，乃是过的一个大转变时期。目前顶多也只过到了这个开辟新纪元的时期的半中腰，若谓已到了临了，那其实还远的很。目前革命的潮流，诚似沉寂的很了，反动派的毒手，也真发挥得可谓尽致了。然这都不过酝酿革命潮流的再度暴发，更凶猛地暴发。若谓就此沉顿下去，就是外国人也不许！人力本是薄弱的，人本是无时无地不为生活所限的。那么，处在这个大乱的时代，处在这个生活兀臬飘摇而要剧变的时代，有谁能不被卷在旋涡里滚几滚？说什么超然，真是那里来的话。

复次，假设有一个国家，政权完全操在一批昏庸老朽之手：无学识，无策略，无眼光，无远志，无长治久安之方，无统一建设之计，教育经济两个建国之本，一点没有办法，国家弄得死气沉沉，丝毫没有兴旺的景象，非特顾不到人民疾苦，简直凭白地把自己的人民，任听外人无理地惨杀，更把自己肥腴的土地凭白地奉送给外国人之手。一个国家，而处在这种情况之下，那个国家的命运，如还没有到了应该绝灭的地步，必然会有多少少壮的志士，起而图谋革故鼎新改弦更张，是不可逃的事。中国的现状，虽未必就到了那种假设的情形，可是对于现下的局面，感觉沉闷的人，似乎为数也竟不在少！相当的改革似乎也是急切而必要。而关怀国事者并不应该袖手。

因为这种种，我虽是一个政治欲净尽，且久已净尽了的人，对于切身的中国革命的局势，遂仍不能不时常有些感触，作些管窥。旁观者清：我既是一个不大高兴过问政治的人，也许我偶然无所为地窥及到道理事实，竟比完全处在政治局中者所见，更为明析；见地观点既不相同，至少我所见的也应可以有些足供纯粹生活于政治中者参考的地方。因此我便拉杂地写一些子下来，听大家的指教。

一、中国革命的性质

凡是参预中国革命或关怀中国革命的人，必须切实地了然于中国革命的性质。这一个要点，如不预先弄个透澈明白，轻则要事倍而功半，重则必致南辕而北辙，茫茫且无所归。那么，中国今日的革命，是怎样的一种革命呢？大凡一地一时的革命，必依该地已往的历史（社会变迁）与当时的经济状况（社会变迁达到的阶段）而决断，而在今日全世界息息相关的时代，尤要看国际的情势，国际的趋向。这样子规定了的局面，是只能有一不能有二的，就像潮水的起落，在一个时候一个地方，只能有一种高度一种倾向，不能有二，因此趁潮的舟子，在某一个地方某一个时候，所取的最适宜的姿势方向，也只应有一，不应有二。所以，吾便主张：最适于一个地方一个时代的革命必然只有一个。稍微想一想，不难见到这不过是一桩极浅显的道理。那么，最适于中国今日的唯一革命是什么呢？当然，如才所说，这要看中国的历史，中国的经济状况，以及国际的情势，国际的趋向。这些，至少在关怀中国情事世界情事者，当是都已了然了的。无取详说。简单言之：一方中国是多年沉顿于封建制度（经济意义的）农业经济之中，近年受了帝国主义必然的侵略，已渐在帝国主义宰制之下，上了资本主义化的第一阶段，农业手工业已趋败落，大工业不能自由振兴，政治失了独立，人民犬不聊生，而封建制度的残余势力在帝国主义者利用之下犹在顽强横行；一方国际是帝国主义者方在争夺殖民地制造殖民地的大战之后，以建设社会主义劳农专政相标榜的国家既经成立十载，各地被压民族被压阶级的蠢动无时或已，资本主义到了帝国主义的末期，破绽矛盾已经大露，最近帝国主义者的经济虽略现稳定之象，而内部的不宁却在日演日剧。这都是些明摆在那儿的事实，即非那一方面所能捏造宣传，也岂那一方面所得掩饰遮盖。

处在大体这样子的局势之下，当然，中国的革命，中国的唯一革命，是只有国民革命的，除此以外再没有别的，再没有别的革命的可能。不但当下没有别的，就在所能想得到看得及的将来，也必不会有别的。但令人力作到，就由这个唯一无偶的国民革命；就可以达到所有今日真正的革命者所想达的目的。这一个"一个革命说"，我在几年之前，本已曾见及。我觉着，这几年来的事变，只有把之证实，并没把之反驳倒。本志第一期中，马浚同志说，"我们不相信中国革命有两重阶级，由国民革命后，再有社会革命"。许德珩同志说，"从客观的环境看起来，现在的中国革命……是要由国民革命走到社会主义之路的革命"。施存统同志也说，"民生主义（即社会主义）是中国现代革命的最后目的"。我以为这些意思大致都是一致的。我并且可以说，谁能彻底地看到这个，谁即可以把中国革命引上成功之路；谁不能彻底地看到这个，谁便只有自趋于失败灭亡；这在过去的一年有半中，不难得到圆满的证据。

可是，天天说国民革命，国民革命究竟又是怎样的呢？其实，这在大家，应该是早已知道了的了，然为充分表明我的意思，则也不妨重说一说。

我以为今日中国唯一的革命即国民革命的最大动机，当然在反帝国主义。这乃是今日所有世界的革命之所共同。中国革命而不反帝国主义，便立刻失掉了革命的意义。可是中国革命的反帝国主义，是含有两个成分的，一为建设一种越过资本主义的生产方法，一为民族的独立。同时因为中国直至今日的政治上的情形，并鉴于世界的趋势，中国的革命便还有第三种成分，就是政治上的真正民主。三者是一系的，而不可以偏重，自然更不可以缺一。这三方面恰恰就是孙总理的民生民族民权的三民主义之所代表。三民主义是整个的，也就可见那三个成分不可以偏废与偏重。但从这一点也可以概见孙中山先生是如何地伟大。中国革命既有这三个成分，当然中国革命上了成功之路之后，第一步必须推翻帝国主义在中国的势力，建设真正民主的独立国家。更以超资本主义的方法（或说非资本主义的，我以为不如说超资本主义的，更为妥当。因为资本主义以前的生产制度，如封建时代的制度，也是非资本主义的）振兴工业，解决土地问题，改良农林渔盐茶丝瓷各业，彻底改革教育制度，以使所有农工妇女小孩都得到解放，人人都得安生乐业，最后遂推翻全世界的帝国主义，完全实现了国际平等政治平等经济平等天下为公的大同社会。中国的国民革命就是如此的。就可以想像的范围而定，这还用着什么别的革命？至于谁来执行这种革命，当然就是大家都晓得的革命的农工与小资产阶级。这也是缺一不可的。共产党人没有见到这个，遂弄得支离破碎，自取覆亡。布哈林如说，自一八一七年以后，世界只有共产革命，更没有国民革命（见本志第二期）。我也就可以说，自一九二七年以后，中国只有国民革命，更没有共产革命！

不过，于此有一个小小的问题，就是国民革命与社会革命关系问题，在这一点，我的管见，却觉与大家不大很相同。从上来所论，已可以见，我既承认只有一个最适于今日中国的革命，而且承认就由这一个革命就可以达到所有真正的革命者所要达的目的，当然是不承认此外还有什么别的社会革命的。换话来说，我认为社会革命实已包括于国民革命之中，二者并不相外，二者更不可以相非。今日中国的革命，叫作国民革命可，叫作社会革命也无不可。只看所重是那一方面。中国今日的革命，既有好几方面，就民族独立建设自主国家说，是国民革命，就推翻封建制度打倒帝国主义而以超资本主义的方法建设国家资本开发工业解决土地问题说，就是社会革命。这道理，其实是显然的。最后目的既在实现民生主义（即社会主义）经济平等，非社会革命而何。既不能忽略了超资本主义的生产方法，既要推翻应来的宗法社会封建势力，非社会革命而何。就是政治上真正的民主，而非像西洋近代的假民主，也是非社会革命不办的。社会革命本是对政治革命而言。照现在似乎不应该称引（其实不必这样地小器。至少不以人废言的古训是应该遵守的），马克思的说法，政治革命就是夺取政权（推翻旧政权建设新政权），社会革命就是改造社会（建设新社会制度）。今日的中国革命，当然必不止于夺取政权。更深切言之，现代的革命，本没有会不兼是社会革命的。不兼是社会革命的变动，只是政变，只是箍忒达（Coup détat），算不了什么革命。其实便以今日中国的必非要超脱社会发展的封建阶段而言，即已充分可以当得马克思所说的社会革命的名义（看一八五九年出的经济学批评的序文），而况今日中国的变动，固远不止于此。也许关于这一点，我与大家些许不同的，不过在名词上面。但我总觉着把社会革命包括在国民革命之中，就是实际上实行起来也要方便的多。这也是我所谓"一个革命"的又一意义。

于此我却应声明，我绝不好高骛远，我绝非走于极端。我确认政治上最要紧的是切实二字。我确认在政治上绝不可客气，绝不可虚矫，绝不可腾空，虽进一步也远胜于不进一步。我是相信相反相成的，一个革命者必须又热又冷，又能坚定又能应变，又能守经又能从权，又顾实际又有理想，又注意当前又不忽于久远。只能守经而不知从权，是谓猪头（Pig-headed）。只能从权而不知守经，是谓滑头。只注意当前而忽掉久远，是谓机会主义者。只看见久远而不管当前，是谓无著落的空想（乌托邦）者。总之，都不是真正的革命战斗员。我所谓国民革命与社会革命是一体，非特是理想所必须，亦是事实之所诏。非特是理想所应尔，亦是实际所宜然。

二、中国革命者目前的急务

既然承认了中国革命的性质，那么，处在今日这个局面之下：处在今日这个内忧外患交迫，党且不党国且不国的局面之下，所有真正的中国革命者应该怎么样呢？直截了当：所有真正的中国革命者，如果当真念念不忘革命的话，如果一心一意要把中国革命底于完成的话，那便定而不可疑地必须全体联合起来。为什么应该联合起来，怎么样子才可以联合起来，联合起来怎么样，以及党的问题！这几层是我现在所愿意说说的。

中国的革命潮流，今日虽是消沉到这个样子，反动势力的弥漫虽是成了当然之事。可是真正的革命者必然是还有的，不但有必且是很有的，这一层可以不成问题。但是既然如此，为什么又无显著的影响？为什么又不能把蔓延无已的反动势力，加以抵抗？为什么又不能使消沉的革命潮流早日振起，险危的国势早日挽回？这种种的原因，但令革命者还有责任心的话，绝不能尽推之于外，以为不干己事。至少有一层！不能不说，今日虽还很有革命者，可是彼此却不能联合，彼此却不能开诚相见，既无相当组织，当然在革命上不能有相当效力。此一群彼一伙，各是其是，各非其非，拘拘自守，总以为别人都是不可靠的，几于不知共信相信为何事。其实，试想想，中国近年是怎样的一种局面？外国是怎样的一种情形？一般外国人对待中国人是怎样的一种态度？中国一般人民的衣食居住是怎样的窳劣艰苦不堪？以这么大的一个国家，占居在这么一个地大物博气候温和的地方，有那么长，不算不开化的历史，又有这么多的能够吃苦的人民，然而国事的腐坏，国势的危殆，却一直到了今日的样子，无时不在受着外人的压迫凌辱侵害荼毒！处在这种情形之下，革命势力且已有了相当的基础，仍然还是这副局面，但凡稍有知识的人，谁不应该自思责任，惶愧无地，而应急谋群策群力，合衷共济，从种种方面共赴国事。然而万分不幸，一般人姑不论，就是号称革命者的，到了今日，也竟是四分五裂，七零八落，此嫌彼疑，尔虞我诈，再不成个团体。有多少年历史的中国国民党，到了今日，也竟是几乎号令不出国门，改组以来几年的奋发努力，不过徒成就了少数人的权力禄位，重复蹈了已经蹈过的民元覆辙！这种种情形，真令人思之，不胜叹惜痛恨之至。

革命原不是一桩容易事。破坏既不易，建设自尤难。试问问谁对于中国各部分的情形，国际各方面的局势，有个彻底的了解？试问问谁对于未来中国的种种建设，有圆满周到切实可行的方略？试问问今日哪一派有充分的力量可以征服革命的敌人？全国革命者全体合起来，犹虞不足以担负此重任，而今乃相猜相忌，闹意气，重私见，致令造成今日的恶劣反动的局面。如不及早恢复，速求联合，以国事为重，就大同，弃小异，立定共信，共力求其实现，而仍人人自结小团体，互不相下，充分地不自裁制地发挥封建制度下的家族思想，结果不过徒徒延长国家的内乱以至国亡种灭而已。

不是革命者不想革命则已，如当真是革命者，如当真想贯彻革命，自然会明白今日应该联合起来，现在亦无取再论。所比较成问题的，乃是联合如何可能的问题。自吾看来，能不能联合，多半是人的问题，并非物的问题。如果承认中国只有一个革命，即是国民革命，目的已是同一。达到同一目的的最妥当的方法，虽然不必唯一，相去总不会太远。那么，有什么不可以联合一致的？所不能联合者，恐不过前说的种种：闹意气，重私见，相猜相忌，此虞彼诈，不以国事为重争小异，忽大同，喜专断，不相下，虽同为革命者而其实并无共信。如果总是这样子，联合当然不可能。可是那样情形，果是应该的么？中国人是无国家思想，但是革命者是不应该如此的。一般人因为生活的窄的缘故，是大都小器不能容人，但是革命者似乎也应不该如此。一国的革命事业，绝不是一两个人或一部分人所能成功的。集思广益，众志成城，中国革命者想必能见及于此，闹意气，不相下，由于孩气，不能自制。但是显然，中国人如无这点子自制，中国民族必然不久即澌灭了而后已。同为革命者，同进行一种革命，如果真是对于这种革命事业，念兹在兹，彼此必会有共信，也是显然的事。至于相嫌相疑，相猜相忌，不过由于不能见到大处，不能互相重视，更显然是不应该的。

反过来说，如果中国革命者，真是革命者，真心乎革命的前程，敢于开诚布公肯向大处着想，眼光完全落在国家以及世界上，不但勇于克敌，尤勇于自制，并且敢认错敢服过，标明共信，共守之共践之，认定天下事非一二人所能为力，但令革命成功，使非成自己手，自己也与有荣，如果能够这样子，自无彼此不能联合之理，至于实际上彼此怎样接合，但令彼此有联合诚意，自有办法，无待我说。

或者也许有人要以为，以上的话，除了共信一层外，不免失之唯心了。是的，可是自我看来，在革命上，唯物与唯心虽似相反，而实相成。革命是要切实的，可是革命又是一种理想事业。革命而无理想，诚不知其伊于胡底。不但这个，我简直还要说，革命是要讲道德的。革命而不讲道德，几何不终于营私舞弊争权夺利。而道德中之最重要者就是重视他人与自制：凡是革命者必须具备的两项德行。或者还要有人说，我不免太责备了革命者。是的，我认为真正革命者的努力，是中国政治经济的唯一出路。我自己既不能从事政治上的革命事业，对于政治上的革命者，我不能不有最大的重视。期望之殷，因而遂多责备之辞，意不外此。

中国今日的革命者，如果能够全体联合起来，共同积极进行，自是中国前途之福。但是联合了以后怎么样呢？于是便发生党的问题。吾于此应该赶快补上一句：吾所谓党问题只是中国国民党的问题，既不是什么共产党无政府党，也不是什么此外的什么第三第四党。吾所谓革命者也只是国民革命旗帜下的革命者。即是革命的中国国民党的旗帜下的革命者，因为革命的国民党是以国民革命为职志的。此外，吾简直可以不承认中国还有什么革命者。因为吾的前提：中国是唯有一个革命的，即是国民革命，由这一个革命就可以在中国达到现代世界的革命的最高目的；吾既不承认一个范围里同时有两种革命，也不承认一个革命可以有截然的两截。既然如此，革命者自也当然只有一种革命者。党的问题，自然也只有一个党的问题。

今日中国国民党的问题是什么问题？今日中国国民党的问题就是改组的问题。真正的革命者如能侥幸联合起来，第一件事就在使国民党改组。今日革命，不能无党，党如革命的参谋部，党如革命的急先锋。有真正革命的党，才能使革命事业容易成功。中国国民革命是中国国民党的责任。中国国民革命闹成今日这个样子，中国国民党是不能不负其责任的。试问问，今日中国国民党还有组织没有？还有纪律没有？还有训练没有？还有力量没有？还有声望没有？如何整顿党的组织，如何严密党的纪律，如何修饬党的训练，如何扩大党的力量，如何恢复党的声望，由是种种以重行振起革命的潮流，便是今日改组的问题。改组之议，非发自我，现在想已有许多同志都该已赞同了。我现在但说说在改组上一两个特别应该注意之点。

中国人是不大懂得党是怎么回子事的。君子群而不党的话，恐怕至今还有相当的效力。中国人既与党不相习，不晓得党的作用。当然要只知看重个人的力量，而不知造成党的力量。今日还是封建制度下的意态心习余焰犹炽的时代，这种情形也真难怪。

我相信人作事不能不有一种无所为而为的精神，否则是不会有好结果的。所谓无所为，当然不是完全无所为。全无所为，是从来不会有的事。所谓无所为者，乃是除本目的以外别无所为。所谓为学问而学问，为艺术而艺术，为革命而革命，就是这样子的。当真要提高党权，也必须为提高党权而提高党权，党权才真正有提高之望。这也就是公心。中国工业还没有开发。久处在自足经济家族制度之下，一般人与人的关系浅，休戚不大相关，公心当然不大会有。这实在是将来第一步行施国家社会主义或国家资本主义时，心理上的一个大障碍。这种障碍不克除，所谓国家资本，必致变成官僚资本，流弊岂可胜计。所以，便令一般人无公心，革命者必不可以无公心，然后革命才可以走到真正革命的路上去。

老实不客气说：眼前中国，实在并没有一个人有统一全中国的力量。要统一中国，必须有严明的强有力的革命党。也许一个党还不够，但是现在也殊无两党并立之可能。在国民党言国民党。我是虔诚地希望中国国民党能够改组得切实地有了统一中国的力量，由是而使得社会政治经济教育都上了轨道，人人都得安其生乐其业。我也得老老实实地弄弄科学。可是国民党要改组得有了这种力量，显而易见必须认真地提高党权，而如当真认真提高党权，也显而易见必须注意我上来之所云云。更具体言之：就是必须造成一个强有力的严明中央，个个党员都要把自己的力量才智交把中央，中央有了毛病时，应该以合法的方法，努力使之改造，绝不可遂迟尔别树一帜，或拚命地去抬高自己可以直接支配的机关的权力，如果那样子作，不过徒徒表示自己不识大体，不智不慧。政治家固然必须有野心，但同时还要有智慧，否则必终于事败功隳，使人叹惜而已。这类话也许不过老僧常谈。可是若因其是常谈，就不照着去作，那就还大有谈谈的必要。

（原载 1928 年 6 月 10、24 日《革命评论》第六、八期，署名 TSS）

我们为什么革命
（1929 年 1 月 6 日）

现在是再度革命的酝酿时期，不论对于革命的理论，或是对于革命的行动，都有清算与整理的必要。"没有革命理论，没有革命行动"。我现在想先对于革命理论，略说一些话。

我第一要说的是为什么我们革命。在这个题目之下，我要说两层意思：第一说我们革命的缘故，其次说革命的对象。

我相信这两层都是该说说的。一个人不拘做什么事，说什么话，最好是先自己弄明白所以要那么做那么说的缘故；就是对于人，也应该如此。你如要批评别人的行为，判断别人的言论，你最好先弄明白他所以有那样行为或那样言论的缘故。我以为人如能保持住这种态度这种办法，一切问题必定都容易解决的多。那么，我们革命，我们为什么而革命呢？我以为不拘谁，如要革命得彻底，不因循，不苟且，不投机，不妥协，都必不可不先对于这个问题，有个彻底的自觉的解决。至于关于革命的对象，我觉着现在有一种很流行的错误见解，为求革命前途，少生枝节，免除无谓的纷纠起见，对于那种错误见解，也实有急速加以矫正，并将真正的革命对象，斩截地明白指出之必要。

我们为什么革命呢？要晓得这个，不可不先明白所谓革命是什么。革命是社会结构由积渐而致的骤然变革。在这个界说上，第一要注意：革命是关于社会结构的事，社会结构不变更，无论社会政治上，怎样的混乱，也算不得革命，至少在今日，革命的意义是应该如此的。在这个界说上，第二要注意：一个社会之所我们为什么革命以革命，并非一朝一夕之故，乃是积渐而致的；只是以革命本身而论，则革命却是一种突然骤然的变更，有人比之于冰山的翻筋斗，可以算得一个确喻。冰山之所以翻筋斗，当然不是一天两天的缘故，但在翻的那一顷刻，则不能不算是一种突然的变化。人类社会中的革命，便也如此。

本来，社会结构的所以形成，一方有社会生产力，一方有与之相应而成的社会制度，社会制度乃是一种有惰性的东西，是懒意变化的。等到生产力逐渐增长，原来与之相应的社会制度，不但越来越与之不相应了，而且越来越变成窒碍，于是双方的矛盾抵牾，逐渐增加。等到这种矛盾抵牾，增加到某种数目，也就是社会生产力，增长到某种数目，于是旧来的社会制度遂必然地而不得不破裂；同时在那逐渐增长的生产力下，养成的一种新社会力量，便自然而然地把一种在旧社会制度中孕育了的新社会制度揭发出来，而一种新社会结构于是遂得逐渐地形成。即这便是今日所谓革命。今日所谓革命，是不能外乎这个的。在这种意义之下，显然，所谓革命乃是一种必然的社会现象，放开来说，也就是一种必然的，人不怎么能如之何的自然现象，只是这种自然现象，特别与人关系密切罢了，以集合人与人的关系而成的所谓社会也者为主体罢了。

那么，革命既然是一种必然而无可如何的社会现象或自然现象，人在其中似乎也不过随波逐流，出于不得不然而已；又能有什么意义？又能有什么所为？但是这却不尽然。人之革命，固然在一意义下，也可说是行乎所不得不然；可是为什么有人革命，有的人却不革命，甚而至于反革命？这其中必然有缘故。进求这种缘故，当然最显然可见的，乃是人之所以革命乃是环境使之，乃由生活情况凑合而成。但是凑合成的又是什么呢？我以为这除了不得不然的成分以外，即除了不自觉的成分以外，必然还有个对于社会变化的自觉。这就是说，一个真正的革命者，不但必具开阔的胸襟、热烈的心肠、冷静的头脑、坚决的意志，必然还更有一种比别人灵锐的感觉；他之所以革命，必然是在社会变化上，觉察到了什么，必然是从社会变化上，感觉到了一种反革命或不革命的人所不能感觉或没有感觉的刺激，因此才有革命的反应，因此才有革命的行动。我相信，客观地看来，我们的所以革命，实在于此。

现在当看一个革命者在社会变化上究竟感觉到了什么。如前所说，社会之所以发生革命，乃由社会生产力的增长。可是社会生产力为什么增长呢？社会生产力的增长，主要的原因，不外生产技术生产器具的改善。而生产技术生产器具的改善，主要原因又不外乎科学的进步。所以如此说来，促进科学，最是使社会革命的妥靠的方法；而社会一度革命也就是社会一度显著的进化，只是因为人类的愚蠢，因为人类的惰性，因为人类的对于自己的事情，特别不能客观，也就是因为人类远未能把由数学与实验相结合而成的"科学法"，普遍应用，历来的革命，不免牺牲得过大一点罢了。

社会一度革命，就是社会一度显著地进化。我相信，一个革命者在社会变动上，第一所感觉到的，就是这个。因为感觉到了这个，因为要促进社会的进化，这便是一个革命者所以要革命的第一个缘故。社会本是必然地自要变动的，本是必然地自要进化的。但人固是社会关系的构成者，在社会变动上，自也有其应尽的本分。本分是什么？便是使得社会进化可以顺利地进行。一个革命者便是能够履行这种本分者，履行这种本分，也就是革命者的历史使命。在唯物史观上，所谓历史，本就是社会变迁的意思。所谓革命者的历史使命，本就是革命者在社会变迁上的使命。照这种说法，所以可以说一个革命者就是社会新结构的一个助产女士。社会革命本是社会矛盾的解和，社会革命者（即今日一切真正革命者）也便可说就是这种解和人。

中国有句老话，就是说，"汤武革命顺乎天而应乎人。"这种话听着，自然不免似乎腐。中国还有一句俗话，说"替天行道"。这种话听着，自也不免于土。但是不管其土不土，腐不腐，现在的真正的革命者，其实也还是如此的，但令晓得所谓"天"，不过是"自然"的意思。所以革命者之所以革命不过是为的与社会变化相应，而使其进行得顺利。中国还有两句古话，说"顺天者昌，逆天者亡"。革命者只是要顺乎自然，而不肯反逆自然；只是要昌，而不甘于亡。

马克思也说过："哲学家们只不过种种地解说了世界；要紧的乃是去变更之。"可是照马克思的"辩证法"（"对勘"），世界本自是时时都在变更着的，为什么又要人变更之；所以要人变更之者，也不过是要人行为得与世界的自然且必然的变更相应而不相背而已。而是所谓世界，人本是其一部分。说世界变更，人之变更，自在意中。因此，要人变更世界，盖也不过要人对于己也在其中的世界变更，有个自觉，而更勇猛积极进行之。同样，前所说一个革命者对于社会变化的觉察，也便可说，就是觉察到在社会变化之中，自己也有其分，为与这种变化相应，为尽这种变化的本分，所以才不得不助着社会革命，以达社会进化的目的。

可是，社会为什么又要进化呢？社会进化的目的又何在？社会变迁，究竟要变迁到哪里去？换言之社会革命的究极目的，又是什么？说到这一层，便势不能不讲到人生观或人生理想的问题，有的人或不免以为这个更玄虚了。然而其实不然，人生观其实是最切于人生的事。一个革命者，如要革命得彻底，必须对于人生有种至极深刻的认识。当然，这种认识之得来，必是本着自己的锐感，而从生活本身中得来，绝不能凭空瞎想的。一个人而无对于人生的认识，而无对于人生的理想，必是一个"无主宰"之人。"无主宰"之人，如何能革得命来，当然更不能做革命的领导者。这样的人，其实可说就没有认真地在人生中生活过，就没有尝到过人生的滋味，他又怎能如人生何？这样子说来，一种人生观对于一个革命者，尤其站在革命前锋的人，确是必要的。问题乃在所需要的是那样一种人生观。对于这个问题，我不能不在此简略地也说几句话，以表明我们所以革命的又一个缘故。详论则当俟另篇。

当然，一个革命者的人生观，必是革命的；还可以说必是客观的，因为不客观便得不到实际的缘故；更还可以说，必是美学的，因为美是圆满的人生中最后的标准的缘故。这样的人生观，如何可以得到？当然，必须根本人生的实际，如前所说，必须认真地在生活中生活，必须切实地体验那种生活。如此才可以见到人究竟为什么而生。人为什么而生？人为什么而活着？人只是为生而生，人不过为活着而活着。所以生之一字，乃人生最伟大最重要之一字，凡是一种切实的人生观，必不能不根据这桩简单而概括的事实。根据这桩事实，而定一种切实客观的人生观，那便只在使人人都得遂其生，使人人都得善其生，简单言之，便在"生之扩大"。即这便是人生理想，即这便是人生归宿，革命的最后的目的，是不能外乎这个的。我们的所以革命，这便又是一个极要紧极根本的缘故。反是而言革命，必然只是自欺而欺人的话。我们为什么要喊叫解放一切被压迫者？我们为什么要反抗任何侵略与剥削？我们为什么觉着现状不可一朝居？根本上实在因为什么压迫侵略剥削现状，都太与那种理想归宿相违反了。都太与"生之扩大"的人生观，相去的遥远了。在现状之下，大多数人是不能遂其生的，更说不上什么善其生。这是应该的么？实在没有一点的道理。照今日世界的生产力，全世界人类，本已都可过得很好的生活。然而现状竟不许，我们感觉到这个，我们相应社会的变化，我们如何不思把现状务革而去之？我们如何不谋把造成现状的一切制度习惯，悉扫而空之？我们既为此而革命，我们要促成的社会制度，自不难见。当然一定不是什么流行的资本主义，更不是由资本主义长成的帝国主义；自也不是，要维持"残余的封建制度"，以及什么从以前的制度遗留下来的思想习惯势力；而乃是一种所谓大同主义或"共通主义"。

这说得太空了么？这说得太乌托邦了么？我以为这是不能这样子抹杀之的。所恶乎乌托邦者，恶其不切实际。所恶乎空想者，恶其不能实行。但是一种比较宽远的眼光，一种革命者却绝对不能没有。一眼只望到远处的人，固然可以跌在坑里（相传希腊等一个哲家阋利史的故事）。一个完全没有理想归宿的人，也必会弄得茫茫欲何之，寸步不能移。须知政治并不是一切，眼前的政治尤不是一切。只顾到眼前的人，必不能解决眼前，因其除了眼前，更不晓得出路。一个革命党，要紧的是既有远大的目的，又有当下的办法；反过来说，就是既有远大高尚的理想，又要有当下可行的方略。即以国民党左派而论。国民党左派如果要整顿国民党，如果要恢复国民党的信用，如果要与天下人以共见，如果要贯彻革命的主张，那便应一方明明白地揭布出自己最后的理想，自己的斩截的态度，一方更应详详细细地对于一切经济建设、政治改革、文化政策、土地问题、国际关系，种种等等，都订出审察周到切实可行的方案；不当政时，做预备工夫，一旦当政，便悉举而实行之，像俗话所说的，一登台便拿出几手来给人看，如果能够这样子，中国的复兴，革命的成功，实在不是难事。本来，远之于近，辽远的理想与目前的计划，貌似相反，其实相成，缺一不可，相离也不。可所谓"没有革命理论，没有革命行动"，也就是这个意思。我所以说我们所以革命既为与社会变动相应而促社会进化，又为一种广远的主张"生之扩大"的人生观，区区之意，也不外乎此。

照上所说的两层，好像人之所以革命，都不是为的自己，都不是为的个人，这其实也不尽然。如果一个人，同的不外子女玉帛，丰食广居，革命当然不能为这样的个人的这样目的。这样的人最好不必革命，他其实也绝不会革命。但革命却并非因此就全不为个人。本来，就一意义说，我所谓为一种人生观而革命，就是为的那种人生观所要代表的一个一个而彼此有关系的个人，而绝不是为的一句空洞的见解。但现在所说的为个人，还不止是这个意思。照一般所晓得的，革命显然是为大众。一个社会里，如果非大多数人自觉地或不自觉地都需要革命，革命绝不能成功。少数人的革命是没有的事。假如你是革命的，你当然是革命的大众中的一分子，有的人开口从民间来，开口到民间去，我真不知其自居于何地。如此，革命是为大众的，你是大众中的一分子，当然的结论：革命也为你自己。那么，为你自己什么呢？为满足你自己的欲望。为满足你自己的什么欲望？特别是生之欲望。人不受压迫，生活不穷困，大概是不会革命的。恐怕人的所以革命，第一步大概都如此。

或者以为革命不免要牺牲，既为自己，岂还能牺牲？我以为此疑不然。革命虽也为自己，并非单为自己，单为自己的人，你不用想其革命。而且革命之为到自己，入由一个革命者不能自居于大众之外，因为大众乃为到自己，既非专为自己，显然，要牺牲时，是还可以牺牲的。这并不是唯心的说话，只不过表襮事实。革命最忌矫情与客气。矫情客气的人也是绝不能革命的。革命者明明都为自己，明摆着的事实，你如何不承认之；所以如说唯心，不在我而在你。

总上所说，可说都是说的我们为什么革命的正面。以下当进而说说负面，便是革命对象的问题。

我们革命，我们究竟要革哪个的命？关于这个问题，我于开篇，曾说有一种很流行的错误见解，不能不加以矫正。中国这次已经失败的革命，开初的口号，本来有两个，一个是打倒军阀，一个是打倒帝国主义。这本来就不全对；近来简直竟有中国人，连这个也都不许提了，当然更不对的利害。但我所谓流行的错误见解，却还不是指的这种人的见解而言，因为这种人本来不是革命的，在革命理论上，用不着与这种人去计较。我所指的错误见解，乃是把革命对象说的好像革命在对人。这实在是一个极大的错误。第一，因其忽略了根本；第二，因其违反了革命的本意。因此两层，都不免使得革命多生枝节，多所纠纷。例如打倒军阀一个口号，就不免犯了这种错误。只说打倒军阀，而不更注意于产生军阀的制度，结果旧的军阀，表面上似乎是打倒了，而却继生了一大群的新军阀，究竟于实何裨！

那么，真正的革命对象，到底是什么？我以为但令人切实地明白了如前所说的革命的意义，这个并不难晓得。我可以极郑重斩截地说，革命乃是对于制度，绝不是对于人。中国的革命是要打倒帝国主义与"残余的封建制度"。所以要打倒帝国主义，就是因为帝国主义是一种制度。你如真要打倒军阀资本家与地主贪官污吏土豪劣绅，你也只有从根本上打倒产生这种种什么军阀资本家等等的制度。如果只知对人，而制度不管，结果必致表面上旧的像是打倒了，而新的又复产生，而且说不定你自己就也变成你自己所要打倒的人。一个人无论他怎样，我始终坚决地相信"个人无罪"。一个人之所以有罪恶的行为，都是社会制度与习惯使之，个人实在不能负那种责任。个人习惯的养成当然不外由于社会制度与教育；而教育自也是一种社会的制度。所以一切罪恶，究其实，都不能不加在社会制度的身上。要使世界无罪恶，只有革社会制度的命，由好的制度，好的教育，以养成好的习惯，这样子乃能使人无复罪恶的行为。若像现在对待所谓罪人的方法，只不过由于人的懒惰与不科学，事实上只有延长罪恶，一点好效果也不会收得到。

一种革命，虽不能由一切人来干，但是一个社会里的革命确是为的所有一切与那个社会有关的人人。你于此一定要问，难道现在的革命也为帝国主义者军阀大地主资本家么？为的，为的，不管你怎样骇怪，我也要这样说。为的什么？为的使它不再做帝国主义者军阀大地主资本家，为的使它不再做侵略压迫剥削的事，以至于使全世界上从此再不复有侵略压迫剥削以及一切残忍酷暴的事。当然，在革命之际，对于反抗革命者，对于拥护旧制度者，不能不加以制裁。但是所制裁者，乃是裁制其反抗革命而拥护旧恶的制度，并非先天地特别有恶于其人。现在压迫者，但令其不复冥顽不灵，但令其能不死恋其现在夤缘以为利的制度，本可与被压迫者同等看待。只是人这种蠢东西，不见得这样能变罢了！不过，人之有不良行为，由于有不良习惯，有不良习惯，由于有不良制度：这究是一桩不可不特别注意的事实。

现在世界上，最高尚最可钦佩的人，本只有劳动者；至于什么侵略者，剥削者，勾心斗角买空卖空以侵蚀别人劳动的收获者，实在均是最堪怜悯的人，不管他们自己觉着怎么得意，怎么趾高气扬。劳动者现在不过因社会制度而受苦；而这种人却是因社会制度而为恶。所以我觉得革命对于这些，是同应当想方法的。我相信，一个革命者而能透彻地见到这个，而能胸襟这样地开阔，而能把注意特别集中到社会制度上，必会自觉着心安而理得，必会益感到自己责任的重大，必会艰难困苦，悉所不计，勇往直前而无所于悔，必会免掉了一切不好的情绪，必会进行得妥帖而顺利，也必会益作得热烈真挚，圆满周到，鞠躬尽瘁，死而后已。

总结我的话：我们的所以革命，第一，是为个人而革命；但第二，绝不止于是为个人而革命，更是为革命而革命；但第三，也不仅仅是为革命而革命，更还是为人生的最高理想，即是"生之扩大"，而革命。而我们的革命对象，绝对在制度，而不在人。

（原载 1929 年 1 月 6 日《民众先锋》）

一二·九
（1936 年 12 月）

一二·九！这是一个多么不可忘的数目！这是一个多么值得纪念的日子！

自从九一八以后，中国有三桩事是特别值得纪念，特别具有重大意义的。一是淞沪之役，二是长城之战，三便是一二·九的学生表示。而一二·九尤是一种新运动的开始。

近几十年来，中国的怯外，太普遍太深入了。内乱虽然迭起，总觉着对外是不堪一战的。淞沪喜峰口两役是把这种谬见完全打破了。中国不但可以一战，而且战并不必即败。但令全国一致，但令全国有决心，一旦战起来，而且持久战下去，胜利实不必属于彼强。但令和平可能，为全人类打算的人当然没有反对的。中国且本是和平的民族。不过，既然实迫于此，受侵已多，除了战以外，又有什么别的可说？这在淞沪喜峰口两役都已明白告诉了国人了。

至于一二·九的意义，尤在明白表示出来，在大家垂头丧气，忍气吞声，空气万分严重，都感觉着没了办法的时候，徒手的青年是犹可一吼的。根据量变质的原则，这一吼当非出于偶然。由这一吼泄出了多少人压抑多日的郁闷之气。由这一吼表示出中国人并未死尽，至少在学生青年。由这一吼使得救亡的运动遂蓬勃于全国。这一年来，就令侵略的恶流并未抵住，至少对外的观感已大异于前。联合抗战作为全国最高的口号，恐怕已是大多数人一致的了。还有，只有行动才可以打开沉闷的局面，由这一二·九的一吼也已表示得明明白白。

但是纪念一二·九还有消极的两点不可不注意，不可不说明。第一，一二·九学生的表示，本显然是由于热血的青年再忍不住了热血的沸腾，因而才不顾一切，冒很大的危险，作一种新的尝试。不幸，有人乃忽视了青年动机的纯洁，不察实情，认为被利用，有作用。这就不说是诬蔑，至少对于运动，对于青年，是极有害的。更不幸的是有些妄人，看见一二·九行动成功了，便为个人打算引以为己功。这真是贪天之功以为己力，结果适有完成其为不祥的妄人而已！

第二，还有人以为一二·九的行动，目的在于地方。这也是一种忽视实情的说辞。而且具有转移目标，挑拨离间，偷梁换栋的作用。其意不但在把一个蓬勃的运动打消，而且企图使其失掉真正正当的意义。中国救亡岂只是救的一个地方？救亡的运动自也没有只在对付一个地方的道理。一二·九的行动与淞沪之役长城之役原是一系相承的。参加淞沪长城两战的将士与参加一二·九行动的青年原可结为一体，只有有意中伤者与意图破坏者才会采取挑拨离间的手段离而二之。中国今日的问题乃是全国的问题，而不是一个地方的问题。中国闹到今日这个危急局面，应该负责者自也特别在那负全国总责者，而不应诿之于某一方面。没有全国整个的办法，是必然解决不了部分的地方问题的。晓得了这一点乃可把握到一二·九以来的全国救亡运动的真义，同时也可恍然于把一二·九行动看成是对付地方的错误的有害。

更从积极方面来说。纪念一二·九不应追怀过去。纪念一二·九，固然应了解一年前一二·九开始的伟大运动的意义。同时更应认识一二·九以后的今日的更危急的局面。尤更应担负起在这个更危急的局面下的当前任务。前已说及，联合抗战应是今日全国最高最主要的口号，今日的联合战线当然应以全民族为度，而不应以一部分人为限。当这个生死存亡的紧急关头，当然再不可在全民族中分什么此疆彼界，这党那派。凡是认清目前危急局面，愿意推进救亡实践抗战的，当然也再没有仍只知反对政府之理。救亡是人人的责任，是人人的义务，是人人的权利，是人人都有份儿的。换言之，就是人人都有爱国救国的自由。政府只可不许人不救国，而不可不许人救国。对于努力于救亡运动者，政府应该加以奖励，而不应予以限制。凡是努力救亡的本都是捍卫国家的力量，也就是维护政府的力量。否则皮之不存，毛将焉附？国家不存，政府何有？因此，一方为救亡而联合抗战，一方为联合抗战而要求政府取消对于救亡运动的取缔，开释拘捕的救亡运动者，公开承认人民爱国救国的自由——这两点岂不就是今日每个参加一二·九纪念者都应当担负起来的任务？

（原载 1936 年 12 月《清华副刊》第四十五卷第八、九合期）

民主大纲
（1945 年 1 月 15 日）

一、民主的一般意义

1. 民主字义——民为主——主权在民——民有，民治，民享（"人民的，由人民的，为的人民的"——原本林肯一八六三年盖提斯堡演辞结语）。

2. 民主真谛——甲、权责分担，名利均沾，尽可能期于人人生遂欲达志满——乙、使最大多数人都得到最大量的发展——人人都得展其才，尽其力，发其业——一切人都应有止于至善的机遇（"匹夫匹妇不获自尽，民主罔与成厥功"——断取书经传为伊尹作的咸有一德篇结语）。

3. 民主的基础——人与人差不多而不同的事实的认识；理性的昂扬；技术生产的发达，交通贸易的便利，社会生活的富足。

4. 民主的三要素——自由（发展的自由），平等（机会的平等），合作（事业的合作）。

5. 民主的五方面——思想民主，社会民主，政治民主，经济民主，国际民主。

二、民主的具体方式

1. 民主的一般表现——甲，有法守法（怎么说定怎么作）；使得一切有关人都得与闻有关事（大家事归大家管）；服从多数，尊重少数（相信事情是多方面的，真理是相对的；办法求其可行，行不通就改）——乙，由讨论来决定，本同意为治理（"讨论政治"，"同意政治"）；有不用开枪而和平变更统治者的力量（"和平革命"）；切求中和均平公正（以"平等机会""公道待遇"为意义的所谓"公平的玩"，所谓"运动家风度"，所谓"君子无所争，必也射乎！……其争也君子"）。

2. 民主的思想与社会方面——思想的解放，独断、迷信、盲从的祛除；以个人为社会本位，法律之前人人平等；妇女的解放，男女婚姻关系的解放。

3. 民主的政治制度——以宪法规定国家的根本组织，规定人民权理的保障；以议会为人民议政的机关，监督政府的行动；以对议会负责的政府执行人民的共同意见。

4. 民主的经济结构——以社会福利为生产的出发点；以设计或计划化与逐渐集体化为经济发展的途径；以均衡为分配的标准。

5. 民主的国际关系——成立推进世界和平与安全的包括政治、经济、法律、军事、文化各方面的国际组织；推进各民族的普遍发展；推进各地物质资源的充分的互惠的利用。

三、民主的历史发展

1. 古代的民主——奴隶社会的民主——希腊，美索波达米亚。
2. 近代的民主——机械社会的民主——英，美，法，瑞士，瑞典。
3. 现代的民主——人的社会的民主——苏联。
4. 民主的将来——现代民主的趋势——民主将来的可能。
5. 民主在中国——中国曾有民主思想，从无民主政治——目前中国民主的必要与可能——目前中国的民主运动主要直接目的在挽救民族，在团结统一，在广泛动员——动员一切人力物力，以获得抗战的最后胜利。

四、民主与其他社会政治经济制度的对比

1. 民主与封建主义——封建主义是民主的敌对物——封建社会的社会特征是等级，所谓"礼不下庶人，刑不上大夫"。
2. 民主与资本主义——民主与资本主义并无必然不可离的关系——民主政治并非资本主义社会的产物（民主与所谓自由主义与非绝

对不可分割）。

3. 民主与社会主义——社会主义是进步民主的一方面——经济民主即社会主义即民主集体主义或集体民主主义。

4. 民主与法西斯主义——法西斯是民主的死敌——法西斯的中心特征在为封建主义与帝国主义最恶毒的结合表现。

5. 民主与合作组织与社会安全——合作组织为今日推进民主的一种最适宜的生产与消费制度——以民主设计，发展科学，广增生产，畅利流通，充分就业，保障社会安全，而使人人享有免于匮乏免于恐惧的自由。

五、民主与其他社会现象或人类活动

1. 民主与哲学——民主需要一种进步的一元（一体一类）兼多元（多个多样）的"具体相对论"的哲学为最高行动向导。

2. 民主与科学——民主与科学在发生上部分相同，在长大上互相依赖。

3. 民主与文学与艺术——建立民主的文艺政策——民主需要以民主的文学与艺术为宣传武器。

4. 民主与教育与道德——依据民主原则进行教育以及道德的改革——建立彻底民主的新教育以及新道德——普遍养成民主的生活习惯。

5. 民主与战争与和平——以民主的力量，广泛的动员，获致反法西斯战争的彻底胜利——以民主的力量，进步的合作的办法，保障社会安全，推进世界和平顺遂的发展，永远消弥人类间的战争，向着遂生、大生、美生的人生理想，实现人类社会的大同。

六、附题：民主运动开展的条件

1. 民主运动与世界潮流——今日是人民的革命的时代，今日的民主运动必须与之适应。

2. 民主运动与中国传统——仁，恕道，讲情理，行四绝（勿意，勿必，勿固，勿我），与人为善，不为己甚，时中的准则，"己所不欲，勿施于人"，"有诸己而后求诸人，无诸己而后非诸人"的箴言，以至

"大道之行也，天下为公"的理想，今日的民主运动均应与之接合。

3. 民主运动与领袖——民主不抹煞领袖，民主运动更需要领袖；但民主运动的领袖必是服从民众的领袖，必是不怕人多的领袖；必是有心有脑有胆，眼明手快，切实能前知（即能料事，明烛机先，能察变断势，估得定事变的可能趋势），沉着而不迟钝，稳重而不失机的先驱的领袖。

4. 民主运动与民众——民主靠着民众，民主运动的基础更在民众；今日民主运动的民众基础，一在工农劳苦大众，二在青年与妇女，三在一般知识分子，自由职业者，民族工商业者，以及一切与封建制度不相容者（政治上所谓以某一阶层人民为基础，或说代表某一阶层，实际意思乃在特别拥护那一阶层的利益，或说使得那一阶层得到应得的利益）。

5. 民主运动与组织与纪律——"自由的代价是永恒的警戒"；组织是保障自由发展自由的条件之一。民主运动也同于民主，为求集中有力而免于散乱或无政府，是需要组织与纪律的。但民主与民主运动的组织与纪律是平等的，不是单面的：组织既不是单单自上而下的组织，而是上下相通的组织；纪律也是上下，领袖与群众，共守的纪律：是公约式的纪律，而不是命令式的纪律，而不是强迫外铄的纪律。

6. 民主运动与其他社会运动——民主运动不是孤立的，也不应是孤立的，在今日除与抗战事业成为一体，并兼以守法运动，反内战运动，改革风气运动为应有内容外，与以"实与理想"为中心的新启蒙运动，扫除文盲运动，科学运动，新写实主义的文艺运动，均应密切配合联系。

（原载 1945 年 1 月 15 日《民主与宪政》，后辑入 1945 年 12 月出版的文集《独立与民主》）

我的立场与信念
（1945 年 1 月 15 日）

我可以坦白直率地说：国内民主党派最近所共同主要直接从事的不外二事。一，对政府要求党派会议与联合政府；二，在自己促成民主战线与共同纲领。至于配合盟军，发动反攻，不但驱敌人于国境之外，而且打到东京，以恢复我国家领土的完整，主权的独立，而保障世界与东亚的安全与和平，当然是我们不待言的最后目标之一。

此虽未言统一团结，其实统一团结已在其中。要知，统一团结不能徒托空言。要实现统一团结，就要知，统一是有条件的，团结也是有条件的。统一与团结一般的必要条件，就是公平周到：遇事尽量公开；任何繁难问题不惮提出讨论；态度彻底光明。有话不明说，有事不开诚商量，有力量不大公无私地利用，必然统一团结不了。就在今日，可以完全公开说得出来的事，总还不会是太坏的事。

统一团结的具体条件当然就是实践民主，包容各方面的意见与力量，使各方面的意见与力量，在天下为公的原则之下，都得有为国家民族发扬发挥的余地。

所谓民主战线，或称国民联盟，乃要由国内一切主张民主推进民主者共同组成，不问他属于何党何派。但现在事实上势要以国民党民主派，中共，与民主同盟，三方面为主干或核心。

所谓共同纲领就是共同约束，不但要讲现在，也要涉及将来，应该由一般原则而及于具体节目。一部要是现在当前的努力方向，一部要是不久将来的施政方针。而在开端要先之以简单几条大的原则。这些大原则，我意应该包有以下五点：

一，一切国内问题政治解决，以期适应世界潮流，达到和平顺遂的发展；

二，一切党派谈判，国事会商，尽量公开举行，以期人民监视之下容易得到公平合理的决定；

三，最短期内实行民主政治；

四，国家一切政策设施应普遍顾到全国一切阶层一切人民的利益；

五，本民主设计办法运用一切力量（人力与物力）并平衡发展国内一切力量（人力与物力）以促进国家的现代化（因为最切实言之，中国今日最根本要紧的就是所谓现代化，而任何懂得时势的中国人所最不会也不能反对的也是中国的现代化）。

至于党派会议，当然不能限于现有的党派；对于真正无党无派者势不能不承认其地位。党派会议所重应该是社会中有明白表示的有力倾向，而不应该是若干分子所属的组织。

所谓联合政府，虽名为联合政府，在我的意思，只是指的全国一致的民主统一政府而言，绝非是由少数党派分割政权的意思。一切用人自应只问其才，而不问其党不党。

（原载 1945 年 1 月 15 日《民主与宪政》，后辑入 1945 年 12 月出版的文集《独立与民主》）

民主的三种类型
（1945 年 3 月）

　　有英美的民主。有苏联的民主。中国的民主将是那一种的民主呢？

　　对于今日这个迫切的根本问题，我的答案是：中国的民主既不是苏联的民主，也不是英美的民主。中国的民主只是中国的民主。而且中国的民主，既不能说在经济上要像苏联，更不能说在政治上要像英美。如果说它有所像，更要知它有根本的特点。

　　英美的民主，苏联的民主，中国的民主，这便是我所谓的民主的三种类型。

　　要根本了解这个，先要懂得所谓社会结构。中国的社会结构，与英美的社会结构，与苏联的社会结构，都有根本的不同。

　　对于社会结构，我也相信所谓阶级说不失为一个解释，但要解释所谓阶级或阶层，却不必一定要拿社会中人在生产过程上的地位，或对于生产工具的关系来解说。只一般地拿利害来说，也就够了。一个社会里边，生活上利害根本共同的便构成一个阶级；生活上利害根本不同的便属于另一阶级。一个社会里边，有没有阶级，只看里边的人生活上是不是根本有所不同，就够了。所谓生活上，说得精密一点，也可说资生之具，或说靠什么生活也行。

　　拿由阶级形成的社会结构来说，中国社会，与英美社会，与苏联社会，显然都根本有所不同。概括言之，可以说英美社会是二阶级的，苏联社会是一阶级的，而中国社会是多阶级的。在英美社会里，由两个主要阶级，即资产阶级与无产阶级，在一般情形下，互相对垒，而中产阶级通常属于次要地位。苏联社会里则只有工农与主要由工农生成的知识分子，合成唯一的阶级。中国社会乃以农民，小地主，小资产阶级（包括手艺人，手工业者，小商人等），知识分子为主；大地主，现代工人，现代资本家，都居于非决定重要的少数。

中国社会的构成与英美，与苏联，这样不同，彼此的政治经济，彼此的民主，又怎能一样？

英美的民主是，一般说来，一个主要阶级在上，一个主要阶级在下的民主。苏联的民主是一个唯一阶级构成社会的民主。中国的民主则应是多阶级平等，多阶级融洽，多阶级合作的民主。这是中国民主的可能，这也是中国民主的理想。

我也相信，理想的社会是没有阶级的社会，也就是所谓大同社会。但要达到没有阶级的社会，要先达到一个阶级的社会。由两个阶级或几个阶级的社会变成唯一阶级的社会，有两个方法。一个是两个阶级或几个阶级融合为一个阶级。另一个是由一个阶级把另一个阶级或把另些阶级消灭了；而那一个阶级必是非有它不可的阶级，即是劳动与知识阶级。苏联所以采行的就是第二个方法，而中国则应，或最好，也最可能采行第一个方法——多阶级融合法。

这有可能么？这是可能的，也是应该的。

一则中国社会阶级的划分本来还不清楚，无须首先把它划分清楚了，然后再来消灭，人类总应该领受历史的教训，人类总应该不必故意蹈过去的覆辙。今日已是二十世纪的中华，用不着中国再来重走欧洲十八九世纪的旧路，这是中国特殊情形。

二则这次世界大战剧烈以来，许多进步的学者，如生物学家赫胥黎博士（Dr. Julian Huxley），如政治家拉斯基教授（Prof. Harold Laski），以及号称保守派的国际问题专家嘉尔教授，都切实认取：今日的时代是人民的革命的时代。在这个时代平常人抬头，经济民主高涨，社会安全制度必然采行。在这种情势下，居统治地位的资产阶级不由得不让步。同时在共同作战精疲力竭之余，今日也无复转国际战争为国内战争的可能，因此只有趋于阶级的融和。这是国际当前趋势。

因此，中国的民主可以是，也应该是多阶级融合的民主，既不能是一个阶级在上，一个阶级在下，一阶级在旁的民主，也不会是唯一阶级的民主。

因此，中国的民主只是中国的民主，既不是英美的民主，也不是苏联的民主。

只是中国的民主，顺应世界的潮流，必然不只是政治民主，必然是经济民主。中国战后必要采行民主的设计或计划化（包括所谓计划经济），必然广泛扩大合作事业，必将兼采生产贸易交通运输的民营与国营，前二者是战后全世界都会有的情形，而后一层则苏联并不如此。说中国在经济上要像苏联，岂是全部的事实？

假使有人认为这种阶级融合说只是一种唯心幻想，那么现在流行的联合政府论，照逻辑推下去，岂不要陷于无甚意义？假使说所谓联合政府乃是一种权宜之计，那么阶级的融合正不失为这种权宜之计的实在基础。

更可能有人说，几个阶级，为了一种利害关系，一时的妥协，并不必能形成永久的或融合或融和。这种说法在欧美也许是对的。可是中国并不是欧美；中国的阶级划分不严明是事实。假使忽视这个事实，硬把西洋的样子向中国套，那一定会陷到主观教条，宗派主义，独断的门户之见里去。

阶级是以利害而分，但在一个民族里，各阶级之间利害上并非全无共同的地方，这也是抹杀不了的事实。

三十四年二月五日

（原载 1945 年 3 月《华声》第一卷第五、六期，后辑入 1945 年 12 月出版的文集《独立与民主》）

战后中国
（1945 年 10 月 15 日）

极大多数的人当都可以承认：从中国今日起到未来好的日子，还要经过一段极艰难的路程。

特别由国内和平的不顺利，对于敌伪的不痛快，许多人会有此感。

但尽可能从客观方面看来，好的日子究竟已不远了。

一个人，但令不总忽了日前的努力，想想可能的未来，不但要得，其实也是必要的。

假如各方磨擦能够渐渐绝迹，内战绝不许发生，政治能够作出民主的样子与民主的内容，人民的力量得到机会施展，由是由人民的积极努力与盟邦的善意协助，大概顶多一年半载之后，一切当可慢慢就绪。

这样想下去，我想许多人都是要心花怒放的。

当然这样假定国内无事，而且人民大家都得作最善的努力。

八年的艰苦抗战是已挨过了，由抗战结束过渡到和平建设，纵然还有一段困难时期，但令由民主的办法许人民大家好自为之，困难又何尝不能由部分克服而全部克服。

到了一切敌伪肃清，真正走上和平建设的那一天，我们会怎么样？

凡事，"预则立，不预则败"，"迨天之未阴雨，绸缪牖户"。"备预不虞，古之善教也。" 抗战既已结束，以后的情形如何，是应该早点儿想想的，但令不耽于幻想。

一个大原则，战后世界，除了人民继续抬头以外，设计或计划化必然流行。中国也不能例外。

其实，设计或计划化，说明白了，也没有什么，要义不过是脚踏实地，通盘筹算，周密配合。而民主的设计就是由下而上，不要由上而下。由此，自然虽说设计，也不过是集体合作，自不至于妨碍个人发展，自不至于陷于独裁部勒。

具体来说。

拿与我最接近的学术研究、文化事业、教育工作来说，想到战后，立刻可以在眼前展开一幅极广阔的天地。

但令国家无事，政治走上民主常轨，学术研究、文化事业、教育工作，战后真有极广阔的开展的余地。

本来在这些方面，有些至少在表面上，战前已部分的颇有可观。

这八年来，中国一般的对外文化关系，大部分都深受了被封锁的厄运。香港被敌占去的头两年，尤其封锁得厉害。

这种封锁，虽今战争结束，大体一般仍旧，比如我早知要有一本《罗素的哲学》出版，去年春夏间是出版了（生存哲学家丛书第五册），我曾四面八方托人买，买也买了，却是至今寄不到。朋友来信说：已交特别途径寄来了，仍不知何时可以到手，但这还是纯粹学术书，并不是什么应该受那一官方特别不欢喜的书，现在能到来的书大部分都是没有什么学术价值的时事书。

不容讳言，现在在学术上中国是一个落后国家，这样一封锁，许多新知识、新材料、新刺激，一般都来不了，中国在学术上便落后了。

但是可以想见，一俟和平可以真正恢复之后，但令国家无事，大批新书，现在来不了的，那时必可涌到，这些年的杂志都是订了存在那儿的，以后自然都可以来了。可以想见，会有一时来的多的使人有欲读不胜之感。

现在私营出版业是在叫苦连天。一般书摊儿上摆的都是红红绿绿，难得找到一本规规矩矩有学术价值的学术书。但到战事确实结束以后，情形一定不同了。现在的纸荒印难，在口岸收复、交通恢复之后，都可解决了。但有资本出书必定有应接不暇之势。也不必专在书皮上竞走了，学术书必大受欢迎。翻译事业必会大盛，禁书必可丛出。内容大概也不能不充实实在一点儿。

现在可以经常按期出版的学术期刊，大概一种也没有了。但到战事确实结束以后，必然大发展起来。抗战的前夕两个特色的定期刊物，就是文摘与月报，以后想必都可以复刊，而且，小主的出版期更频的这类期刊，一定也会有人出版。凡这种种，今日经营出版业者，都不妨筹划起来。战争之后，许多学校都要搬回原地去，研究工作，都可以恢复常态了。这几年来，这种工作虽不见大发展，都是在默默地进行着。战后在国际潮流激荡与国际合作推动之下，中国的学术研究一般当也不容再慢腾腾地老无大起色。在这次战争中，英美苏科学所发挥的宏力，对国人总该可构成一个刺激。

自从一九三〇以后，辩证法唯物论的方法在英美学者间已大大流行，已得到合法地位。就在这次欧战的前夕，英美科学的研究上，已有新的潮流露出端倪，那就是科学对于社会关系的重视，这都是战后中国应该迎头赶上的。

在哲学上，但令我们能够合理的自信，也不会没有独立的贡献。比如我自己的具体相对论，就是一个新综合，可说就是现代哲学里的逻辑解析法，罗素在数理逻辑上贡献的类型说，现代物理学上安斯坦的相对论，马克思主义下的辩证法唯物论，以及一般的科学法结合的逻辑发展，当然结论。不但与列宁常喜称引的"真理是具体的"以及"绝对是相对之积"，与斯大林在一九三八年九月写下的"一切都靠着些条件，地点，时间"，就与一般科学中惯常说的"在某种条件下"或"在某些条件下"，都有显然的联络。

不错，德日是要被再教育的。就是英美以及苏联的一般教育与学术研究，其实也都在自觉地改进之中。试听这几年来英美教育改革的呼声多么高，苏联方面，但看最近译出的《论高等学校中哲学教学的缺点》一篇报告（中苏文化今年第六、七期）也不难窥见一斑（该文中也说到逻辑课本的缺乏，说到在哲学系里也应讲授基本逻辑课程）。

古远的不论，近八十年来，或者少说，这四十年来，中国的教育，是太败坏了。而且总在变本加厉，一代不如一代。极端败坏的结果，就是使得许多读书人都不明理，都只知道目前的小己，绝不晓得什么久远的广大的高阔的东西。什么真善美的理想生活是绝谈不到。就是政治活动中人的佼佼者，也常不免既不切实懂得己国实情，也不真正认识世界潮流真况，常像是只求不失几个方面的欢心，以委蛇自保。就是有些文章写得呱呱叫的，也常不免是八股常套，千篇一调。"展开具有创造性的争辩"，在苏联犹感缺乏；在中国目前环境之下，不但有的简直不可能，有的甚至或许不应该！

但令我们国家无事，政治走上民主正轨，大势所趋，中国教育必然要大大改革。就由国际教育文化宪章的规定，国际教育文化组织的建立，大概也就不容我们的教育文化不有适当的变动。而这种变动必不能不适应今日的世界潮流，时代需要。

凡此文化、学术、教育，种种方面，战后中国，都容乐观，但是都不能不在国家无事、政治走上民主正轨的条件之下，而且显然都不可以坐待。必须大家从自己起，都抖擞精神，鼓起气来，奔上前去。也不能不必须群策群力，扫除障碍，扫除封建思想、殖民地心理的障碍，尤其是扫除反民主、挑内战的对于乐观国家前途的障碍。

在今日世界情况之下，为民主而奋斗，但令不违反民主，不拘怎样，都是对的。

为使国家前途确实可以乐观，也如此。

一九四五、八、十七写，九月中修改

（原载 1945 年 10 月 15 日《现实》第一期）

共同纲领的原则部分
（1945 年 12 月 15 日）

这两年来，适应世界潮流，配合人民需要，国内民主运动已稍稍展开。

随着民主运动的开展，至少鼓吹民主的各方面，久已有共同认识或共同纲领的呼声。

为扩大民主运动的力量，为使民主战线可以具体形成，更迫切地要求有一个可以共同遵行的共同纲领。

这一年来，显然它已由要求而渐渐走到实现了。

关于所谓共同纲领的内容，就是我自己，这一年来，也已有过三次的表示。朋友们间草创这个的也不在少。只可惜始终没有得到一个成形的统一的定案。而且时代变化的确是太快了，常常稍一迟疑，稍一蹉跎，原起的稿子就再不适用。当然，有别的顾虑，怕被拴住，因而不肯爽快地把这个促成出来的，也不是没有。

但到了毛泽东先生发表了《论联合政府》的报告，把希望全国讨论的纲领，一般部分即国家组织的原则，与具体部分即人民的现实要求，都系统整齐，切实明确地表示出来了。而且还加了长篇的详尽的解说。只可惜中国社会究竟太麻木了些，毛先生虽如此，也没有从全国各方面，特别是各民主党派方面，公开地得到所希望得到的回答。

这几个月来，特别是经过了国共两党会谈之后，国内许多方面都盼着召集所谓政治会议或政治协商会议。这个可能的政治协商会议，既至少要以建国方案或建国大计为议题之一。那么，一个全国可以承认的共同施政纲领，大概也许可以希望产生。无论如何，认真说来，在各民主党派之间，一种共同认识的表示，仍有其需要。

说到全国承认的纲领，说到全国承认的纲领，抗战开始以后并不是没有过。有就是前几年几乎人人口头念念不忘的抗战建国纲领。它本是二十七年三月国民党在汉口召集的临时全国代表大会通过的。后在七月初一届国民参政会开会时，大家由于对国家的赤诚，作了一致拥护的表示，这个纲领遂成了全国承认的纲领。可惜国人太健忘了，这几年来对于这个纲领久不大提起。纲领条文虽不少，似乎实行了的并不多。当然，有些条文现在显已过时。现在重弄纲领（也许可以就叫作和平建国纲领，或简称建国纲领）也许还可以拿那个纲领作榜样，或作可以作镜鉴的前车。

现在国共谈商之后，正在进行军事比赛，政治协商会议还不知那天才可以召开，共同纲领的产生，总望不至冲消，就令还大有待。我以为在这当儿，停止内斗固然是急如燃眉的事，除此以外，全国各方面，尤其各民主党派方面，于呼号停止内战的余暇，正可各本自己的观点，在积极方面也发表些意见，提供些方案，以备将来采择参考。一个时候，一种环境之下，根本上大家所见大概不会太不相容，但令都是为公。

所以正当各从自己的解点，各抒所见，以期互相补足，而收周咨博访，相得益彰之效。就令每人所见不必完全有，也比徘徊趑趄长此观望的好。

在我自己，我是仍愿当仁不让，以身作则，绝不惮尽量公开我的衷肠。纵然引不出玉来，砖则仍愿继续不断地抛。

在民主的世界，对于国家以至人类，本来人人都有他应享应尽的权责，就同为公民而论，谁也不必说什么地位的高卑，更不说无什么知趣或识相。只要大家人人力求作到各尽其才，各加其权，切实诚至，仁（生动灵活，能感觉，有深厚纯笃的同情），恕（遇事设身处地，肯替别人设想，相互负责，彼此体谅），公（不偏，不私），敬（不轻怨，不随便），贞一（保持个性，谨守原则，不动摇游荡，随风转舵，或俯仰依人），绝四（毋意，毋必，毋固，毋我），时中（事事适当其可，各得其宜，各如其分），而能办（能分别，作面面观，看得开，想得到，顾得周）。

我一向总相信，所谓共同纲领或建国纲领，至少应该有两个部分。一部分大原则，一部分具体方案。鉴于过去的所谓纲领等等的徒托空言，不着实际，大原则越少越广阔越好，具体部分则应越具体越干脆越好，以使虽巧宦也无从闪避蒙混。

大原则，在民主三个根本标的之下，和平、统一，应该有些什么呢？我以为应该差不多就是如下之五条：

第一条　在国民大会召开，宪法颁布，宪政实施之前，为推进建国工作，以举国一致为鹄的，扩大国民政府范围，全国各民主党派均得参加。

第二条　在国民大会或其他全国的民意机关成立之前，由国民政府召集政治会议，由全国各民主党派及无党派代表人士组成之，国民政府对之负责。

第三条　切实保障人民思想、信仰、言论、出版、集会、结社、身体、职业、居住、迁徙、通信、教育、演学的自由；一切民主党派法律地位平等，均得公开活动。

第四条　国家一切政策与设施，对于全国各阶层人民利益，一律均予顾及，俾使社会生活获得和平顺遂的发展。

第五条　积极改进经济，扩大生产，广泛奖进科学研究，以便切实推进国家的现代化，而期普遍提高人民的生活水准，教育水准，文化水准。

这后两条关涉的是国家政治与社会生活的关系，也是今日中国建国的特点。我认为极关重要，所以不惮再三把它提出来讲。而且相信，所有全国各方面，但令关心目前国家建设，不管是标榜社会主义的，鼓吹资本主义的，还是又标榜社会主义又鼓吹资本主义，当必都有同感。

中国因为生产落后，阶级划分不清楚。至少今日还不是应该由一阶级当政的时候。今日应该力求阶级谐和，不应该加强阶级对立、扩大阶级斗争。所以国家施政也要周密切至地照顾到社会的各方各面，各阶各层。

在今日中国一切不可忍受的情事之中，最不可忍受的实莫过于人民生活的落后。凡是一个有仁心或人心的人，就令不必像罗素那样深挚地富于同情，对于一般中国人民生活的困苦，一定也都要感到看不下去。就令中国经济发展走的是另一条路，人民生活的这样穷困，究也不能认为要得。英国人虽然也在闹穷、病、愚、脏、闲，其实中国的穷、病、愚、脏、闲又岂是英国的穷、病、愚、脏、闲，所得比拟？

所以，但令中国政治能多少走上轨道，必须急图整个国家的现代化，以便克服种种方面的落后情形。反过来，假使一切生活，文化，等等方面不能现代化，一切落后情不能克服，中国政治也必无能长在平坦的轨道上迈进之理。

因此种种，我确信在国家建设上，现代化，征服落后，照顾各阶层，和平顺遂发展，都是最属当务之急的要点；总望在方来的共同施政纲领或和平建国纲领里边能明订上这些。

哲学是讲可能讲原则的学问。但我在哲学却最重在具体。譬如在现代哲学里边最重要的逻辑解析法，在我看来，它的归宿也就在找到具体上去。我自己的哲学所谓具体相对论的；尤在说话的对不对要看对着什么或就着什么说；而真理（即对不对）最后的判定者总是具体。科学中常好说："在某种条件中"或"在某些条件下"。大至自然界，小则人类社会，随便什么的发生或实现，必然要靠着些条件。就像斯大林所说的，"一切都靠着些条件，地点、时间"。这种条件也无一不属于具体。

大家一定可以相信，上边列举的五条大原则，如果没有具体方案一定实现不了，订了也无用。因此，共同纲领中的方案部分，本文是不拟讲了，但大家一定可以相信，它更为重要，所以也更希望大家多多贡献所见。

共同纲领的这类大原则，有点儿好像联合国宪章第一章的旨趣与原则。联合国宪章是有一段两句九节的前言的。照大家的意思，似乎共同纲领也可有一个前言。

这个前言应该如何呢？我的拟议就是这样：

> 当兹人民八年艰苦抗战胜利结束之后，为谋积极建国，生息教养，全国政治当一致奉三民主义为最高准则，由国民政府主席统率全国。并为确保世界和平与人民福利，今后一切国家问题，当悉采和平民主原则为唯一解决方式。爰规定施政纲领，分为原财与方案两部，具如下方，用资共守。

三十四年九月十二日。十二月二日修改

（原载 1945 年 12 月 15 日《青年学习》第一
卷第一期）

论中国的出路
——对于自由主义、中间路线、知识分子的探究
（1948 年 7 月 1 日）

这半年多来，对于中国的出路，特别关于自由主义、中间路线，以及知识分子的问题，已经讨论得够滥的了。充分表现出来，有些人的不求甚解，望文生义，名词滥用，以至思想混沌，认识不清。

我现在就想，本着对于中国的出路表示些意思的意思，对于知识分子、自由主义、中间路线，这三个名词，尽可能简短地作一点解析，找一个厘清，尝试着来把三者都弄清楚，也就是作一番旧哲学所谓正名的工夫，也或可说是一种启蒙或批判的工作。

自由主义与知识分子都是久已有了的新名词。现在一般所谓知识分子好像就是有知识的人。有些人所谓自由主义只是要自由，反压迫，反束缚的意思。这都不免把问题看得太简单，把事情太简化了。

固然，名无定诂。罗素也尝说，字是社会的。荀卿更说得透澈，"名无固宜，约定俗成谓之宜。名有固善，经易而不拂谓之善"。纵然字谊，名谓，也是发展的，变动的，关联的，有条件的；不求甚解，望文生义，随意滥用，究竟也不可以。

一

且看所谓自由主义。

假使所谓自由主义就是要自由，反压迫，反束缚的意思，这样的自由主义，这样的自由主义者，一般说来，当然也没有什么要不得。

但是事实上，所谓自由主义，并不这么简单。

照历来以及今日流行的用法，所谓自由主义（英字 Liberalism，又 Libertarianism）至少有以下三种，有以下三个意思。

广泛的所谓自由主义，不过宽大开明的意思，在西洋特别指的是关于宗教信仰。

在今日中国许多人心目中，所谓自由主义者，或推广泛言之，所谓自由分子，大概就是不左不右，非国非共，或无党无派的人；或者就是自视宽容无成见，说不走极端，不肯死硬的人。因此，他们鼓吹自由主义，就是自己表示：既不满意国，也不同情共。这种人既不主张革命，其实也作不到改良，其实际效用不过落得一个维持现状，把现状粉饰粉饰。

但这够不上自由主义专门的意思。

欧洲历来专门的所谓自由主义，在字典里已说得明白。讲问题纵然不能靠字典，查查正也不妨。

英文中最好的字典就是袖珍牛津字典，收字虽然不多，注解却常常非常简当，而且常常极有意趣。不论最大的牛津字典，或牛津字典简编，或简明牛津字典，都不如它。

对于所谓自由主义，袖珍牛津字典的解释只是"自由党的主义"。

所谓自由党的主义，主要不过是自由企业，自由贸易；说穿了就是在经济不平等的基础上，自由有钱，自由发财，自由剥削，自由压迫，自由侵略。总之，凡谋利都是有理的。自由主义原与商分不开。而这种自由主义就等于放任主义。

看看世界第一次大战后，英国自由党的衰败，看看世界第一次大战后，世界计划经济的发达，而且越来越发达，难道还看不到，这种自由主义是已经过时的了？

自由主义，唯一似乎要得的意思，只有罗素在他最近的大作"西洋哲学史"（美版一九四五，十月十九出；英版一九四六，十一月十九出）卷首引论之末，在通观了全部西洋哲学思想发展之后，所提示的一个意思，就是以为一种哲学，以为一种可以解决群与己，个人与社会，自由与组织，这个人类间最根本的问题的哲学。

照罗素所说，自由主义的教义就是企图逃脱社会发展中来回无已的摆动于僵化与瓦解之间。于是他更接着说："自由主义的精义就是企图得到一个社会制度，不以无理性的教条为基础，而在保障稳定上不挟着些为维系社会必要的以外的钳制"。

罗素在前年（一九四六）所讲，去年刊成小册的"哲学与政治"中，更复大替英国经验论派的自由主义张目，认它与民主的社会主义并不相容；认它是一方要自己信念有科学的证据，一方又甚欲人类快活的人唯一能采取的哲学。

照罗素说，唯一为民主，在其心态上，提供一种理论佐证的哲学，就是经验论：它注重大多数知识的不定，与人人的都可以错，要一点一滴零零星星来进行，时时考验以实践上的成败。

又说自由观（自由主义的看法）的精义不在有什么主张，而在怎样主张。就是在尝试着主张，可以随时因新证据而改变。

其实这个自由主义的中庸哲学，在政治上，迄今还只是一个可能，一种理想，从未成为现实。罗素自己也说到，"那种企图能否成功，只有将来能决定"。

现实上，像第一种那种憎国惧共的自由主义者，不过只是些现状维持派，直与最近西洋一般哲学中时髦一时的法人萨忒所代表的存在主义之为意图维持现状，差不多。

但是现在要紧的，最是打破现状。维持现状，维护既得利益的自由主义正与时代潮流走了个对头。其实要不得。

就是所谓要得的"要自由"，也要看怎样解释。

今日讲自由，至少应注意三点。

第一必须人人自由。人人自由，乃无侵略自由，压迫自由，剥削自由。至于社会单位是否应当是单纯的个人（自然人），那是另一问题。我近来是认为社会正当的单位应该是偶体个人——两个异性个人融成一体。这也是一种相反相成；但实现恐非易易。

第二要积极自由，不要消极自由。要给人机会，不仅仅要任人去。生存自由，学习自由，工作自由，或如所谓免于匮乏的自由，免于恐惧的自由，都要是积极的自由。

第三切认自由与组织相反相成。无自由，组织不能充实健旺；无组织，自由不得充分发展。要自由的组织，即有自由的组织；也要组织的自由，即有组织的自由。组织正予自由以机会；自由才使组织有"灵魂"。自由在组织之中，成自觉的自由；组织于自由之下，乃是自觉的组织。

因此，今日科学，科学研究，也要组织，也要设计，也要计划化。有些标榜自由主义的科学家，成立组织，反对科学设计，而死守科学的有名缺实的讲学自由，事实上遂也成了一种反动。

人人自由与人人都得到可能的最大发展一样，本是民主的最高理想。在今日国内大城市里大多数人都已不懂得怎么坐，怎么立，怎么走，怎么卧，怎么说话，怎么吃东西，就因为都不知道人人自由的真谛，不知道自己的一举一动一言一语，会有碍别人。这种情形，大部分都由于封建的恶劣影响，流传未已，所以如此。

我尝说，民主有三个要素：自由、平等、合作。平等必须先于自由。不平等，有等级，是最显著的封建结习。由政治的封建到经济的封建，都如此。不平等时的自由，必只便宜了少数人。自由生产，自由贸易，自由发财，结果是自由剥削，自由压迫，自由侵略。真是许多罪恶假自由之名以行！

还可以说，个人应自由，国家不应自由。国家应独立，不受侵略压迫。但独立的国家对外自由，欧洲十九世纪的自由主义遂演成了帝国主义，如罗素在他的《自由与组织》一书中（页五〇六）所曾说。

（关于自由主义，除罗素的《自由与组织》与《力量》等书外，还有拉斯基的《欧洲自由主义之兴起》一书可看。）

二

一些自信不左不右，非国非共，甚至像是无党无派的所谓自由主义者，曾标榜所谓中间路线。

其实所谓中间路线（共左国右，自居中间）或第三路线（国一共二，自居第三），只是一个幻想，只是一个欺骗。

就令想像有一条中间路线，也无人能走。

国内阶层，过去诚如所说两头小，中间大。但在今日，实已不然。至少一天一天地走向不然的方面。

今日是一天一天地把原来大的中间缩为小，一天一天地把中间赶入两端的一端，一天一天地把本来不富不穷的夷成穷光蛋。

就令还有个中间阶层，但一盘散沙，素无组织，徘徊观望，素习散漫，在今日战乱压榨之下，又怎能结合起来，单独走一条路线？

倘或有人真个右既憎国，左也惧共，必致左右两方，都不见客，又有何机缘，以何力量，自辟路线？

今日国家真正的问题，本在民主封建势难两立。二者之间，也岂有余地，容所谓中间层，任意徘徊于其间？

事实上今日所谓不走极端的中间分子，自由主义者，原不过是些现状维持者，初不肯走，又怎能走成路线？

自由主义者标榜中间路线，对于真在走路的人，也许会有些乱人心意，碍手碍脚的作用。其实也有限的很。

中国今日是不是还有出路？还有路线呢？

当然有。

但只是一条。

说有三条路，固然是一种欺骗。有人说有两条路，顶多也只是不得已而强为之辞。

所谓两条路是一进，一退；一革命，一反动。

其实真正的路，真正的出路，只有前进的路。倒退的路是没有的；就有，也是此路不通的路，是一个死胡同，是一条死路。

一个人问路，只有问前进的路。倒退的路不用问。要开倒车，从那儿来的，退向那儿去好了，何用问？

不但倒退不是路；就是停顿，打住不动，也何尝是路？

停，只能停在一点。走，才走出路来。停，如何停出路来。

就是所谓中间路线，分析之下，也不过或者是不进不退，或者是亦进亦退。退既不是路，不进不退，就是停，如才所说，也一样不是路。如果说，也是要进，但要进的稳一点。果然如此，那就不过前进的一种方式，又何必标榜中间路线来自异，徒徒增加分歧，自造障碍？

因此种种，所以说，今日唯一的出路，唯一可能的路线，就是前进的路。

今日时代的特征，本是：一、是变动的，即革命的；二、是人民的，即民主的；三、是科学的，即原子的。

应乎这个，中国今日唯一可能的路线，自也要是前进的，革命的；人民的，民主的；科学的，即也要利用科学，发展科学，更使科学服务于人民。

这就是今日一切受压迫而反压迫、受剥削而反剥削、受侵略而反侵略的人，不分阶层，共同走的路，应该共同走的路，也不得不共同走的路。

这条路也未尝不可以就叫作中路。但却是中国的中，中庸的中，时中的中，集中的中；而不是中间的中，折中的中。绝不是中途半路的意思；而乃是正当恰好的意思；恰到火候，火候纯青的意思。这也就是射箭射中的中（读若轻重的重）。

总之，这是中国今日唯一正正当当、坦坦荡荡的光明大路。

这条路线的直接目标就是国家的独立，和平，进步。

所要遵循的途径就是政治民主，经济平等，思想自由。

既然是许多方面共同走的路线，政治民主一定是中国式的多党合作的民主。同时自要注意和平前进。

经济平等之下，土地改革自应贯彻。扩大生产自应努力。同时也要注意平衡发展。

虽不认有中间路线，但散漫的中间阶层，在政治经济两方面，都当予以提携与保护。

至思想自由，当然以不反革命，不反人民，不反科学，不反民主，不反平等，不反自由，不反独立，不反和平，不反进步，为条件，为限度。

既是共同路线，由大家一块走，那么，谁来领导呢？

当然，谁最走的快，谁最作得好，谁最能干，谁当然领导。

谁最忠于共同纲领，由谁领导。

还有，谁最具备今日所最缺乏的理性、情感（仁意）、公心；谁最博大、能容、有众；谁最知道天下事不能成于一手一足之烈，应谁领导。

今日社会充满的是太自私了，要克之以公与恕道。

今日社会表现的是太麻木了，要克之以情，以仁。

今日社会有势的是太发昏胡闹了，要克之以理性。

中国自宋以来就走下坡路，就因理性、情感、公心，都日感缺少。今日已达到了虚虚假假，无理性，无情感，无公心的极致了！

因此，领导改革中国的，必是实实在在，理性、情感、公心，兼备的人。

理性要：一、说话作事有根有据，有条有理，有原有委；二、能分别，有分寸，明分际；三、知道有它，承认他人，作面面观。

理性使人有客观如实的认识，而情感公心使人勇敢有为，把认识措之于实际。

理性以情感行之，而且纯出公心，真正能仁、能忠、能恕，天下为公，与人为善，确是人之有善若己有之：这是今日最大的精神需要。也是今日最需要的真精神。今日中国谁能最圆满具备这个，当然要由谁来领导大家走共同应走的共同路线。这都是天公地道，一点不可忌克，一点不容偏私，一点不许有党派门户之见。

这个唯一的出路，既是今日一切被压迫、被剥削、被侵略者的共同出路，也就是人民的出路。而不是那党那派的私路。不问什么党派，只要它是民主的，要为人民服务，要站得住，更要前进，都应该走这条路。

而大家开始共同来走的原则，我可以重提两年有半以前的旧话，就是团结、协商、合作。——倘可讲到具体的办法，我在三十五年底也已曾经公开说过，有一点那就是重新举行政治协商。

国家的战乱，人民的涂炭，物资的毁坏，势不能总忍着任它蔓延，有加无已。确已是转捩的时候了！

三

今日中国真正的知识分子，当然最要为国家，为人民，来共同走上边这条唯一可能的，人民的、前进的、而且革命的，不能违背科学、更要合乎科学的路。有权理（不是权利，不要看错），也有义务，来共同担负上边这个责任。

所谓知识分子，本来不只是有些知识的分子的意思。

所谓知识分子，本来是俄字 intelligentsiya 与由之转成的英字 intelligentzia 的译语；今也是英字 intellectuals 的译语。

除了袖珍牛津字典是英文最好的字典之外，去年末（1947，11 月）美国出版的"美国学院字典"（The American College Dictionary 简称 ACD）却是英文中最新，包括字最多，注解也常常极切当，合几种字典为一个字典的字典。

袖珍牛津字典（简明牛津字典同），对于 intelligentzia 的注解是"一个民族（特指俄人）中热望有独立思想的那一部分"（因此曾有人翻为知识阶级）。对于 intellectual 作名字用，则解作有好智能的人、开明的人。

美学院字典，对于 intelligentzia 的注解是：在见解主义上特别开明或自称特别开明的一群人。对于 intellectuals 的注解是：对于社会政治问题自认或被认怀抱开明识见的分子。

据美国学院字典及简明牛津字典等，英字 intelligentzia 所从来的俄字 intelligentsiya，本来自拉丁文 intelligentia，与今英字 intelligence 正同。而 intelligence 也有一个"有理性之物"的意思。

但凭这些，当已可见：所谓知识分子的本意，本不仅仅是有普通所谓知识的人。或者至少，不仅仅有知识而且有开明见识的人，应该叫作智识分子，把知作智。

在英文，intelligentzia（或 intelligentsia）不过以一九二〇才用起。这也可见它所表示的不会是太旧的东西。就令是旧东西，也该已得了新意义。

照这样子，所谓知识分子，至少不应只是读书人，而乃是读书明理的人。

历史上近乎知识分子的东西的产生，在于"闲"。直到今日，有的近乎知识分子的东西，遂也还是好居间，好呆在夹空里边；动摇徘徊，无特操，无主宰，无原则，是其特性。这种人纵然读书，却未明理。

至现代意义的知识分子之所以产生，不但因为有闲，尤因为感觉到要失其闲。就是他所赖以生存的生活基础已经动摇了。知识分子总是比较敏感的，当然很快就已把这个感到，从而发出了呼声。

因此，前进自觉的知识分子遂有一个特殊的作用，就是指路的作用。

这就是前进革命的理论所由形成。但是必待"理论一抓住了群众，（才）立即变成物质的力量"。——当然真能抓住群众的理论，必符合群众切身的要求。这就像随顺自然，才能克服自然；也是一个相反相成。

这岂是平常有点子知识的人之所能？

有人特别向往中国旧日的士，向往那居四民首、学而优则仕、可以为大夫、光宗而耀祖、而四体不勤、五谷不分的士。就把这种士当作今日的知识分子，更希望他来担当大任。这当然了无是处。

其实中国旧日的士，常常只是些勾结官府，包揽词讼，鱼肉乡民的劣绅。或则是些可怜可恶，所谓鱼目混珠的乡愿。又或则是些长袖善舞，八面玲珑，依违柔黄的游离分子，骑墙之徒。像这类人，不过是封建的产物，或封建残余的产物，如何能期望他解决，或帮同解决，中国今日的问题？

今日国内流行的所谓知识分子，确乎很像就指的是有知识的分子，尤其是靠知识为活的分子。这种讲法，这种用法，纵然并无明文约定，却像已经无形俗成。

讲道理，论事情，常常不可遗忘的，就是多元。真理就是多元的。

中国今日所谓知识分子至少也可以大别为两类。一类是真正的：有清楚的头脑，进步的知识，远大的理想，坚定的信心，灵活的情感，优闲的心情，开阔的胸襟，笃实的践履。另一类只是貌似的：头脑不清不楚，知识浮浮泛泛，而但赖搬弄文字为生活之资。

可是无论如何，今日一个像样的知识分子的知识，总该具有进步、切实、及时的性征。

一个知识分子，如果是一个专家，是一个技术人材，他更应有远大的理想，博大的识见，高大的气度，想得到，看得开，然后才能恢宏活泼，适应时代，向上发展，而免于褊小狭隘，拘墟机械。

罗素——现在活着的最伟大的哲学家——在一九四六，十一月伦敦出版的"大学季刊"创刊号，发表过一篇"为普通人的哲学"，也曾力言对于学专门技术的人，哲学的重要意义。

近年我常说，今日中国需要养成一种深厚、笃实、精核的学风，期望青年能够深造自得，而不浅尝辄止；勉为大器，而不安于小成。今日知识分子的知识行动，当然尤希望它深厚而不浅薄，笃实而不虚浮，精核而不漠忽。

知识分子与自由分子，纵然有相近处，显然不同其范围。

事实上，今日所谓知识分子，即令不说应有三个含义，至少在今日他应负有三种任务。凡是自觉的知识分子当都会以此为自己的志愿。

第一，认识时代，跟得上时代，进而推进时代。

第二，重视人民，与人民合拍，为人民服务。

第三，在自己学术范围内，不但有及时的知识，就是赶得上时代的知识，而且更能够开拓学术的新领域，推着学术向前精进，并保证一切学术的新收获，对整个善良人类作最有益的利用。

今日的知识分子，既有知识，既靠知识为活，就要作到知识与生活的统一。而且要切实而灵活地达到学问的人化（humanization），使一切学问都有了人味儿，就像罗素之于哲学，霍登（J. B. S. Haldane）之于一般科学，霍格本（Lancelot Hogben）之于算学，等等。

还有，知识分子，至少有的知识分子，总应能供人以理想，给人以假设，示人以可能，就是昭告人：未来的出路，将来事实的可能发展。这才符合他指路的作用。

不但这个，一种社会的一切产物都免不了带有那种社会的特征，那种社会的颜色，那种社会的气味。今日中国主要还是封建社会。要使中国进步，第一必要就是铲除这个封建，扬弃这个封建的一切产物，风俗、习惯、思想，等等。封建制度的一个特点就是家长制。试看中国今日许多政治上、党派里、学校中，还不都行的是家长制？而且死守着低狭的门阀，绝不轻纳多少与己异的！

于此我愿意一切谈民主的朋友都能承认：一个人并不是说相信民主，或口说民主，或甚至在民主团体负责作事，就是已经民主了。确要理论与实践统一，知识与生活、思想与行动一致。

思想、观念、意统，都是所谓上层建筑。但上层建筑常不即随其下层的政治经济基础之倒而俱倒。思想、观念、意统，就在其原来基础崩溃之后，还会作为鬼魂在人间徘徊着。因此才特别需要敏感、前进，已清算了自己的知识分子早作暴露扫除的工作，为未来开道。

像这样的知识分子，乃是时代之所最需，乃是国家之所最需，乃是人民之所最需。

这样的知识分子自无所用其忧虑恐慌，至少不会为自己而忧虑恐慌。

这样的知识分子，克服一切封建积习，能够担负时代使命，既不是漠漠忽忽的自由主义分子，徬徨依违于中间，乃能与人民在一起，共同来走今日中国唯一可走的人民的道路。

知识分子是有出路的。

时代的出路，国家的出路，人民的出路，也就是顺应时代、随顺人民、革命前进的出路，就是今日知识分子的出路，当前唯一可能的活路。

知识分子另一更远大的出路，那是在理论与实践、知识与生活、学术与人民，完全统一之后，一切人都实现了成为知识分子的可能。这在有的国度就已经开端了。

可能想到的最好的社会是无阶级的社会。知识分子最美的前途远景，也就是到那时，人人都有闲，人人都是知识分子，再无特殊的所谓知识分子。

一种特殊的东西，最好的时候，总在它不复特殊的时候。

犹之乎入乎自然、出乎自然，艺术美才能形成。

这都是相反相成的例子。

1948.6 月初中

（原载 1948 年 7 月 1 日《中国建设》第六卷第四期）

知识分子与新的文明
（1948 年 8 月 1 日）

一、知识分子的自觉与自处

知识分子也就是所谓劳心者。其实更确切说，知识分子只是劳心者的一种。

劳心与劳力，智力劳动与体力劳动，精神生产与物质生产，这都是一向不正当的对立。

历史统治者，为便于其统治，总以不可见者为上，为神秘，为神圣。而神圣不可侵犯。因此，历代皇帝照例居则深宫，出则警跸。

也是因此，心遂高于物。劳心遂高于劳力。智力遂高于体力。甚至有时（但只有时），精神生产也高于物质生产。

这都是历来统治者迷惑被统治者的精神工具。

犹之乎所谓贞操，本是历来男子辖治女子的一种精神工具；而女子不但习于乐于接受，而且视为至宝，直至今日犹然如此。

事实上，不但并无心的本体（本体的心），也无物的本体（本体的物）。

所谓不可及、不变动的本体（也作本质，英字 Substance），本是现代许多大哲学家所同反对。体用不二，却是现代许多大哲学家所同主持。罗素即是一例；并包列宁在内。

列宁在他的大著《唯物论与经验批判论》中，一个要义就是辟斥不可及、不变动的所谓本体，而认物质等于客观的实在（abjective，reality），全书重言多次。另一个要义就是认物质无穷，无穷可知，即是说物质是可知的，但无穷尽。

罗素在他的"西洋哲学史"中，一处（美版页129；英版页150～151）论到实在与像似的分别，说像似必实在像似，所以即实在的一部分。所论最是简单明了而有谓，很张他"一切皆实在"或"只有实在"之说。

本体心是没有的，顶多只有心理现象或心理作用，正名不过心里现象或心里作用。

心里现象其实即物的一种现象，心里作用其实即物的一种作用。

这种作用，其实与呼吸作用，与消化作用，与分泌、出汗、便溺、涕泣、出精，只有方面的不同，并无根本的差异。

思想就是说话，不过有出声与不出声之别，都离不开喉头动。

所谓智力本不过体力的一种。

精神必然离不了肉体或物质。

因此，劳心与劳力，智力劳动与体力劳动，以至精神生产与物质生产，但令不是剥削的，也都只是方面的不同，而无根本的差异。没有一样精神生产，不管是书，是画，是雕塑，是音乐，是歌舞，离得了物质或肉体。

从事精神生产的智力劳动者，殊不见得能有生产资具，像学校、出版机关、杂志、音乐厅、剧场，等等。因此，同样会被剥削，被不劳动而据有生产资具者剥去剩余价值。

智力劳动者与体力劳动者，知识分子与工农，实在是同类。

英国一个自觉的知识分子，兼实验与数理的生物学大师，霍登教授（J. B. S. Haldane），曾说，握有某种运用文字或其他符号的技艺，大概就是一个知识分子的界说，因此而自归入熟练的手艺工人一类。

一向知识分子或智力劳动者的偏向剥削享受者，不过是受了哄骗蒙蔽，遂尔认贼作父，为虎作伥。剥削享受者，其实是非我族类，其心必异的。

再看历来知识分子所靠的闲，或历史上近乎知识分子的东西所靠的闲。

这种闲从何而来？

这种闲之来，实际并不由于你有钱，或由有钱人或富贵人家给你的。这种闲，其实都是由于别人，在古则奴隶，近代则农工，代你作体力劳动，供给的。

你有闲，由于别人忙。

你富，由于别人穷。

你贵，由于别人贱。

你智，由于别人愚。

你是知识分子，由于别人不得读书本子。

历来这种情形，今日是再也不应容许了。而且事势的发展，也要不可能再容许了。纵然社会有分工的必要。

今日一个知识分子，如果自觉，第一就应觉到这个。

今日的知识分子，在这个地方，实在应该自省、自检讨、自我清算。

智者对于愚者，富贵者对于贫贱者，实在都是欠有债的。

别人贫，为了你。别人贱，为了你。别人愚，为了你。

知识分子们，如果见到了这个，对人对事，真应该急急从心坎里改变看法，改变态度。

过去封建社会，曾说爱民如子。其实如实照事理，乃应该"爱民如亲"。因为你，知识分子们，正是由人民劳苦血汗培植起来的。

说知识分子应该为人民服务，尤其是说应向人民学习，这与前些年的说"到民间去"一样，都还不过是一种官话，一种八股常套，不够亲切，不够深刻，不够实在。

一个知识子不但应知体力劳动者乃己一类。

一个知识分子，假使真不受迷惑，真不忘本，真懂得孝道，对于人民，对于劳苦无知识（知识分子的知识）者，只有饮水思源，只有感恩图报，只有反哺一道。

这才真是今日一个自觉的知识分子所以自处之道。

特别像霍登教授，或者像法国原子核物理家约利欧·居礼夫人（Joliot-Curie），近年之所为，一部分就是如此。

一个知识分子能如此，人民如何不需要你？

二、一个新的文明在产生

许多人都已嗅到一个新的文明正在产生着。

这个文明真以人民为主体。

这个文明不但为人民，由人民，而且确属人民，是人民的。

过去一切自外于人民的，超乎人民而上之的，当都跑在人民怀里，伏在人民脚下，不但真乐于为人民服务，而且对人民深爱在心。

在这个文明之初，与中国一种古老的传说相仿，过去的富者当事贫者，过去的贵者当事贱者，过去的智者当事愚者。

可是从此，渐渐遂泯尽了一切贫富、贵贱、智愚的分别痕迹。

智的事愚，就在使愚者智。贵的事贱，就在使贱者贵。富的事贫，就在使贫者富。

人民不但实在、老实、切实，人民也是进步的。

人民的文明，绝不是安于旧日人民在压迫下的低落的水准。

改进的所求，只可是跻人民于富贵智，而不应夷社会为贫贱愚。

文明以人民为主体，正是要使过去不得发展的从此都得发展上去。

从此，全社会和平前进。

从此，各方面平衡发展。

人民的文明，一定是进步的，因为整个都得到了发展机会。

也只有人民的文明才真进步，因为已不复是这一部分压迫那一部分，这一部分剥削那一部分，这一部分障碍那一部分。

人民的文明一定更是科学的，因为只有利用科学，方能达到以上的种种。

科学，尤其科学法，最显著的特征，有二：一、实事求是。二、精益求精。

这在人民文明里，必得到充分的发扬。因为本来人民，第一实落，第二认真，不懂得虚假浮空，漠忽苟且。

这个文明必是仁的、生的、中的、实的、公的、忠的、恕的。麻木、冷酷、死板、机械、偏颇、过分、虚伪、欺骗、狭隘、自私、尔虞我诈、有己无人，都要从此绝迹。

一个人的生活总要又实，又广，又微。实，就是朴朴实实，脚踏实地，践履笃实。广，就是认识深刻，所见者广，包容者宽。微，就是"致广大而尽精微"，对事理研析入微，对人民体贴入微。

承认旁人，重视旁人，关心旁人，体贴旁人，替旁人设想，遇事设身处地，切近人情，平易近人，平情论事，平实主张，这都是理性或有理性或通情理的应有表现。

这个文明里，必是理性与情感，充分而平行发展的。

人之有善，若己有之。与人为善，相互负责。相视而笑，莫逆于心。在这个文明里，定都作得真实而彻底。

在这个文明里，会要有竞而无争。那就是扩大了封建社会的"君子无所争，必也射乎，揖让而升，退而饮，其争也君子"。

在这个文明里，人人当都深念书经的遗训："无自广以狭人。匹夫匹妇不获自尽，民主罔与成厥功"。

在这个文明里，再无小己的问题，个性的争论。

个个人都有专长。个个人的专长都得发挥尽致。个个人都有所事。个个人的所事都能圆满无量。人人都得尽量发展，就是人人都得自尽。但却是在全盘组织设计之下，为的个个人人；而不是任情随意，为的某家小己。所谓个性，应止于此。

一个人总应承认，总应蕲求，一种身外的东西。这种东西，而且越大越好，越抽象越好。但却要严格根据具体事实。所谓理想在此。具体与抽象的配合的相反相成，也在此。罗素在他的《快活略》中所说：人要快活，必须有客观兴趣，而不要妄想自己有宇宙上的重要，也半在此。所谓群性，所谓党性，要义当不过如此。

至于人性，首要就在切认人人都是人，都要生。因此，妨碍人之生，毁灭人之生，就是无人性。

人民的新文明，必会对于适当的个性、群性、人性，都有如实适当的照顾；必会体现遂生、大生、美生的人生理想。

*   *   *

一个文明快死了，一个文明在方生中。

一切自觉前进的知识分子们！帮助这个新文明的产生，这就是你目前最该担当的重大责任之一。

不是你随顺人民，根本你就不应自外于人民。更不是你领导人民，只是你心身都在人民里，无彼此之分地大家一起，共同前进。

不待言，人民就是老百姓，就是一般人或普通人，就是无权无势者，就是被统治者，就是劳苦大众，就是贫贱愚者，就是一切一向被压迫、被剥削、被侵略者，被别人瞧不起者。

（原载 1948 年 8 月 1 日《中国建设》第六卷第五期）

知识分子们，人民在需要你！
（1948 年 8 月 5 日）

听说有些知识分子，大学教授，中学教员，自由职业者，公务员等，感到恐慌。

我不明白这是什么意思。也许是因为听了些闲言淡语，恐怕有一天会被什么"清算"，会呆不住，所以就先慌起来，就自扰起来。

其实这是大可以不必的。任何社会不能不多少办些事业。任何社会不能不要知识。这就是说，任何社会不能不需要知识分子，以至有各种技能的人。一个进步的社会，会要举办的事业特多，那就需要知识分子，以至有各种技能的人，会要需要得特别厉害。

要紧的还在看号称知识分子的所有的知识，或所靠以为生的知识，究竟是些什么知识。

今日一个知识分子的知识当然不能违背时代。不但不能违背时代，当然也要能赶得上时代，与时代合拍，甚至更好能推进时代。

一个知识分子有知识或用知识，当然不能专为自己，总也要直接或间接，有利于社会，有利于国家，有利于人民。

或者说，一个知识分子的知识总该是真理，尤其是使人自由的真理。

如果能够这样子，一个人就弄古学，也没有什么不可以。

一个社会有许多方面。一个社会所需要的知识，当然也不会止于一方面。因此，知识分子所有的知识，不但可以多方面，实在正需要有多方面。这话的意思，当然不是说一个知识分子必须有多方面的知识，而是说需要有各方面的知识分子。学问的各部门，技术的各门类，都需要有人。

再换言之，也就是：各种学问，各类技术，都要使它有益于国计民生。如果有益于国计民生，也就必会为国家人民所需要。——所谓国计民生都是广义的。

中国国家，民主是定的了。而且这个民主一定是多党的。这个党既不能独裁，那个党也不会专政。谁要独裁专政，谁就违背时代潮流，谁就行不通。中国的民主一定就是中国的民主。中国的民主，照着第二次世界大战以来的可能趋势与中国的特殊国情，一定是新型的。既不是英美型，也不是苏联型。只是真正人民抬头，而不是一党专政。一个多党的及民主的统一战线，那倒可能，而且需要。但所谓多党，当然不会多到反民主或不民主的党上去。

照这样子，一个知识分子，只令是认真在民主大路上走，认真反反民主，没有容不下的道理。

照中国社会这个落后的样子，只会一旦上了轨道，许多方面许多方面都有待于开发。而且不仅要物质的开发，也要精神的开发。这岂不需要大批的前进的知识分子来工作？

一个前进的知识分子，要懂得服务于人民，要懂得自己就是人民的一分子。

这不是偶然的。知识分子是劳心的。知识分子的劳心，与工农的劳力，或者说智力劳动与体力劳动，实在说来，在根本上，本无差异。农工历来固然都在受君主、贵族、官吏、教主、祭司、地主、资本家的剥削压榨，历来的所谓知识分子或近乎知识分子的东西，又何尝不常在受到某种的压榨剥削？

就像一个作家，写了一个剧本，自己无力出版，侥幸找到一个书店愿意拿来出版。或者卖稿子，或者抽版税，总而言之，不但剧本出版了，而且还可以多少得到些钱。那个作家当然要感激不尽。其实不管是付稿费，还是付版税，一般说来，剧本销售所得，必不止此数。多余的，除了成本以外，便都归书店老板赚了。

这还不是剥削么？书店老板仗着有资本，就拿别人的劳力来赚钱，而且不但使得别人，穷光蛋，感激不尽，不但买得别人的一部心；而且可以赢得有功文化的美名，而且还作了宣传（对主张见解不满意的稿子，大概不会出版）。这岂不是仗着有钱，一举就可以五得么？太便宜了！

可惜历来知识分子都迷惑住了。固然多数出身本来就不大对，遂尔只往上跑，不向下看；居易养移，忘其所以，惰习成性，认贼作父，不知道只就他的是知识分子说，他与农工劳苦大众，才乃真同类。

知识分子的产生，不管他什么出身，总不能不靠着有闲。但此闲何从而来？还不是来自农工劳苦大众（古代则是奴隶），代作了生活必需的体力劳动？知识分子再不要以为自己有知识由于得天独厚，是天生的；别人劳苦受罪，合该。假使不是别人苦穷受罪，你的知识才有不了呢！

时至今日，一个作知识分子的，对于这种情实，总该已深切明白了。那就应该一改向来态度，对于劳苦大众，应该力图报称，应该从心坎里承认替人民作事是应该的，绝不是官样文章，虚应故事。实在可说，就是还自己的债。

假使一个知识分子能够如此，尤其能够自觉不赖债，人民当然不会不需要你，而况本来就需要你！

只要你站得住，挺得起，并不赖债，怕什么清算？

与其怕人清算，那就诚不如先自己清算清算自己！

七月四日

（原载 1948 年 8 月 5 日《北大半月刊》）

新启蒙与「中国化」

革命文化是什么
（1927 年 4 月 3 日）

革命文化的名称已经屡见不一见地见于报章杂志了。但是所谓革命文化究竟是什么呢？

难道就是革命时代所产生的文化么？恐怕不见得是这样简单。而且如果如此，也还用着什么嚷？

要晓得什么是革命文化，不可不晓得什么是革命，尤不可不晓得什么是文化。

本来，文化一词，异义非常之多，简直没有法子弄清楚。若要根本彻底的话，最好不要讲这劳什子。这个，大概还是不可能的。那么，不得已而为之解，与其就其内涵，下一个笼统的界说，不如直捷了当地枚举其外举。

大概，一般人讲文化：科学、工艺、艺术、文学，总是都含在意中的。此外，宗教，现在总是不要的了。道德也可以要可以不要。一种人生观，与生活方法（生活习惯），大概是要包在里头的。这也就包得不少了。至于政治法律算不算，那是很可疑的，有人说，文化就是人类努力的结果；那未免太宽泛，而无定限。

如此，现在就假定，所谓文化就是：科学、工艺、艺术、文学，以及一种人生观与生活方法。

其次说革命。现在大家都在这儿革命，这似乎是不待解的。不过，也许日用而不知，下一个解说，也许不至全属无益。

现代所谓革命，本来有个专门意思。要晓得那个专门意思，可看布哈林的唯物史观：那是一部革命的哲学，把为什么要革命以至怎么革命，讲得清清楚楚。

现在，简单言之，那个意思就是说：社会的生产力长大了，长大到了某个程度，原来与它相应的社会制度（社会之经济结构）不能相容了，反而成了拘束，于是便非破裂不可，于是便非重造一个与这个长大的生产力相应的新社会制度不可。即这便是革命。

这个意思，大概劳作于工场农田矿山铁路轮船的人，都是可以体验得到的。不过，究竟太专门了，不是一般人所能尽解。

照革命最普泛的意思，本就是根本改革。但这个解法，又未免太泛。

在不太专不太泛之间，所谓革命，照马克思的说法，是有两层的。一为夺取政权，二为改造社会。即是，先推翻旧统治阶级，以次建设新社会制度。现在所谓革命，可以说就是这个意思。

那么，什么是革命文化呢？

直截了当，革命文化就是适于革命的文化，就是适于推翻旧政，建设新鲜的文化。

这种文化，照我现在所能见，应有四种特性：

第一，应是动的，应是向前的。因为革命是动的，是向前的。所以这种文化一定不同于中国旧来的，静的，停滞的，念旧的，旧文化。中国旧来文化所以是静的，就因中国的物质生产力，多年没有什么增长。但现在是革命时代，生产力已经增长；而且将来生产力也当相续增长。经济结构，社会制度，也当随之而平匀底相续变更。如此相应而建筑成的文化，自应只是动的而不能是静的；是生机泼泼的，而非死气沉沉的；是前有希望的，非仅只追怀过去的；更是创造的，非保守的。

第二，这种文化应是客观的。革命本来是客观的。所谓革命起于客观的要求。孤行己意，因于我执的革命者，只有归于败亡之一途。谁最能客观，谁最能认识客观，谁就最能为革命的领导者。既然如此，所以革命的文化，也必是客观的，是切实的，是随事实为转移的，是如实地应付事实的。再换言之，也就是科学的。客观的革命家不但认识现在的事实，必且能根据错综律，看到现在事实的分发，出路。客观的革命文化，也必不但适应于现在的事实，并且能随顺未来的事实。而且根据行为论，很专门地言之，所谓文化本可界说为"人的反应的客观化"。文化日趋客观，实是进化必然的趋势。

第三，革命的文化必是民众的。今日所以革命，乃为的民众，亦成于民众。今日的革命，尤其以工农为主体。革命文化必当以工农民众的观点而出发。必是普遍于工农民众的。所以，这种文化，必与所谓近代西洋文化，大大不同。西洋近代文化纯粹是有产阶级的文化，建设在资本制度之上，已随资本制度有产阶级，而就沦亡。近来中国还有笼统地欢迎西洋文化的，其实都在不识不知之中，作了帝国主义的宣传队了。

这种文化，既是民众的，同时，也就是直接的。什么是直接的呢？如罗素所说，文化本也可以界说为："在生物学上，为生活所不必要的东西之循求。"现在很有名的德奥的马克思列宁主义者卢迦子也有类似的说法。于是，特罗斯基也说，文化是拿经济的汁子养活着的，必须有了一种物质的余裕，然后文化乃可以生长发达。可是，历来都是利用大群的劳动者养活着少数的闲暇者，以造文化：这实在是一种极端荒荡的组织。现在，革命的文化既是民众的，便当由民众自己直接来作文化工夫，再用不着什么少数人来利用假借。照现代的生产力，每人每日劳作三四小时，这个人生已足维持，但令人肯智慧一点，大群劳动者直接自造文化，确已有完全的可能。

根据上边第一与第三，显见革命文化既非中国旧文化，也非近来流传的所谓新文化。可说乃是一种第三文化。我在前年五卅前后写过一篇《第三文化之建设》，便是这个意思。

第四，革命文化还是世界的。今日世界是大通的。民众是无国界的。今日的革命，尤其合世界成一个整个。未来的革命文化也必是世界的，非复一国一民族的。

如此，一言以蔽之，革命文化，就是世界民众直接创造的客观化。更简单以名之，也可就叫作"民化"。鼓吹这种文化，显扬这种文化，建设这种文化，也可就说是民化运动。由这种文化，使大家贯彻革命的事实，由这种文化，使大家合于革命的习惯，使大家晓得在新建设的社会里怎么样子反应，也可就说是民化教育。

（原载 1927 年 4 月 3 日《上游》中央副刊星期日特别号）

尊孔救得了中国吗？
(1934 年 11 月 12 日)

中国现在最大最根本的问题有二，一为救济农村的破产，一为抵抗帝国主义的进攻。所有别的，关系国家社会政治经济的问题，对于这两个密切相关的问题来说，都只居于附属的地位。

因此，现在不论什么政治社会的举措，如果有益于这两个问题的解决，便可有救于中国的危亡，如果无益于这两个问题的解决，也必无救于中国的危亡。

要解决这两根本问题，恢复民族的自信，大概是必要的。但真要使民族自信心恢复，必须在实际上想方法。空言是无补的。

那么，现在的尊孔，当真有益于民族自信心的恢复，因而可以救中国的危机么？这不得不先看看现在尊孔的动机。

辩证地看来，现在的尊孔，显然并不只是由于为的恢复民族的自信。现在尊孔的动因，至少也有七点可说。

一、这两年来，中国在表面上，确有些稳定的样子。照历来的办法，处这样时节，为表示或粉饰太平，或转移目标计，尊孔是应有之举。

二、中国青年界的思想不可讳言地是左倾的。但在一般社会里，陈旧的思想却犹在弥漫着，这两年来且处处更图抬头，尊孔就是这个的一个表示。

三、前些年"打倒孔家店"等等议论行动闹的太利害了。物极必反。现在的尊孔也可说就是"打倒孔家店"的一个反动。

四、现在全世界民族或国家主义都在盛行着，中国自也不能不受其影响。民族或国家主义的一点便是抬高本国的东西。这在中国必然地会找到孔子。

五、日本现在也在闹着复古，有许多人在那里鼓吹所谓日本精神。自从近代所谓维新以来，不拘左的右的，思想上，政治上，中国所受外来的影响总以日本的为最大。现在日本既在那里复古，宣扬日本精神，中国虽不能也跟着叫喊日本精神，尊孔却可相当。

六、近几年来，中国思想上失了重心，也是事实。在复古潮流之下，而想找一个思想重心，当然也会找到孔子头上去的。

七、此外还有一点可说，便是想藉崇孔子以恢复民族的自信。这层动机虽是最对的，但是谈何容易。

由上面的解析，可知现在的尊孔并不是一件简单事。历史总是前进的，不是倒退的。要想解决现在中国的根本经济问题，也只能用前进的方法，不能用倒退的方法。不幸，现在尊孔的种种起因，竟是倒退的多，而前进的少。这种情形之下的尊孔，对于救济中国的危亡，如何会有多大益处？

吾的意思，并不只简单地说，孔子是不该尊的，不值得尊的。但吾深信，在现在情形之下，如果尊之不得其法，只有更引起一部分人对于孔子的反感，那便是非徒无益，而又害之。

说中国历来的罪恶都由于孔子，都由于尊孔，当然只是谰言。但历来的尊孔并无救于国家的危亡，便令有益，益处也只在统治阶级，压迫阶级，而于被统治被压迫者无补，两千年的历史，已是明证。

那么，如果现在的尊孔，与过去两千年的办法并无两样，效果如何，自也可想。试看年来表示尊孔以来的情形，一小部分人也许在那里称庆，但大多数人却是漠然，另外两部分人则在反对，这样，除了虚应敷衍以外，还能得着什么？就令有正当的动机，照现在的办法，对于其所图，也只是南辕北辙罢了。

孔子实在是中国一个最不幸的人，有最圆融切实的教义，而难索解人。却被利用了两千年，至今不得解放。一方又被种种的恶名集于一身。

在现在的时代，普通眼光中的孔子是已无灵的了，再想利用他，大概再也不会唬住了谁。但是历史上的孔子，究竟是不失其为"大哉"的。不过，"大哉"也就是他最适当的称誉。若以他为万能，为全对，当然便错。孔子只是中国最大的思想家，教育家，政治家，若以为教主而崇祀之，也只有害了他。

根据这种意思，现在如果要尊崇孔子，只有奖励对于他的研究：不妨选几个大学，特设研究孔子的讲座，努力阐发他的真正的教义，以洗两千年来的利用的误解；同时也注意他所受时代环境的限制，辨明他教义中的是与非，于是更努力实践其是，祛除其非。我相信，这是尊孔唯一要得的办法。照这样子当然也不能直接解决了中国今日的根本问题，但对于国家社会却必不至于全无补益。

不论什么政治上社会上的举措，总不能不管所关系人心的向背。近年对于孔子的信仰实在已失坠了。若想恢复之，而不从培养大师阐发其教义上着手，乃突然地因仍故常举行宗教的仪式，便令别无害处，也不免是一种可笑的举动，说得上什么恢复信心，挽救国运？

（原载 1934 年 11 月 12 日《清华周刊》第四十二卷第三、四合期）

五四纪念与新启蒙运动
（1937 年 5 月 2 日）

五四已到了十八周年纪念的日子了。

五四有广大的意义，在中国社会上，思想上，有深厚的影响，是不容抹杀的事实。

但，另一方面，五四也有它的缺欠，有它的时代的限制，也正不必讳言。

意义应该认识，影响应该发扬，缺欠也应该补充。

今日纪念五四，第一应该想到的是：五四所对付的问题，正是今日所应对付的问题。这个问题，经过十八年的岁月，非特未得解决，简直变本加厉。这是今日最值得深思的。

在对内上，在思想上，五四代表的潮流，对于传统封建的思想，是加了重大的打击。这些年来，在思想上中国诚有了不小的变化，在学问上也有了显著的进步，在书籍的出版上表现的特别显明。但是封建思想的依然弥漫，也是不能掩盖的情实。

在思想上，如果把五四运动叫作启蒙运动，则今日确有一种新启蒙运动的必要；而这种新启蒙运动对于五四的启蒙运动，应该不仅仅是一种继承，更应该是一种扬弃。

关于这个新启蒙运动的内容，有三点特别可举。

第一，这个启蒙运动必是理性运动：必然要反对冲动，裁抑感情，而发扬理性。不迷信，不武断，不盲从，应该只是这个运动的消极内容。积极方面，应该更认真地宣传科学法，实践科学法。科学法的特点是切实，是唯物，是客观，是数量的，解析的（或说分析的）。反对的是笼统幻想，任凭感情冲动。启蒙的本意本在开明，因而有思想自由，行动解放。没有理性，如何能有开明？如何能容得下思想自由，行动解放？启蒙的另一个说法是破除成见，打破传统。这也是要靠着理性的。理性的极致是辩证与解析。唯物，客观，辩证，解析，便是现代科学法的观点与内容，在这个新启蒙运动中应该特别表现的。

第二，在文化上，这个新启蒙运动应该是综合的。如果说五四运动引起一个新文化运动，则这个新启蒙运动应该是一个真正新的文化运动。所要造的文化不应该只是毁弃中国传统文化，而接受外来西洋文化，当然更不应该是固守中国文化，而拒斥西洋文化；乃应该是各种现有文化的一种辩证的或有机的综合。一种真正新的文化的产生，照例是由两种不同文化的接合。一种异文化（或说文明）的移植，不合本地的土壤，是不会生长的。新思想新知识的普及固然是启蒙运动的一个要点，但为适应今日的需要，这个新启蒙运动的文化运动却应该不只是大众的，还应该带些民族性。处在今日的世界，一种一国的运动，似乎也只有如此，才能有力量。启蒙运动另一个主要特点本在自觉与自信。民族的自觉与自信固是今日中国所需要。要紧的是：不可因为国际而忽略民族，也不可因为民族而忽略国际。或也可以说，不可因为大同而忽略小康，也不可因为小康而忽略大同。

第三，由今日来回看，五四的一个缺欠是不免浅尝。对于一切问题都不免模糊影响。十八年来，在这上头，是颇有了长进了。因此，今日的启蒙运动不应该真只是"启蒙"而已。更应该是深入的，清楚的，对于中国文化，对于西洋文化，都应该根据现代的科学法更作一番切实的重新估价，有个真的深的认识。这样子，也才可以作到第二点所说的文化的综合。对于自然科学，社会科学，都应有个深切的了解，而不仅于皮相，庶几可以接受那因自然科学的发达与辩证唯物论的开展而产生的一种最新潮流，就是科学与社会的结合。许多人诟骂形式逻辑，其实形式逻辑究竟是什么，形式逻辑已经发展到什么样子，诟骂者并不晓得，也不求晓得。还有，一个完全不像懂得哲学是什么一回事，完全不像作过哲学研究的人，却会编一大本书讲怎样研究哲学！像这一类的情形，在新启蒙运动中，都该加以严正的矫正。

认识五四的意义，发扬五四的影响，补足五四的欠缺，除了加紧努力于五四所对付的对外问题外，不但在宣传上，而且在实践上，推动这个新启蒙运动，应是今日一桩最当务之急。而这个运动的总标语，一言以蔽之，应该是理性。理性的要义则在对于事物不只从一方面着想，不只作一方面的认识。趁这个纪念五四的机会，希望各方面的人士都肯把这一点放在计虑之中。

（原载 1937 年 5 月 2 日《北平新报》）

什么是新启蒙运动？
（1937 年 5 月 23 日）

所谓新启蒙运动，最近在南在北，都受到了很大的注意。

这个运动虽是最近才号召开，但新启蒙运动这个名字，差不多在一年前已经被提起了。

这本是时代的需要。但就我而论，我自信，至少在三四年前编《世界思潮》时，已有这个意思。那时我所说的与现在我所说的，根本上并无甚差异。

什么是新启蒙运动呢？

就字面说，启蒙就是开明的意思。

再分别说，启蒙就是打破欺蒙，扫除蒙蔽，廓清蒙昧。因此，在字典上，所谓启蒙就是脱离迷信，破除成见，等等的意思。

凡是启蒙运动都必有三个特性。一是理性的主宰；二是思想的解放；三是新知识新思想的普及。

因为这样子，所以凡是启蒙运动必然反迷信，反武断，反盲从，反权威，反传统。而历史上的启蒙运动尤其在于反封建。

也可以说，武断，独断，垄断，都是启蒙运动所必反。

不过，如有人因为启蒙运动反对这三断，就以为启蒙运动忽视果断，没有决断，那便是歪缠，那便是缠夹二。那也是启蒙运动者所必反的。

今日的新启蒙运动，显然是对历来的一些启蒙运动而言。对于以前的一些启蒙运动，也显然有所不同。比如，就拿五四时代的启蒙运动来看，那时有两个颇似新颖的口号，是"打倒孔家店"，"德赛二先生"。我认为这两个口号不但不够，亦且不妥。

多年的打倒孔家店，也许孔子已经打倒了，但是孔家店的恶流却仍然保留着，漫延着。至于科学与民主，本都是客观的东西，而那时的文人滥调，却把它人格化起来，称什么先生，真无当于道理。

至少就我个人而论，我以为对这两口号至少都应下一转语。就是："打倒孔家店"，"救出孔夫子"；"科学与民主"，"第一要自主"。

五四时代的启蒙运动，实在不够深入，不够广泛，不够批判。在深入上，在广泛上，在批判上，今日的新启蒙运动都需要多进几步。

今日是中国团结救亡，民族解放，争取自由，民主政治的时代。今日的新启蒙运动，就是适应这个时代的思想方面，文化方面的运动。因此，这个运动，也可说就是社会发展到这个阶段的民族主义的自由民主的思想文化运动。

如前所说，启蒙运动最积极的内容是发扬理性。理性的第一要点是说话作事有根有据。而所谓有根有据，第一在事实，第二在逻辑。

但在今日，在尽可能地发扬理性之下，最要作到两桩事。

一、就是思想的自由与自发。

二、就是民族的自觉与自信。

这就是今日作新启蒙运动者具体的所最宜努力的。

但要达到民族的自觉与自信，必须发挥出民族的理与力。

（原载 1937 年 5 月 23 日《实报·星期偶感》）

我相信中国
（1937 年 10 月 4 日）

我相信中国。我相信这个信念，在对敌抗战的时候，是极其必要的。

这些年来中国有一个最要不得的风气，便是己国的轻视。至少有一部分知识分子总把中国的文明看得一钱不值。只一提起"中国的"来，他便表示出不屑的样子。好像中国的东西都是要不得的。好像任什么外国的（至少是西洋的）都比中国的好；任什么外国人都比中国人强。其实，这种人对于中国并不了解。也不求了解。一切只是依样葫芦地祖述他人，依傍他人。就如三年前的中国本位文化运动，不论是怎样发动的，用意究不能说差。但有一些知识分子，竟也无的放矢起来。直到那个运动消散之后，他们还每每以本位文化为讥笑之词。其实在运动者本说的是中国本位文化。他们乃截去其头，使成不辞，以资笑谈！照这种人这种把本土的一切都蔑弃的办法，中国何用待人来亡，中国早已自亡了！

我自信我非守旧之人，但我则大异于是。

我是相信中国的。我有时简直迷信中国。我并不说中国一切都是好的。但我相信中国有其过人的长处。我相信对于文化，中国有其特殊的贡献。我更相信，中国有其可以立国处，有其特别值得立国处。我们的祖宗，虽也有其时代的限制，虽也具有人类或畜生的共同劣点，但大体上决不能说差。中国所以弄到今日，大部分是由于后世子孙的不肖！这只有对不起祖宗，怎怪得祖宗？

但是中国本来的特优处是些什么呢？

第一，中国有其仁的人生理想。

第二，中国有其易与"有天地然后有万物"的元学。

第三，中国有其中的行动准则。

第四，中国有其实的规范，与体度参验的方法。

第五，中国有其人与生的重视。

第六，中国有性近习远，"真积力久则入"的教学原则。

第七，中国有其"充实之谓美"的美的标准。

第八，中国有其活、时中、不迷信、不拘执的态度。

第九，中国知道尽人力而知天命，而与境为乐，而不于人世之外别寻天国。

第十，中国既重生，因很了解人生的享受，与闲暇的利用。

总之，中国的文明是人的文明，是生的文明。

中国诚无科学。但这也不可轻率论定。这里边是有个数量问题的。如果科学的发达，明理以外，更可以致用，足以利用厚生，改善器用，科学当然是非有不可。但如科学的发达，被人误用，只用以造些轰炸机，死光，毒气，那就科学的发达，适足以毁坏人类，毁坏文明，也毁坏了科学自己！

有人说中国文明是静的文明。但静的岂一定就有害？你不愿意安静么？你不愿意恬静么？你不愿意风平浪静么？静而不至于死静，静而犹能生动，静的正是好的。动而至于乱动，动而至于嘈杂不堪，那才真要不得。而中国本来之重视动，在《易》，在《论语》，在荀子书里，也很可以看得出。

中国的社会组织，基础在于家。这似乎也已不适于今之世了。但夷考其根本，其实也未可厚非。因为人的关系，固莫要于父子，真所谓天伦也。别的关系是不能与比的。譬如一位历史上旷达（？）的女子的说话："人尽夫也，父一而已。"在游荡的男子也说："天下多美妇人，何必是？"因此虽为夫妇，患难可以不必相顾。兄弟则可以阋墙。而朋友更在相用。父子是必不能如此的。中国的家制本根据于父子关系，实在有其产生的理由。

中国的文明诚是农业文明，而今日是工业主宰的时代。但是根据反复，扬弃，否定否定的原则，在未来的世界里必仍大有农业的地位。会见中国的文明与西洋的逻辑与科学结合之后，仍要开出光华灿烂之花来的！

因此我更相信，我们不应仅仅怀想过去，鉴赏过去，我们更应重占过去，抉择过去，同时把握住现在，脚踏住现在，而努大力于共同创造那个光华灿烂的未来。

（原载 1937 年 10 月 4 日《金陵日报》）

战时生活·战时教育·
新启蒙运动·新的青年运动
（1937 年 12 月 10 日）

一

抗战，民族解放斗争，战时生活，战时教育，新启蒙运动，普及教育，动员民众，新的青年运动，我想，这些不但是联在一起的，而且是应当联在一起的。

二

抗战可说是民族解放斗争必经的一个较高的阶段，或方式。民族解放是目的，而抗战是一种有时必须采取的必要手段。

三

既在战时，一切自都应以战的胜利为归趋。战时的生活，不但是与平时不同的，也是应与平时不同的。既在战时，我以为人人都应当过一种战时生活。

但是此所谓战时生活，不是照一般的意思。不是说的事实是怎样，而是说的行动应怎样。

此所谓战时生活，可以说，乃是说的战时的生活道德，或生活习惯。

这样的战时生活是怎样的呢？

第一，先比方说，就是要人人都过得像一个战士，人人都活得活像个正在前线打着仗的人。

第二，一般言之，我以为，处在战时，人人的生活行动都应：严肃，敬慎；紧张，规律；敏捷，干脆；切实，活。

反过来说，就是要，不苟且，不大意；不松弛，不随便；不拉沓，不夹缠；不蹈空，不死板。

更要养成罗素常说的健实的实在之感，而除绝那三位一体的客气小气与虚娇之气。

还应沉着而不张皇，稳静而不毛乱。要小心而大胆，不要小胆而大言。既不怯，也不躁。能听令，在不违命令之下也能充分地自动。

第三，食只求充饥养体，而不求丰。衣只要朴质坚牢，而不要丽。一切嗜好总要尽可能地戒掉。在女的，首饰脂粉总应尽可能地免之。

第四，战时对人，总应时时作得真是在共大难中。必相扶持，必相体谅。

近来我深感到道德的必要，没有道德真不方便。我所谓道德，则第一在绝不卖国卖党；第二在诚实不说谎；第三在肯替他人设想；第四在有所不为；第五在不失死所；第六就在行动敬慎敏捷，生活规律严肃；第七在果敢坚毅，吃苦耐劳；第八在勤，在自强不息，进进不已，堪胜大事也能任小事；第九在俭，爱惜物力，用钱清楚，绝不沾润一文公家款。

这是我的新九德。当然，说法便有不同，与旧的德目并无抵背。在此战时，我深深地愿意，人人都能把所有这些更充分圆满地体现出来，实践出来。

更总起来说，这些年来，我总认定一个"实"字为一切的最高规范准则。战时生活的根本点也就在一个实上。战争本是虚则必败的。

战时生活，或战士生活，简说可作"战生"，如此，便也还可说，战时生活就是战才生，要生活在抗战之中。

但是怎样才能普遍这种生活呢？

这是战时教育的问题。

四

由战时一般的集体生活，发生战时教育的作用。更由战时教育，培成战时生活的道德习惯。

抗战，抗战的胜利，当然是战时教育的一个较远的目的。

我在所拟"战时教育纲领"中曾说，"在旨归上，战时教育应是贯彻抗战而建设新的社会的教育"。同时，战时教育也是动的，实践的教育。

如把战时教育简称为"战教"，也可以说，战教就是教战，教得人人都能够在前方后方战。而且不但为抗敌而战，并进而为新的社会的建设而战。

张宗麟先生在所拟"战时教育的课程"中曾斩截地说，战时教育课程的总原则当然是"抗战"。

满力涛先生所在拟的"战时教育的具体办法"中也曾说，"在集体的抗战行动中，推动抗战的实践教育"。也确不失为战时教育的一个原则。

生活教育社诸君子在所编战时教育旬刊创刊号上又尝揭橥战时教育的任务为：充实战斗知能，健全集体精神，提炼战时经验，创造新的文化。这都很是。也颇周到圆满。

但生活教育社诸君子强调地认定所谓"集体主义的自我教育"是战时教育的总路线，总口号，自身的基础，训练的根本精神，以及具体方法。则我觉着有些难安。一则，以这为战教的"组织"与方法，固无不可。但却缺了最高的指导方针。二则，主义两字，我觉着还是少用的好。

根据我的"实"的最高原则，若由我来规定战教（学校以外的）的根本路线与总口号以及目标指针等，则我应说是："以实为本，集体自教"。

集体与自教未尝不像有些矛盾。但好处也就在这儿。"集体的自教"，深合了我多年来常喜欢说的"相反的相成的常是好的"一个宇宙原理。

不过，只一"以实为本"，也还是不够的。必须更如我在"战时教育纲领"中所说：中国今后一切教育均应以"实"为最高原则，以"人"与"生"为骨干，而"仁"与"美"为最高理想。如此，中国教育庶能有真正革新的希望。

凡教育必须有了这样的根本，然后所教育出来的才真是人，而不是机器，而不是只能使用机器的畜生。

提倡科学，注重理工，当然是对的。但是机器教育却要不得。提倡科学教育而弄成机器教育，那是太失了本意了。

科学是产生机器的。但科学却不是机器。尤不应使人变成机器。

中国提倡科学本也已有多年。真正懂得科学的却不多。口口声声科学的人常是只知道科学可以造出坚甲利兵，只知道科学可以利用，而不知道科学可以正德，不知道科学也有科学的世界观，科学更有科学的方法论。

中国近年的教育不但是蹈空教育，不但是脱节教育，不但是畸形教育，实在且是忘本教育。既忘了本土之本，更不知所模拟的之本。

要改革这样的教育，不但要有切实的办法，近情合理的制度，更要有高远而平实的理想，鞭辟近里的哲学。而这种理想，这种哲学，至少一部分且须是来自中国本土的传统。

因为这些缘故，所以今日的战时教育必须与一种的战时生活道德或生活习惯，必须与新启蒙运动相结合，然后才真可以担负起时代的使命。

彻底的民族解放，不但要达到领土主权的完整，国家民族的自由独立，是更要达到文化的自主与思想的自由独立的。

整个的民族解放斗争，不但要反抗军事政治经济的侵略，是更要反抗文化的侵略与思想的侵略的。

以上的后二者便是新启蒙运动的一部分使命。

今日的问题本不只是一个土地的问题，也是文化的问题。

中国拼死抗战的目的也岂只在土地的收复；或如报纸上常说的国际道义的尊重；世界和平的保持？实乃更在新的国家、新的社会、新的文化的产生。就是如我计划战时教育时所说的："因战时的需要与方便，因战时种种的势须有所更张，顺应其势，而准备新时代新社会的建设"。

在今日的中国，要建设新时代新社会，要产生新的国家新的文化，必都离不了新启蒙运动。

假使以战时教育为骨干，战时生活为筋肉，新启蒙运动便可认作其血脉（或说灵魂，假使能不以词害意的话）。

不论战时生活或战时教育，都应以新启蒙运动为指导，来贯穿。

现在是种种方面都在需要动员。新启蒙运动便可作文化动员的主脑。

所谓文化本就是人的跳出现状的，即进步的，也即活的力量发挥，以及其一切成果。现在这个是正用得着新启蒙运动为向导。

新启蒙运动是要启发大众的。它的理性的发扬、思想的解放、知识的普及；以及反过来说的扫除蒙昧，廓清蒙蔽，打破欺蒙；反武断，反独断，反垄断；反迷信，反盲从，反奴化；破除成见、偏见、我见，——所有这些等等，在战时不但是与在平时同样必要的，简直是比在平时尤其必要的。

新启蒙运动更是反封建的。封建余渣的该反，由目前的抗战已经充分地证明白。拿封建的东西来与现代的敌人遇，真如摧枯拉朽！

新启蒙运动提倡科学的脾气，批判的态度，大客观的观点，实而活的立场，辩物与解析的方法。这也无一不是战时所需要。

我以前还说过：现在新启蒙运动不但是民主、大众的，并且是带有民族性的。更曾斩截地说："今日是团结救亡，民族解放，争取自由，民主政治的时代。今日的新启蒙运动……就是社会发展到这个阶段的民族主义的自由民主的思想文化运动"。因此我更认定，一、思想的自由与自发，二、民族的自觉与自信，就是今日新启蒙运动者最应努力做到的事。而要达到这个必须发挥出民族的理与力。

本来凡是启蒙运动都是理性运动。使人类理性一点儿就是今日的大任。

今日理性的切要，其实非常显然。理性是公的。理性是社会的。理性对个人是一种限制。理性是一切统制的根本。凡这些岂不都是今日所必需？还有，今日为贯彻抗战，不能不尽量民主。但是没有理性，民主又如何可能？

我所谓战时生活正可说是理性生活。而战时教育也可说就是合理的教育。

但在目前的新启蒙运动，则应不但是理性运动，并应如我在卢沟桥事发之后，在北平新报上，一篇以一"实"字为题的短论中所说，是一种理性情感合一运动。

在抗战的时候，特别在像中国对一个残酷强暴的帝国主义的国家抗战的时候，一种非常崇高的情感是极其必要的。这样的情感必是以理性为基础，而与理性合一者。

因此，说是理性情感合一运动，与但说理性运动，是不抵触的，因为仍要以理性为主宰。

理性，以及一种以理性为基础为主宰的情感，便是今日应鼓吹推进的新启蒙运动，战时教育，战时生活，所应提倡，所应陶冶，所应践行。

六

教育不普及，文盲太多，一般人民民族意识不充分，尤其缺乏战时常识，是抗战的一个大障碍。

但战时却正是普及教育的一个好机会。

战时生活可说就是大众化，军事化，战时化了的生活。同时，战时教育实是因战时借军事而进行的大众化了的教育，因战时借军事而使一般必要的教育得到迅速的普及。

王洞若先生在所拟"战时教育方案"中说："我们要普及战时教育，来巩固我们的民族解放的抗战；同时我们要在民族解放的运动中来开展普及大众教育运动，提高大众的文化水准"。这是极是的。

至关于新启蒙运动，那本就是启发大众的，那本有新思想新知识的普及一个项目。

凡是一度启蒙运动发生的时候，必然要求铲除各样各等各级的文盲，而谋新意统新学术的普遍化、大众化。

由此可知，普及教育运动很可以作为新启蒙运动的一个部分，一个应用，或一个先声。

七

张劲夫先生在所拟"战时教育的教师"中说："战时教育的主要任务之一，便是把一般散漫民众训练组织起来"。这在大意，自也是的。

有的军事学家也尝说，最主要的兵种还是步兵。最根本的武器是来复枪。诚然，抗战胜利的最后基础究在于人。尤其是有组织的人。

但是要民众动员得有效，不能不有赖于教育。

民众动员的三个根本步骤是宣传，组织，训练。这都是战时教育的任务。最好的民众动员是动得民众自动起来，是动得民众切认：国家事即自家事。要做到这个，固然需要民众生计的适当改善与政治经济的真正民主。也需要动员民众的人与民众打成一片，而与之化。在生活上与之同，而深体之。更在意识上引而上之。

因此，新启蒙运动的推动，战时生活的号召，战时教育的施行，民众教育的普及，在动员民众上，也相因相联地都有其必要。动员民众，与这些等等，实是息息相关着。

更反过来说。民众动员了，战时生活，战时教育，新启蒙运动等，也必更有了推广传布施展的方便与机会。

八

一代不行，不能不希望下一代。

但组成下一代的是谁呢？组成下一代的便是这一代的青年。

这几年来，在救亡运动上，在民族解放斗争上，中国青年所表现的领导力量，真是可以敬畏赞叹。

但是这样就够了么？当然还差得远。

现代青年在公的方面，诚然勇往直前，可以赞美。在私的方面，有些地方，却不免有些不顾小节，觉着小德出入可也。比如责任心不足，不大守信，无远大志向，生活不免浪漫，行动尚欠切实之类，负教育责任或民族责任的人，都是应该出来加以矫正的。

当然，现代青年的不免于这些，教育的不良，风习的恶劣，应该为青年表率的人不能身为表率，不能以身作则，不能不说是主要的原因。差不多许多现代青年所欠缺的地方，应该为表率的人常常是犯得更厉害。中年老年既然如此，青年又何可怪？

但不论怎样，为推进救亡运动，为达到民族解放的最后目的，为建设新的国家、新的社会，今日与今后，实大有一个新的青年运动的必要。

而且可以相信，但令战时生活过得下去，战时教育得以实施，以新启蒙运动为主导，一个新的青年运动自然是会可以开展的。

新的青年运动开展了，自然也就可以造成一个清新的青年群，成就出一群更新的，诚实不欺，切实不浮，充实有力，朴实无华，脚踏实地，实事求是，现实实际，如实实践的青年来。

有了这个，抗战的永久胜利，民族的彻底解放，国家文化的真正的自由与独立，必然可以得到更坚实可靠的保障。

九

就这样，抗战、民放、战生、战教、新启、普教、动众、新青，都是联在一起的；而且照这样，也是应当都联在一起的。

（原载 1937 年 12 月 10 日《时事类篇特刊》
第六期）

新启蒙运动与普及教育运动
（1938 年 6 月 10 日）

不待言，新启蒙运动与普及教育运动有至极密切的关联。新启蒙运动要扫除蒙昧，启发民智。一个项目就是新思想新知识的普及。这显然就是普及教育，就是普及教育运动所要做的事。

可以说，普及教育运动就是新启蒙运动的一部分。也可以说，普及教育运动就是新启蒙运动的一个应用，一个具体的表现。现在新启蒙运动上，一个最要紧之点就是要由应用而展开的。一个最好的机会就是把它应用到普及教育运动上。

但是新启蒙运动与普及教育运动的关联固还不止于此。更要紧的乃是，至少今日的普及教育运动应该以新启蒙运动为主宰；应该以新启蒙运动所鼓吹号召的显扬理性，解放思想，普及新知，反武断，反迷信，反盲从，等等为中心。今日的普及教育运动，不应该只是教一般人民认识几个字，灌输一点常识，就算了；更应该努力于改变一般人民的思想习惯，着重于民族气节的提倡。现在不但生活行动应该军事化，实在，思想精神也应该军事化起来。只是军事化不同于机械化。军事化于机械化，正如所谓朱之于紫。普及教育运动而无新启蒙运动，也必是机械般无灵魂。

我始终坚信，中国近年教育的根本大病就是无哲学，无理想，无宗旨，无目的。至少也在不重视这些。因此所造就出来的人也常不免是无哲学，无理想，无原则，无主宰，无节操，无所守，无所不为，全无忌惮，直不知人间有羞耻事者；最擅长的只是投机取巧，不但可以随便卖党，而且可以随便做汉奸，卖民族！这是今日最值得令人痛心疾首的事，令人深思以身作则，中流砥柱，急谋挽救的。而挽救之的第一步，在势在理，不能不诉之于教育。

最近宣布的抗战建国纲领曾注意到国民道德的培养。这不但是对的，简直是绝对的必要。国民道德的两个主要项目就是政治操守与民族气节。既称国民道德，当然不能限于少数人，而应该尽量地把它普及出去。这是今日普及教育运动的一个使命。普及教育运动要执行这个使命便不可不接受新启蒙运动的指导。必须教人以理性疏导感情；必须教人轻生活，重理想。多年被咒诅的"失节事大，饿死事小"，其实并不是全无道理。新启蒙运动的积极要点更宝塔式地表示之，就是：一实，二理性，三新科学，四思想解放。推广这些，普及这些，都应该是今日的普及教育运动来担负的责任。

最近我深切地感到，我们进步的知识分子们，真要报国家，只有从事于教育，从事于训练。中国人是多的，但实在不够用，实在急切需要训练出一批新干部。而训练的要点，至少应该有哲学的风度、科学的精神、现代的知识、战时的生活四项。总要训练得具有忠实的态度、朴实的习惯、如实的观点、笃实的学行、切实的识见、平实的作风、结实的身体、充实的心性，这或者在普及教育上说不上。但普及教育也正违反不了这个。同时，这也是与新启蒙运动密切关联的事。

在历史上，启蒙运动的特征，也可以说就是哲学与人生的结合。而今日的新启蒙运动应该就是今日的哲学与人生，科学与社会的结合。照这样说，这不但是中国今日正有与应有的一个潮流，而且也是世界正有与应有的一个运动，一个潮流。在定期刊物上，自前年冬在纽约出版的《科学与社会》（Science and Society）与今年在伦敦创刊的《现代季刊》（The Modern Quarterly）就都是代表这个的。在人物上，法国的郎日万教授（P. Langovin 物理家），捷克的佛兰克教授（P. Frank 物理家），英国的莱维教授（H. Levy 算学家），柏奈尔教授（J. D. Bernal 物理家），海登教授（J. B. S. Haldane 数理生物学家），以及现在美国的斯特鲁克教授（D. J. Struik 算学家），等等，都是其代表。而罗素（数理哲学家），仍不能不说是其导师。

哲学与人生，科学与社会，结合的实效怎么表见呢？除了物质基础的打点外，第一步可希望的，也就在普及教育运动。

（原载 1938 年 6 月 10 日《战时文化》第一卷第二期）

启蒙运动的过去与现在
（1938 年 9 月 10 日）

启蒙字面上的意义就是要开明。反过来说，就是要打破欺蒙，扫除蒙蔽，根绝愚蒙，廓清蒙昧。它本是德字 Aufklärung 的译语，原是弄明亮起来的意思。凡是启蒙运动必都有三个根本相关的特性。一是理性的主宰；二是思想的解放；三是新知识新思想的普及。这吾在一篇《什么是启蒙运动》（原载二十六年五月二十三日《实报》）里已说过了。

启蒙运动不但要以发扬理性为积极的内容，启蒙运动其实就等于理性运动。因为要以理性为主宰，而解放思想，所以要脱离迷信，反对独断，批判传统，破除成见。因为要普及新知识新思想，所以主张知识学问的大众化以及语言文字的简易化。这些都是当然的结论。

德国最大的哲学家康德，被公认为西欧启蒙运动的完成者。一七八四年，当他六十之年，曾在柏林月报上，发表了一篇《对于什么是启蒙运动问题的回答》。说："启蒙运动就是人的解脱其自造的不成熟状态。不成熟就是不能不待别人的指导而自用自己的悟性，这种不成熟状态，如其来源不在缺乏悟性，而在缺乏不待别人的指导而自用之的决心与勇气，就是自造的。因此，sapere aude! 要有勇气自用你自己的悟性！便是启蒙运动的标语。"这是历来对于启蒙运动一个最明切，最被传诵的指示。

启蒙运动的开展，常是由思想态度而及于一般生活，不但与哲学有最密切的关系，就说是一种哲学的运动，也未尝不可。历来开始这种运动的也概是哲学家。假使可以造一个"应用哲学"的名词的话，那么，启蒙运动正是一个应用哲学的问题。在哲学史书中，常是被郑重地注意着，讨论着。

就近例说，近年一本《启蒙时代的哲学》（Die Philosophie der

Aufklaerung）的专书（一九三二年出版）的作者，德国有名的近代哲学史家、卡塞黎教授（Càssirer），就认为启蒙运动乃是把一种根据理性与悟性的世界观，与那靠着相信神示，靠着权威与传说来维持的观念相对立。美国实在论师马文（Marvin），在他的一本欧洲哲学史论里，也尝说，一种启蒙运动，照例在一大部分人的风俗习惯上，在一大部分人的宗教、政治、道德上，在一大部分人的世界观与人生观上，都要有一种根本的变革。他又在启蒙运动的许多特点中，举出了昭著的五种。就是：一、排斥迷信，获得对于事物的自然主义的或科学的态度；二、个人宗教从群的宗教里的解放，及思想的解放；三、人道主义的广布；四、功用主义的增进；五、民主主义与民主法律与民主制度的广布，这也是对于启蒙运动的一个颇能概括周到的说明。

广泛来说：这样的启蒙运动，就如同每天的黎明，本是时常可有的。大凡一个社会，与异文明有了接触，发展到相当的程度，要打破智愚的悬隔，而走进一个更高的阶段，于是一方要扫除旧渣滓旧束缚，一方要散播新知识新思想，在这个时期，便可以有启蒙运动的发生。例如中国五四时期的文化运动，所以被称为启蒙运动，就是因为当时有些这样的情形。

但在历史上，所谓启蒙运动，常是专指十七八世纪西欧的一种文化运动而言。因此常所谓启蒙时代，或理性时代，就是指的十八世纪。更狭的甚至专指德国的腓特烈大帝时代。不过，稍稍推广来说，西历纪元前第五世纪后半，希腊的所谓智者时代，也常说是希腊的启蒙时代。智者之所为，尚理主智，疑旧播新，也就是一种启蒙运动。

十七八世纪的启蒙运动是由英发动的。由英而法、更由法与英而及于德。在英开始，在法成绩最著，而在德最为自觉。平常确定这个运动的日期，找两个界标，就说是始于英国经验论大师洛克一六八九年的《论宽容书》，而终于一七八一年德国批判论大师康德的《纯粹理批判》的出版。照这样说法，也差不多正是一百个年头。

这个运动的发生，就思想学问范围说，本由于十五六世纪文艺复兴时期以来数理物理科学发达的影响。这个运动中的主要人物，在英国，除了开始的洛克以外，其次就是集当时数理物理科学大成的奈端（牛顿）；此外还有所谓理神论派，自由思想者，多兰德（Toland），科林斯（Conins），丁都（Tindal），以及道德学家莎夫茨伯里（Shaftesbury）等。到了休谟便登峰造极了。休谟代表英国经验论的最高点，实是哲学史中最大的怀疑者。

在法国，这个运动，通认为是以怀疑倾向的白勒（Pieorre Bayle）开始的。但其最有名有力的人物则是第一个介绍洛克的新哲学与牛顿的新科学到法国的文家伏尔泰，次则是牛顿与洛克的另一景慕者，政治学家孟德斯鸠，以及有名的百科全书派与唯物论派人，狄德罗（Diderot），拉美特利（Lamettrie），爱尔维修（Helvetius），霍尔巴赫（Holbach），达兰贝尔（D'Alambert），突哥（Turgot）与感觉论创倡者孔狄亚克（Condillac）等。还有同时的卢梭虽是浪漫运动的先驱，也是很有关系的。

在德国，建设德国哲学的是理性派博学的大师莱布尼茨（Leibniz）。德国的启蒙运动实受了他不少影响，而为把他的系统通俗化的弟子沃尔夫（Wolff）所展开，更由康德而完成。沃尔夫以前与莱布尼茨之同时的尚有多玛舒斯（Thomasius），也是一个极有影响者。此外有文家莱辛（Lessins），哲学家曼德尔森（Mendelssohn），赖玛鲁斯（Reimarus）以及尼古莱（Nicolei），最为知名。腓特烈大帝，所谓莫愁宫的哲学家，由其思想的开放，政治的开明，对于启蒙运动者的优待，也常被列为启蒙运动的人物。

启蒙运动的重要意义本不仅在思想学问上，尤在它影响到人生的各方面。在各国，情形也各有不同。启蒙直接关系的是哲学与宗教。在哲学方面，在英是经验论，到法便成了感觉论与唯物论了。在宗教方面，在英是理神论（神只造世界，而不管世界），到法便进步到无神论了。推而到一般社会政治方面，在英养成了宽容的态度，自己的精神；而在法遂引起了大革命。在德较为平淡，少风波，但也有特色，特别在知识，通俗化与理性的尊崇。

至于中国今日的新启蒙运动，内容当然更有所不同。中国新启蒙运动的发生，除了历史的原因外，至少可说是由于七种必要：一是民族自觉的必要，二是思想解放的必要，三是中西文化结合的必要，四是新知识新思想（新哲学新科学等）普及的必要，五是铲除残余的封建恶流的必要，六是推进民主政治的必要，七是救亡运动转向及扩大的必要。在内容上，中国的新启蒙运动不但要更深入，更批判，不但要与救亡运动相配应，更是民族的，以前的启蒙运动还有一个特点是个人主义，这在今日也必然要变成大众的，集体的，而且是建设的。而其主导的哲学，也要比十八世纪的更进一步。应是由经验论变到逻辑经验论，由唯物论进到辩证唯物论。

但就在今日，中国的新启蒙运动也不是孤立的。现在欧美表面上虽是无同样的号召，但实际上正有一种类似的运动进行着。美国的史家罗宾森（L. H. Robinson）、英国的文家威尔士（Wells），以及最近《大众算学》与《市民科学》的作者，生物家霍格本（Hogben），便可说是其主要的代表。此外美国哲学老师杜威的努力于教育的改造，努力于鼓吹把科学、把理智应用在社会上；以及英国哲学作家约德（Joad）的努力于拥护理性，也都可说是有启蒙运动意义的。罗素在显扬理性，普及新知与思想解放上的成就，更不待说。最近因为自然科学的发达与辩证唯物论的流行，科学与社会的结合已经成一种风气了。英美法代表这个结合的许多壮年学者，例如算学家莱维（H. Levy）教授，物理学柏奈尔（J. D. Bernal）教授等，都可以为是启蒙运动者。

还有深受罗素与其高足维特根斯坦（Ludwig Wittgenstein）博士影响，代表哲学界最新潮流的维也纳派与其同道者，虽其专门工夫乃在数理逻辑与逻辑解析，在其社会意义上，也正是向着这方面在走。维也纳派，显扬科学的世界观，鼓吹物理主义，努力于学问的统一，努力于"统一科学"的百科全书的编纂，且召集国际大会来进行，也很可说是现代启蒙运动的潮流。在这上头，特别有功的则是一位工作于荷兰的奥人诺乙拉特（Otto Neurath）博士，与近年讲学于美的卡尔那普（Rudolfcarnap）教授。

总之，中国今日的新启蒙运动，不但应乎中国今日的时代需要，也正适应着今日世界的一个重大的流风。

本文乃由一年前曾在平津刊布过的一篇东西修改而成。最先，曾以《启蒙运动之史的考察》的题目，作为星期论文登在去年六月二十七日的北平《全民报》上。经扩充后又登在同年七月中在平津出版的《国际知识》的第三期，南来之后，曾久寻不得，前集印《我相信中国》时即留题缺文。最近幸由一位未曾相识的张天俦先生自豫剪寄。因应读者的需求，并补《我相信中国》的缺文，兼志天俦先生惠寄的盛意，再略加补益，重刊于此。

作者自记

（原载 1938 年 9 月 10 日《战时文化》第一卷第五、六期）

论中国化
（1939 年 2 月 10 日）

在毛泽东先生的《论新阶段》末后讲学习的一节中有下边的一段话（加重点是现在所加）：

> 学习我们的历史遗产，用马克思主义的方法给以批判的总结，是我们学习的另一任务。我们这个大民族数千年的历史，有它的发展法则，有它的民族特点，有它的许多珍贵品。对于这个，我们还是小学生。今天的中国是历史的中国之一发展，我们是马克思主义的历史主义者，我们不应该割断历史。从孔夫子到孙中山，我们应该给予总结，我们要承继这一份珍贵的遗产。承继遗产，转过来就变为方法，对于指导当前的伟大运动，是有着重要的帮助的。共产党员是国际主义的马克思主义者，但马克思主义必须通过民族形式才能实现。没有抽象的马克思主义，只有具体的马克思主义。所谓具体的马克思主义，就是通过民族形式的马克思主义，就是把马克思主义应用到中国具体环境的具体斗争中去，而不是抽象地应用它。成为伟大中华民族之一部分而与这个民族血肉相联的共产党员，离开中国特点来谈马克思主义，只是抽象的空洞的马克思主义。因此，马克思主义的中国化，使之在其每一表现中带着中国的特性，即是说，按照中国的特点去应用它，成为全党亟待了解并亟须解决的问题。洋八股必须废止，空洞抽象的调头必须少唱，教条主义必须休息，而代替之以新鲜活泼的，为中国老百姓所喜闻乐见的中国作风与中国气派，把国际主义的内容与民族形式分离起来，是一点也不懂国际主义的人们的干法，我们则要把二者紧密地结合起来。在这个问题上，我们队伍中存在着的一些严重的缺点，是应该认真除掉的。

我们认为这一段话的意思完全是对的。不但是对的，而且值得欢喜赞叹。由这一段话，更可以象征出来中国最近思想见解上的一大进步。

我们所以同意这一段话有好几个意思。

第一，我们总相信，改革中国是为的中国。至少也是先直接为中国，其次才影响到全世界。同时，改革中国总要就中国找办法，虽然一般大法不妨借资他人，借镜他国。因此，许多外来的东西，我们以为，用在中国就应该中国化，而且如其发生效力，也必然地会中国化。

第二，我们认为，这一段话的意思与新启蒙运动的一个要求完全相同。新启蒙运动很可以说就是民族主义的科学、民主的思想文化运动。对于自己传统的东西是要扬弃的。所谓扬弃的意思，乃有的部分要抛弃，有的部分则要保存而发扬之，提高到一个更高的阶段，五四时期的启蒙运动有的地方不免太孩子气了。因此，为矫正"打倒孔家店"的口号，我曾提出："打倒孔家店，救出孔夫子"，就是认为中国的真传统遗产，在批判解析地重新估价，拨去蒙翳，剥去渣滓之后，是值得接受承继的。

第三，我们一方面主张社会科学化，科学社会化，把科学与社会密切结合在一起；一方面主张中国科学化，科学中国化。科学中国化的意思就是要使中国在科学上有其特殊的贡献，使科学染上中国的特色。有的人不懂得这个意思，一听见这个话便希特勒治下的民族这个，民族那个地滥谈一阵，好像只有希特勒治下才可谈民族种族似的。完全是知其一不知其二，完全是幼稚机械的看法。

第四，新启蒙运动反对文化，同时要求新知识新思想和普及，科学的通俗化，学问的大众化。要通俗化，大众化，当然必须先中国化，本国化，本土化。同时，反对奴化，不但反对作自己古人的奴隶，传统权威的奴隶，实在更反对作外来的东西的奴隶。此外，我所拟的新启蒙运动的纲领之一是"自觉与自信"，中国化岂不正是自觉与自信的一个表示？

第五，我们更常主张学问的人化。学问本身当然不能人化。讲说学问，叙述学问，把学问使人懂，却应该讲述得、叙述得有人味儿。英伦霍格本的《大众算学》与《市民科学》受欢迎，正是因为这个。亲切本就是挨得上摸得着的意思。在人化的意思上便也可讲人本主义。所以霍格本说他的书是代表科学的人本主义的。而在中国说人化，当然要先中国化。这还是就一般理论说。至于关于一切用的东西，用本是用于实际，不能因时因地而制宜，根本不切实际，如何能用得下去？

因为中国化的切实而重要，便又感到以下的几点。

第一，中国近年有些人有一种只读外来东西不读本国东西，或不重视本国东西的风气。不但不读或不重视本国古来的东西，更不读或不重视本国今人的东西。这种情形就在现在也不免，所以翻译的文字比自己人写的更流行。总好像觉得远来的和尚才会念经。这实在是一种要不得的毛病，应该革除的心理，不自信而奴化的表征。我们认为马克思列宁主义是应该研究的，孙中山先生的著作更是应该研究的。在中国，如果承认真正切实可贵的实践知识是来自实践的，那么，多年在中国领导革命实践的人的著作，当然应该极宝贵之。但宝贵不应该只是珍藏起来，乃应该研读，乃应该学习。就像中山先生的《孙文学说》一本，便是极该读习的。《孙文学说》中所揭示的"行易知难说"实在是中国思想上一极大革命。我们今天，不但应该知道、学习、研究它，更应该身体而力行它。根据这个，并可以说，中山先生实在是新启蒙运动的一个先驱。

第二，中国社会是中国社会。意思就是中国社会并不是西洋社会。解说社会的理论，用在中国上便也应该中国化。就令在大体规模上，中国社会的发展与西洋社会的发展不无大同的地方，但假定中国社会一定要走西洋社会的路子，是不合理的。有的人以为，中国社会只是没有走到西洋近代社会的样子，中国还只有上古与中世，没有近代。这也只是一种盲说，至少也是只知古而不知今。因为中国今日的社会是中国今日的社会，固不应该忽略今日事变的世界性，同时也不应该抹煞一国事变的地方性。因此我们认为中国的革命也只是中国的革命，随便拿什么别国的革命来比拟，都是不会切当的。我十余年来越来越相信一个"一个革命说"。意思就是：彻底解决中国问题只需要一个革命。这一个革命既是政治革命，又是社会革命。既不是有产阶级的革命，也不是无产阶级的革命。而乃是国民革命，而乃是民族革命，而乃是全国革命。在这一个革命过程中遂由三民主义的彻底实行，平坦顺遂地发展到大同社会：即所谓"以进大同"，而把三民主义的理想圆满实现。本来划分不清的阶级，便直进而消灭之，以成无阶级的社会。中山先生在三十四年前已经昭示："诚可举政治革命，社会革命，毕其功于一役"，把中国革命的特征、任务、目标，已经明白指定。中国革命的这个样子，不但在理想上应该，根据四千年来的中国的国情与二十世纪的世界的趋势，也实有事实上的可能。凡在中国从事革命实践，而重视革命理论的中国化的，都就奉这个为中国革命的一个最高准绳。

第三，根据自觉、自信、人化、中国化的必要，前几年一度提倡的中国本位文化运动，在大体上，在本意上，本是对的。当时反对或嘲笑之的不免是由于不了解，由于感情用事，而未就事论事。那个运动是已过去了，今日的新启蒙运动却应代行其一部分职权，希望今日对于新启蒙运动永勿再有像那时的情事。

但令自己作得了主宰，但令把用在中国的东西都斟酌着中国化，使它切合中国的国情，这样子，不拘什么外来的东西，都可利用之，既用不着什么疑惧，更不必作什么排斥。如此，大哉中国——中国本来是如此的。希望现在正在自觉地建立着的新中国一定更是如此的！

（原载 1939 年 2 月 10 日《战时文化》第二卷第二期）

新启蒙运动的再开展
（1939 年 4 月 10 日）

新启蒙运动是随一二·九救亡运动之后而起的。本就是文化上的救亡运动。到现在差不多已经有两年半的历史。自从抗战以来，一些鼓吹者更直接地参加于抗战工作，新启蒙运动的鼓吹不免有沉寂停顿之感，至少不如二十六年春夏间的热烈普遍流行。

但是现在不但在抗战，同时也在建国。建国是必要有文化的。而且就是抗战，又何尝不要思想，不讲知识？文化的普及深入提高更是必要的。那么又怎能不需要新启蒙运动？事实上，抗战以来，新启蒙运动不但没有停顿，实在正在开展进行着，只由空喊变成实行罢了。这正表示出来新启蒙运动是客观的。

但是现在新启蒙运动要更自觉地更开展，又当如何？

这第一当知，新启蒙运动的理论已过了讨论时期，现在只须申说之，解释之，恢皇之。现在要使新启蒙运动更开展，只有应用之。

这第一，应把新启蒙运动应用于文化一切部门；使新启蒙运动与一切文化部门都发生密切联系；使一切文化部门都接受新启蒙运动的要求，尽量表现之。

第二，更推进科学运动。不但实施科学教育，更要鼓励专门科学研究；不但重视科学结果，更要发扬科学精神，普行科学方法。对于科学进步有预言力量与指导力量的哲学，也应更予以阐扬。对于把科学重加组织与使科学与社会相结合的企图，也更应加以注意。

第三，更推进普及大众教育运动与知识学问的通俗化与大众化与通俗读物的编撰与散布。大众教育应真深入于大众。知识学问在通俗化与大众化之前，应更中国化。在编撰通俗读物上，不但要讲说英雄故事，灌输一般科学常识；更要注意理想的教导：把新启蒙运动最根本的要求，实与理性，善加表达，使一般读者，养成心习，潜移默化。

此外还有一点。新启蒙运动是时代潮流，不是飘浮孤立的，应与一切其他前进的文化运动及其他一切建设运动相配合，尤其应与新生活运动，特别是从社会看来可称为战时的新生活运动的国民精神总动员运动相适应，相协助，以资共进。

"天下恶定乎！""定于一"。必一，才有力量。就是二人结合，也必须随便用一种方式变成一个意志，才能维持长久。但一与多是相反相成的。要一，就要容许多。成一个国家，就要许多民众。今日中国只要一个革命，但在这"一个革命"中却不妨多次，多方面，多阶段。正犹之乎抗战，当然只有一个抗战，但却可分成多期或多阶段。

中国这个时代的文化运动本来也只有一个。但在这一个文化运动上却也可有许多方面，许多作法，许多阶段。要紧的是：要多更要一。中国今日文化运动上的这许多阶段必须相衔接，相继承。这许多作法，许多方面，更必须相配合，相适应，相协助，相推进，相敬相喻相信。个个在己，"止于至善"；个个对人，"与人为善"。今日文化运动的各种方面，各种作法，彼此对待之间，必当如此，才可以帮助统一团结，才更利于抗战与建国。

这也是今日的新启蒙运动在再开展上所最应启发的事。

（原载 1939 年 4 月 10 日《战时文化》第二卷第三期）

科学运动与新启蒙运动
（1940 年 7 月 10 日）

科学运动，科学化运动，新启蒙运动，三者之间，有一大部分相同，但却不同其范围。

科学运动，说起来，大概没人反对。但科学运动要达到什么目的，似乎仍有问题。

科学运动要加重科学教育，要普及科学常识，要提倡科学研究，这都不错。

但科学教育应当怎样，科学常识如何普及，科学研究怎么着手，注重什么，都应说的更明白一点。

我以为在科学运动上，最应注重的，不应只在科学结果，更应在科学方法，科学精神，科学态度，科学脾气。

加重科学教育，就应特别注重训练科学方法的实践，培养科学精神，养成科学习惯。

在普及科学常识上，最要普及科学技术。如何普及科学常识？要普及科学常识，就应使人常用什么由科学来的东西，就不但懂得那东西的科学道理，而且会加以科学处理。比方，一旦用坏了，自己就会修理。

科学研究，不是具有科学精神，习于科学方法，善用科学技术的人，当然不会得什么结果。

因此，在科学运动上，科学方法的提倡，乃是最要紧的一端。

不过，说科学方法的人虽多，真懂得科学法或科学方法的人却少。

最原则地说，什么是科学法或科学方法，原有一个最简单的公式，就是：

科学法 ——（等号）算数 ＋（加号）经验主义

只是许多人不知算数一项。又有许多人虽不反对科学方法，却笼统地反对经验主义，当然难怪要虽不反对科学方法，而实际却常违反科学方法了。

科学法或科学方法等于算数加经验主义，自从三百年前伽离略开始实施科学法，建立近代实验科学，便如此了。

本来，科学研究的是事实，着重的是现实，科学精神要踏实，科学态度要确实，科学脾气要切实，科学习惯要如实。总之都离不了一个"实"字。因此科学教育也就是要教实。同时都要清楚，要条理；要精密，要谨严；要分别，要分析，要分明，要有分寸，要重分际，要讲分量；要归结于数。

这样的科学法等，当然也有它所从出的科学假定。那便是实在实有。分析明白说来，就是：

一、自然界的问题可以分开解决；而且应该分开解决。

二、自然界的事物是有条理的；而且条理是找得出的。

三、自然界事物的发生都有其原因，原因就在自然界本身；而且可以找得出。因果间的关系是不变的。

四、自然界的事物有种类的不同，却无高下之分；而且种类的不同都是由于结构的不同，数量的不同。

五、自然界的事物都可以观察实验，测量计算，比较统计；而且这样得出来的才最可靠。

这些，形成科学看法。

科学精神，科学态度，科学脾气，科学习惯，由科学看法而来，由科学方法而见。那么，怎样表见科学方法，则最好以榜样。在科学教育上，科学历史，科学故事，所以有极大的科学价值，半由于此。

具体说来，科学方法，就是科学结果的怎样获得。因此训练科学方法的实践，与讲解科学结果，其间虽显有不同，其实应极紧密地联系起来。

在科学化运动上也应如此。科学化，化什么？就是化得社会，化得人人，都习于科学方法，都熟于科学技术，都能实，都能准确，都能分明，以使事事物物都有科学的基础，都得科学的条理；以使科学精神，科学态度，科学脾气，科学习惯，在一切个人行动，社会生活上，都表现出来。

新启蒙运动是给科学运动，科学化运动，以哲学基础的。新启蒙运动，在积极方面，不仅要求思想解放，要求新思想新知识的普及，就是科学哲学的大众化；而且更积极更根本地要鼓吹实，表扬理性。

实与理性就是科学运动与科学化运动的根本所系。科学运动，科学化运动，而不能培养实在，熏陶理性，必不会有根本的收获。

就新启蒙运动本身的全部任务或整个内容来看，我以为至少可以分为三部分，或三方面，或三阶段。就是一、初级的；二、中级的；三、高级的。

初级的启蒙就是扫除文盲，普及教育以及知识通俗化，学问大众化，而目的在提高一般文化水准；使大众一般都有文化生活。

中级的启蒙就是使已有知识的人，知识得清楚，思想得清楚。廓清知识上的蒙翳，扫清思想上的朦胧，清除一切心习上的迷信、盲从、武断、独断、成见、奴化的毛病，而达到一般人知识、思想、信念的净化。

高级的启蒙则在知识之质上的，组织上的，逻辑上的进步，学问的解蔽与厘清，即弄清楚，肃清一切知识、学问、言语、思想、观念、概念上的不必要的笼统与漠忽。此所与中级的启蒙特别不同的，就是那是就主观说的，这是就客观说的。

我深信新启蒙运动的哲学与方法应是辩证唯物论与逻辑经验论的合流。

科学法是相反相成的算数与经验的结合。也就是数与实的结合。由这一结合，已开发了近代科学的新时代。

辩证唯物论是相反相成的辩证与唯物的结合。也就是活与实的结合。由这一结合，正有一个广大的一般的新时代在开发着。

逻辑经验论或理性经验论是相反相成的逻辑与经验或理性与实验的结合。也就是名与数与理与实的结合。这一结合是比算数与经验的结合更广大的。这一结合已由算数逻辑家的罗素，在三十年前自觉地开始。由这一结合，一定也会在哲学上开发一个新时代，罗素自己已经彰明地说过了。

逻辑经验论者以得自观察与经验的科学知识为哲学材料，以根据算数逻辑的逻辑解析为哲学方法，实在在逻辑经验论者哲学就是解析（分析）。

可是不要瞎猜，现代哲学中的解析派，要解析言语，要求名辞字句的意谓，并不是弄文字或记号的把戏。其实乃是找真，乃是找名辞字句的真意谓，乃是在一切现象中找不可误者，乃是在名辞字句所表达者中找不会错的，乃是要抽象的具体化。

解析本都含有综核。

照一种说法，科学乃是抽象的。哲学就是把抽象的具体化，找出实在点；讲具体的一般或一般的具体性。这与黑格尔的"真理是具体的"应差不多。而哲学之为人类行动最高指导，也应由于此。

具体化，现在不论在学问上，在生活中，都太要紧了。

时来流行的所谓中国化，其实是不够的，更不够根本。根本怎样？根本乃在具体化，否则必也只一句空话而已。

具体化，当然与新启蒙运动的号召"实"，是相通的。

今日的科学运动，科学化运动，自也都应不忽略具体化。如此，自与今日国际学术界最进步的潮流，不论是辩证唯物论或是逻辑经验论，在根本上也都可以合流，而自己也庶几建立了样本，达到了自己的最后目的，就是把科学方法应用在一切具体事例，社会生活中，进而形成科学与社会的统一。

纵然科学是抽象的，科学方法却要具体。

而且科学总是积极的，实证的，即 positive。

（原载 1940 年 7 月 10 日《中国教育》第一卷第二期）

五四当年与今日
（1942 年 5 月 1 日）

　　五四是中国近代发展的转折点。五四以前，五四以后，可以说，中国已有截然的不同，特别在思想见解学术文化上。

　　比较说来，中国在思想见解学术文化上，五四以前是封锁的，五四以后，是开放的；五四以前是单纯的，五四以后是复杂的；五四以前是停滞的，五四以后是急进的。

　　凡是多少与五四有关的人，当都还记得，那时运动算是单纯，至少在其初的时候。那时大家但知爱国，什么背景也说不上的。简直大家就不知背景是怎么回子事。那时是什么派别也没有的。假使有的话，那只是新旧之别，而且大家确认新旧之间，绝无妥协之余地。不但说不上什么勾心斗角，纵横捭阖，而且就认为新旧之间就是无可以来往之余地。那时运动之所以有力，也许就在这个地方。那时运动不但是青年运动，而且很可以说是青年的运动，这种纯洁天真情形，也就是一个根据。那时运动真是青年运动，思想运动，文化运动。至少就自觉的方面说，简直完全与政治运动无涉，虽然影响也不免要见在政治上。

　　但是那时在学问思想上却也还幼稚的可观。比方拿一个例来说，那时早已读马克思主义，可是全国读过《资本论》的，可以说还无一人。全国懂得辩证唯物论的更是绝无其人。这后一层是难怪的，因为在那时就在国际上晓得辩证唯物论者也是极端地少数。虽然辩证唯物论从一千八百四十四、五年已经开始了，但在国际上辩证唯物论的大行不过一九三〇以来近十二年的事。今日大不同了。今日全国读过《资本论》的究竟已有多少，虽然还难统计，但能够背诵辩证唯物论条文的确已多的厉害。这不过一个例而已。一般说来，中国这二十几年来，在学问思想上，确已大有进步，至少在范围上。就是抗战五年以来，中国在文化上在范围上的开发，恐怕就是处心积虑的敌人也不会料想得到的。二十几年来中国在学术思想上的进步，特别表现在出版物上。许多五四时没有的书，现在都有了。不用说，《资本论》已有了全译本。罗曼·罗兰的大小说《若望·基督夫》也全译出来了。最重要的西洋哲学古典也已译了差不多大半。但是这就够了么？当然还差的远！比方只拿算学来说，这是百学的一种基础，百学的最高法范，而在现代中国却是最不见重，极不发达的学问。就在这一门里，关于其较高分支的书，像方程式论，级数论，群论，数论，非欧几何等的，不论翻的，编的，也都有了。关于定列式，四元，最小二乘法的，在民初就已有了。关于概率论或决疑数学的则更早，在清末就有了。但是关于集合论，实变数函数论，不变式论或型式（法模）论，与方式（模胎）论，微分型式论或绝对微分法或张量解析，以及多度几何，形式几何，数理逻辑或算学基础等的，却都还在阙如。就是一本像样的世界算学通史也是没有的，虽然关于本土的算史已久有李乐知先生的力作。在这类地方不能不更有待于急起直追，迎头赶上。而且更希望不以迻译传授为限。

五四时期在学问思想上，也还有一种情形。便是不免浅尝辄止，不肯认真深造。而且不免被人领错了路。提倡的是科学（当然指的是自然科学），而却被人领了去整理国故！当时许多觉醒了的才智之士，曾都殚精瘁力于这个易于收效之门！而且整来整去，竟把大禹整成一个虫，而"无父的"墨翟也成了印度人！五四以来奴性的迷外，当然也是要不得的。这大概同是受了社会环境物质生活的限制。但是学问求的是所谓真理，不是快意或取宠的事。这种流毒，今日是仍要预防的。在这种情形下，所谓中国化真要再好好地讲一讲；更好是好好地作一作，而不止于一个口号而已。同时还必须说：不论中国化、大众化，最要紧的都在具体化。

在学问思想上，五四以来的进步是必不容抹杀的。可是如拿一个较高的标准来看，当然还差得远。前些日子，我为表示中国近年在学问上所已达到的境界，曾举出一本《学术季刊》来。但那可以表示进境，却也同样表示不进境。介绍西洋近年的新学说，是值得欢欣的；但如对于像算学或逻辑里已经常用的"公理"一类的名词，还无一致的译法，岂不是对中国已有的一点传统全未理会？这似乎至少也表示还很有些新学问向在中国还未大大上轨道。认为中国的进步，已达绝顶，显然是错的；但如对中国已有的进步全不承认，或对中国在新学问上已有的东西全不理会，实在也不应该。

说到传统，不能不承认，因为时代社会潮流的需要，五四运动很留下了些好的传统。五四运动的积极目标与中心口号，就是科学民主与民族解放。这都留到今日了，这也都是今日应该承继的。说到民族解放，当然在一方面今日是全国抗战。那么不过街上走走，屋里写实，今日照抗战已及五年，而且势必还要抗下去的。至于科学与民主，如前所说，科学是已有一些的进步，民主则今日也还与当年差不多，还在各方大家号召之中，早晚也必是会达到的。因为，我可以，可以说全无所为地，简单干脆地说一句：谁要成功，谁要胜利，谁便必非有了科学、行了民主不可。由这次延遍全世界的为保卫文化保卫科学保卫自由保卫民主的世界大战看起来，民主确也是人类最高的理想之一，就令所采取的方式也许不同也罢。纵然五四时候对于民主的见解，也并不尽如此。

但如大家承认，五四时期确有皮毛肤浅，浅尝辄止的毛病。那现在在科学上、在民主上，便必须努力深造自得才是。深入具体，这在现在确是最最重要的了。

许多人说五四运动，在文化上，是中国的启蒙运动。这句话，还未见遭什么人反对过。这个五四运动的传统确也是今日应该不但继承，而且应该发扬光大的。而且这个运动，这些年来，尤其近几年来，在事实上，因为必然的遭际，全非人力之所及，显已收了些果效。不幸，所谓启蒙却太常常地重重地被人误会误解了。所谓启蒙本不是认识字、扫除文盲的意思，虽然教人识字、扫除文盲，也在它的范围之内。所谓启蒙的蒙并不是童蒙的蒙。就是七八十岁的人也是还会害孩子病的。大人要勿失其赤子之心。但幼稚病却绝对地要不得。积极说来，所谓启蒙本是开明的意思。岂但不认识字的人需要这个，认识字的人又何尝不也需要这个？事实上一般言之，恐怕今日越是认识字的人也越需要这个。今日全世界，恐怕也正都还是如此的。而且我也可以立在自觉超然的大客观的观点，仍可以说全无所为，而简单干脆地再说一个抽象的具体的道德，就是：开明也同科学民主一类，谁能开明，谁一定成功，一定胜利；反之，谁不能开明，谁也必一定不会成功，不会胜利。短时的成败胜负自不在值得计较之列。不拘谁，只令开明，都好办。启蒙运动或启蒙时期，最大最根本的特征就是我所乐道的理性。没有理性，怎会开明？对于这种理性，我已经竭尽棉薄不惮重重倡导过。今日全世界，除了希特勒及其匪帮（法西斯，其音是匪，其义即帮，但可恨它玷污了所谓帮）以外，想该已再无人愿反对或敢反对这个了。我才所谓愿效的，就特别指此而言。这对渺小的人类的进步，是再好不过了。顺着这个向上发展上去，暖气已经透了，阳光还会远么？

四月十七日

（原载 1942 年 5 月 1 日《群众》周刊）

五四的青年性
（1942 年 5 月 4 日）

定五四日为青年节，这是大有意义的。

五四运动不但是青年运动，而且至少在两个意义上还是青年的运动。

一个意义就是：五四运动不但是由青年发动或以青年为主的运动，而且富有青年性质，赋有青年精神。

所谓青年性质或青年精神者，就在它简单，纯洁，坦白，率真，活泼，乐观，勇敢，有为，向上，要强，敢于冒险，勇往直前，感到的就敢说敢行。

反过来说，就是：很少顾忌，不大计较利害，不甘拘于故常，有所不屑，有所不为。

此外，所谓青年性质或青年精神的，还有好问，好疑，好奇心重，求知欲强。同时并且虚心。

就是，在精神方面，也是正在生长的，而且能够创新。

一个人的是否青年，并不在乎他的年龄，要紧的就是看他是否有这些性质，是否有这些精神。

五四时代的青年就是特别富有这种性质的，就是特别赋有这种精神的。因而五四运动所表现出来的也正如此。

同时，在另一个意义上，也很可以说，五四运动所代表的正是中国的青年期。那时全国主宰的风气，主要的潮流，都是青年的，都是如上所说的青年的。

五四时期全国所表现出来的，在主导方面，都是由老衰而变为青春，而变为少壮——乐观，活泼，要强，向上。

那时全国所最显著的，在主导方面，都是热腾腾地，大有欣欣向荣，蒸蒸日上之势，之概。是开放的，同时很显著地看着要开出、放出光华灿烂之花来。

五四，在性质上，在精神上，在时代意义上，在社会影响上，就是如此的。

那么，每年到五四日，到青年节，确是应该使全国各方面，特别是青年方面，文化方面，思想方面，学术方面，都更大大地清新一下，以便很配得上地来纪念这个日子。

（原载 1942 年 5 月 4 日《新华日报》）

中国与中国人
（1945 年 3 月 15 日）

许多人不了解中国。在这许多人中包括许多中国人，尤其包括许多所谓进步的知识分子。

这些年来，就是自从思想在中国多少解放以来（其实解放得微末得很。许多人逃出这个笼头，却甘心情愿地钻进另一副笼头），许多所谓进步的知识分子已经把所谓孔子（姓孔名丘字仲尼）痛骂。

这是情理上可解的。孔子本曾，而且还在被不肖之徒利用以济恶；孔子本曾发生了不无过当的影响。当然要引起一种所谓反动；当然但令一旦思想多少解放，就要获得丑诋。这是难怪的。这正像西洋人在某时期之对亚里士多德。

而且孔子的时代究竟不尽同今日的时代，他本身就不免有可以指摘的欠缺。

什么是对孔子的正当态度，那就可看看今日少数西洋明白人怎样对亚里士多德。

但是不论怎样把孔子骂透，甚至把一切书中他的名字都给挖掉，更甚至把一切与他多少有关的书都烧掉（假使秦始皇再生或东方希特勒竟尔出现的话），也必无补于国家，无济于今日的危难。

今日的事，至少应由今人负最大部分责任。不满意于现状，而徒徒痛骂祖先，至少也是逃避现实之一种。就令快意，但快意并不能完全解决了问题。

孔子却曾被不肖之徒利用，却曾被不肖之徒假借，而且还在利用假借着。但论起责任来，利用者假借者的不肖之徒，总应负得多一些，而被利用被假借者应从未减。如果不敢严处活的利用人假借人的不肖之徒，而只丑诋死的被利用被假借的古人，得无近乎畏强凌弱乎？得无表现出所以成其为不足畏的书生乎？

说更正经话，在这种地方，总应把被利用被假借者的真面目揭露出来，看他那地方是好的，是还要得的，那地方是坏的，是绝要不得的；以至那地方可以被利用，被假借；同时也可以比较比较：有的古人确是可以利用，就是说他可以被利用的地方最多，有的古人则较差。如此予人以共见，也是予人以正见，毛病总可以渐渐少下去。

假使你懂得一些通俗进化论，你也应该相信，历史上不会有完人，就是将来也不会有。假使有人已经作到最好处，那还有什么进化或进步可说（把进化与进步看得差不多一样的意思，所以说是通俗进化论）。既无完人，既不能作到最好处，当然不应过于苛责了。但是如以此为毛病说辞，为罪恶解脱，那却是天大的胡闹，简直不止于胡闹而已。纵然不能止于至善，但止于至善究竟应是一个人每件事应达到的理想。

这些年来本来已有很进步的人郑重其事地在高唱中国化。不幸若干所谓进步的知识分子，既不精通政治理论，更不晓得政治实践，总想把中国过去一笔抹杀。其实就令那个可能，又何救于今日的困难。事实上，不但完全抹杀过去不可能，而且假使你能把过去完全抹杀，要解决今日的危局也就不可能了。今日总是承认过去来的。把历史一刀两断，痛快是痛快，但作不到。今日要紧的固在：一方面接得上历史的传统，而同时也深知历来传统的限制，对于一切古人不妨作善意的利用，但绝不因今人的罪恶，而空空抱怨古人。

假使我们的后代子孙还是不肖的，也不自省自责，自奋自强，而把一切责任都卸在我们身上，我们愿受么？

友朋谈起，常说，中国今日政治应采取英美，而经济应采取苏联。意思也许不错，但我不能同意这个说法。政治经济总是生活里的事。政治经济上外来东西可以实际采用的，实很难不限于原则。假使中国的政治经济而不在中国的实际生活上扎根，任何外来的办法，拿来强加上，必无济于事。而且外来的办法，凡是可采的都可以参考，也不能强分畛域。如果是来源不同的一种政治制度与一种经济制度，是否可以汇合在一起，或如何才可以汇合在一起，又何尝不是问题？顶多可说，中国最近应有的革新，在政治上，英美方面可以参考之处，比较多一些；在经济上，苏联可以参考之处比较多一些。并非谓在经济上英美全无可采，在政治上苏联全无可采也。政治经济又岂能够严格划分或割开？

但最要紧的究竟还在中国的本土，还在中国自古以至今日的实际生活。此所以为了解中国而研究中国历史，我也认为重要。但最要紧的究竟在近代史，就是与今日生活最有关切的一部分。至于拼命地向古史里钻，我不能不认为也是不得已（情有可原）而逃避现实的一种。犹之不自努力而徒称扬古人是脱卸责任闪避现实的又一种。好玩有趣，也许。必要，也有。若说有用，究竟间接。

对于远古，一点也不可迷恋，也不必迷恋。大体说来，或长久说来，人类社会总是进步的。就以最像不进步的哲学来说，以今比昔，也已大大进步了许多。

一般言之，中国古代固然要不得，西洋古代也一样要不得。岂但西洋人生哲学不成，中国人生哲学也何尝成。假使中国人生哲学成，不应该直到今日还这样地民不聊生，忍于最可耻最应引以为辱的生活。假使西洋人生哲学成，更不应该直到今日还在这样惨酷的大战之中！

不懂得古代，现代的懂得不能完全，是的。但若说，不完全懂得古代，就完全不能懂得现代，那却完全非。

为了解中国的生活而作中国的历史的研究，既只在揭露中国历来生活，尤其百年来生活的真面目，那么在这种研究上当然要采用西洋方法，但是绝不可把西洋的所谓"范畴"，轻于向中国史实上套。事实弄明白，没有名词，可以的。绝不可以事实没弄明白，就轻加上外来名词。

实事求是，要紧要紧。

（原载 1945 年 3 月 15 日《国讯》第三百八十七期）

译

文

精神独立宣言*
(1919 年 12 月)

　　精神的劳动者诸君，五年以来被军队，被检查吏，被交战诸国的憎恶怨恨，所分异离析，散遍全世界的诸同人，今当藩篱方隳、边界重开之顷，我们敢请于诸君之前，把我们亲爱的联合重新成起，但是非求赓续旧有，乃要成一个新的，比前有的更安稳、更坚固经久的联合体。

　　这一次战争把我们的侪辈既投入迷离骚乱之地。大多数的知识界的人都把他们的学、他们的术、他们的聪明才力，供他们的政府之用。我们现在并不要归罪那一个；也非要弄些什么谴责的话。我们晓得个人精力之薄弱；伟大的集合潮流之天然力量，这一次因为未预筹有抵拒之方，顷刻间遂被他们这种潮流扫荡一空。但是无论怎样，这一次的经验，对于我们将来，至少总要使他有用。

　　第一，我们请记取这次因为全世界的智力殆完全处于退让而且甘心屈服于忽然奔放的强力之下造成的种种不幸、种种灾祸。许多的思想家、许多艺术家，对于蚀耗欧洲肉灵的凶厄灾难，不但不去阻挡，而更加上不可计数的恶毒的仇恨。从他们知识、记忆、想像之武库，为怀恨，为结怨，找出许多旧的、新的理由，许多历史的、科学的、逻辑的、诗的理由。天天从事于毁掉互相的了解，天天从事于破坏人人间亲爱之情。他们原本是思想的代表，他们这样子作去，遂把思想大大的损坏、点污、贬落、糟蹋了。他们把思想竟弄成了情热之器，又且（或许不自知）成了一个政治的或社会的党派的，或一个国、一个邦、一个阶级的营私利的用具。但是如今，从打这个蛮野伧荒的乱打乱闹，一切交哄的民族，无论胜的败的，都弄得破头乱脑，穷乏困赢，狼狈逃出，而且于心底（虽然不自认），在他们的疯狂之暴发上也不免觉着羞惭，卑贬屈辱。就是

---

　　* 原题为 Déclaration d' indépendance de l' esprit，罗曼·罗兰、罗素等著。

思想，因为被他们的争逐所连累，也同他们损掉价值，堕落而出。

起！既知这样，那么我们便请把精神解脱了这些连累，脱离了这些卑辱的结合，祛除了这些隐秘的奴役。要知道精神是不为一切东西的奴仆的。为精神奴仆的就是我们。我们是除他以外，更不晓得别的主人。我们是受命去维持去拥护他的光的，我们是受命去把迷了路途的人重聚在他的旁边。我们的职任，我们的本分，就是要保持一个定的鹄的，并当情热的旋涡中、宵夜的晦暗中，指出极星的所在。于种种不同的傲慢骄夸和互相倾轧的情热间，我们是不作简择的；我们但把他们通通斥弃。

我们尊敬的唯有真理、自由的真理，无边界、无限际、无种族级类之偏执。信然，我们不是对于人类漠不关心的。我们是正在为人类而工作，只是我们所作非人类的那一分，乃人类的全体。我们不认得这民众，那民众，种种许多的民众。我们但认惟一民众（The People）——一而普遍——，就是那受苦，竞争，跌而复起，沿着浸泡在他们自己的汗血中，凹凸不平的路，永远相续不断的前进的民众——就是合一切人类之民众，一切同是我们的弟兄。而且就是为的他们，同我们一样，也可以觉悟到这个弟兄之谊，我们故于他们蒙瞀的争斗之上，高举"约章之匮"——高举那自由，一而多，永远长久的精神。

签名人：

（在法）Romain Rolland，Henri Barbusse，Ceorges，Duhamel，Charrles Vildrao，Emile Masson，Mathias Morhardt，Paul Signae，等。

（在英）Bertrand Russell，Izrael Zangwill，等。

（在德）Professor Georg Nicolai，Heinrich Mann，Hermann Hesso，等。

（意大利）Benedetto Croce，Roberto Bracoo，等。

（奥地利）Stefan Zweig，等。

（西班牙）Euganaio d' Ors，M. Lópor-picó.

（比利时）G. Ecokhout，Henry Van de Velde，等。

（荷兰）Dr. Frederik Van Eeden，J. C. Kapteyn，Dr. L. E. J. Brouwer，等。

（瑞典）Ellen Koy，Selma Lagerlof，等。

（丹麦）Sophus Michaelis，等。

（在美）Jane Addams，等。

（原载 1919 年 12 月《新青年》第七卷第一号）

名理论
（1927、1928 年）

1[①]　世界是一切发生的事情。

1.1　世界是事实的总和，而非事物的总和。

1.11　世界为事实所规定。为其即是**一切**事实所规定。

1.12　因为，事实的总和规定发生的事情，亦规定未发生的事情。

1.13　逻辑空间里的诸事实即是世界。

1.2　世界分成诸事实。

1.21　任何事项都可能是发生的事情或未发生的事情，而其余一切事项则依然不变。

2　发生的事情——事实——是事体的存在。

2.01　事体乃是对象（物项，事物）的一种结合。

2.011　能成为一事体的成分，乃事物的本质。

2.012　逻辑中没有偶然的东西：如一事物**能**见于一事体中，则该事体的可能性已前定于该事物中。

2.0121　对于一个本可单独存在之物，后乃有一事势与之适合，这似乎是一种偶然性。

如事物能见于事体中，这个可能性必已伏于事物中。

（逻辑的东西不能是仅仅可能的东西。逻辑讨论一切可能性，一切可能性都是其事实。）

任何对象，离开其与别的对象结合的可能性，则人不能思想之，正如离开空间，不能思想空间的对象，离开时间不能思想时间的对象。

---

①　这些小数作为一个一个的命题的号码，表示各命题逻辑上的重要性，表示它们在我的叙述中所受的注重。命题 n.1，n.2，n.3 等，即是 n 号命题的注语；命题 n.m1，n.m2 等则是 n.m 号命题的注语；如此等等。——著者

如果我能就事体的联系而思想对象的话，则离开这种联系的**可能性**，我便不能思想它们。

2.0122　就其能见于一切**可能的**事势中而言，事物是独立的，但是这种独立的形式，即是同事体的一种关联的形式，一种依存的形式。（语词以两种方式使用，既独立使用，又在命题中使用，是不可能的。）

2.0123　如果我晓得一个对象，则我亦晓得其见于事体中的一切可能性。

（所有这种可能性必都伏于那对象的本性中。）

以后不会再发现一个新的可能性。

2.01231　要晓得一个对象，不须晓得其外在性质，但须晓得其一切内在性质。

2.01241　如果已知一切对象，则从而也就已知一切**可能的**事体。

2.013　每一事物可以说都在可能事体的一个空间中。这个空间，虽可被想像为空虚的，但无此空间，则事物是不可想像的。

2.0131　空间的对象，必处于无穷空间之中。（空间点，即是一个函目地位。）

视野的点虽不必是红的，但必具有某种颜色：可以说它被一个颜色空间所围绕。声音必有**某种**音度，触觉的对象必有**某种**硬度，如此等等。

2.014　对象包含一切事势的可能性。

2.0141　对象见于事体中的可能性，即是该对象的型式。

2.02　对象是简单的。

2.0201　凡对于复合体的陈述，都可解析成对于其成分的陈述，解析成一些把复合体完全摹状了的命题。

2.021　对象构成世界的本体。所以不能是复合的。

2.0211　假使世界无本体，则一个命题有无意义，应视别一命题的真假而定。

2.0212　于是，要绘制一幅世界的图像（真或假）便是不可能的。

2.022　显然，一个不论与实在世界怎样不同的想像的世界，也必与实在世界有一种共通的东西——一种型式。

2.023　这种固定型式恰由对象而成。

2.0231　世界的本体只**能**规定一种型式，不能规定任何实质的属性。因为这种属性只能由命题来表现——只能由对象的配置而形成。

2.0232 　顺便说一下，对象是无色的。

2.0233 　两个具有相同逻辑型式的对象，除其外在性质不同之外，其区别只在于它们是不同的。

2.02331 　或者一个事物具有他物所无的性质，于是我们可以直截了当用一个摹状使之区别于他物，而指出之；或者有好些事物，其性质全是共通的，于是完全不能从其中指出任何一个事物。

因为，一个事物如无可为之辨别者，我就不可能辨别它，不然这个事物便会被辨别了。

2.024 　本体是独立于发生的事情而存在的东西。

2.025 　本体是型式与内容。

2.0251 　空间、时间与颜色（色性）是对象的型式。

2.026 　只有有了对象，才有世界的一种固定型式。

2.027 　固定的东西，持存的东西和对象，是一个东西。

2.0271 　对象是固定的，持存的；配置是变易不居的。

2.0272 　对象的配置构成事体。

2.03 　在事体中，对象互相依存，如链子的节。

2.031 　在事体中，对象以一定的方式互相关联。

2.032 　对象在事体中互相依存的方式即是事体的结构。

2.033 　型式是结构的可能性。

2.034 　事实的结构由事体的结构而成。

2.04 　存在的事体之总和即是世界。

2.05 　存在的事体之总和亦规定哪些事体不存在。

2.06 　事体的存在与不存在即是实在。

（事体的存在，也叫一正事实，其不存在，也叫一负事实。）

2.061 　事体不相依附。

2.062 　从一事体的存在或不存在不能推出另一事体的存在或不存在。

2.063 　全体实在即是世界。

2.1 　人给自己造出事实的图像。

2.11 　图像表现逻辑空间里的事势，即事体的存在与不存在。

2.12 　图像是实在的一幅模型。

2.13 　在图像中有图像的元素与对象相应。

2.131 　图像的元素在图像中代表对象。

2.14　图像之为图像在其元素以一定方式相关联。

2.141　图像是一种事实。

2.15　图像元素以一定方式相关联，表示物项如此关联。图像元素的这种关联，叫作图像的结构，这种结构的可能性叫作图像的表象型式。

2.151　表象型式即是事物之如图像元素那样相关联的可能性。

2.1511　图像就是这样与实在相关联的；它接触到实在。

2.1512　图像正如衡量实在的一种尺度。

2.15121　只有分度线的终极点才接触到所要衡量的对象。

2.1513　照这样理解，则使图像成为图像的表象关系也属于图像。

2.1514　表象关系由图像元素与物项的配合而成。

2.1515　这种配合颇似图像元素的触角，图像即借此以接触实在。

2.16　事实要成为图像，必须与所象有某种共通的东西。

2.161　在图像与所象中，必然有某种同一的东西，因此前者才可能是后者的图像。

2.17　图像要能照着实在自身的方式以表象实在——对或错——所必须与实在共有的东西即是其表象型式。

2.171　图像可以表象其型式为图像所有的一切实在。

空间图像可表象一切空间的东西，颜色图像可表象一切有色的东西，等等。

2.172　但图像却不能表象其表象型式，而是显示它。

2.173　图像自外表现其对象（其观点即是其表现型式）。因此图像表现其对象有对或错。

2.174　但图像却不能自位于其表现型式之外。

2.18　凡图像，不论具有什么型式，但要能表象实在——对或错——所必须与实在共有的东西，即是逻辑型式，亦即实在的型式。

2.181　如表象型式即是逻辑型式，则图像叫做逻辑图像。

2.182　每个图像亦是一逻辑图像。（反之，例如，并非每个图像都是空间图像。）

2.19　逻辑图像可以表象世界。

2.2　图像与所象共有逻辑的表象型式。

2.201　图像由表现事体的存在和不存在的一种可能性以表象实在。

2.202　图像表现逻辑空间里的一种可能的事势。

2.203　图像包含其所表现的事势的可能性。

2.21　图像与实在或符合或不符合；于是而或对或错，或真或假。

2.22　图像由表象型式以表现其所表现者，而不论其为真或假。

2.221　图像所表现者即是其意义。

2.222　图像的真假在于其意义与实在的符合与否。

2.223　要看出图像的真假，必须把图像与实在相比较。

2.224　由图像自身是看不出其真假来的。

2.225　没有先天地真的图像。

3　事实的逻辑图像即是思想。

3.001　"一事体是可以思想的"，意即人可以给自己构造一幅该事体的图像。

3.01　真的思想之总和即是一幅世界图像。

3.02　思想包含其所思想的事势的可能性。可以思想的，也即是可能的。

3.03　人不能思想非逻辑的东西，因为不然，便须非逻辑地去思想。

3.031　人们常说：神能创造一切，除了违反逻辑规律的东西。因为人不能**说**一个"非逻辑的"世界是什么模样。

3.032　人在语言里不能表现任何"违反逻辑的"东西，正如不能在几何学里以坐标表现一个违反空间规律的图形，或举出一个不存在的点的坐标。

3.0321　我们虽能在空间上表现一个违反物理规律的事体，但不能表现一个违反几何规律的事体。

3.04　一个先天地对的思想应是其可能性即其为真之条件的思想。

3.05　只有由思想自身（无须有与之比较的对象）即可知其为真，我们才能先天地晓得一个思想是真的。

3.1　在命题中，思想得到了可由感官感知的表达。

3.11　人用命题之可由感官感知的符号（说的或写的符号等）为可能的事势之射影。

射影法即是对命题意义的思维。

3.12　人所借以表达思想的符号，我叫做命题符号。在其对于世界的射影关系上命题即是命题符号。

3.13　凡属于射影的，都属于命题，便被投射者，则不属于命题。

因此，被投射者的可能性虽属于命题，但其自己则不属于命题。

因此，在命题中，包含的不是它的意义，而是表达其意义之可能性。

（"命题的内容"意即有意义的命题的内容。）

命题含有其意义的型式，而非其意义的内容。

3.14 命题符号之为命题符号在于其元素（语词）在其中以一定方式相关联。

命题符号是一种事实。

3.141 命题不是语词的杂凑。——（正如音乐的旋律不是音调的杂凑。）

命题是有节奏的。

3.142 只有事实能表达一种意义，一堆名字是不能表达意义的。

3.143 命题符号之为一种事实，为平常书写或刊印的表达形式所掩盖。

因为，例如，在印出的命题中，命题符号与语词即不见有本质上的不同。

（所以，弗雷格遂得把命题叫做一种复合的名字。）

3.1431 命题符号如被想像为非由书写符号，而由空间对象（比如，桌，椅，书）组合而成，其本质即显而易见。

于是这些东西相互的空间位置，便表达出命题的意义。

3.1432 不是"aRb"这个复杂符号表示"a 对于 b 成 R 关系"，而是"a"对于"b"成某种关系表示 aRb。

3.144 事势可被摹状，而不可**被命名**。

（名字类乎点；命题类乎箭，它们具有意义。）

3.2 在命题中，思想可以表达得使命题符号的元素与思想的对象相应。

3.201 我把这种元素叫做"简单符号"，把这种命题叫做"完全解析了的命题"。

3.202 命题中所用的简单符号叫做名字。

3.203 名字意谓对象。对象为其意谓。（"A"与"A"为同一符号。）

3.21 简单符号在命题符号中的配置，与对象在事势中的配置相应。

3.22　在命题中，名字代表对象。

3.221　我只能为对象**命名**。符号代表对象。我只能谈及对象，而不能把它**说出来**。一个命题，只能说一个事物**怎样**，而不能说其是**什么**。

3.23　简单符号之为可能的条件，即是意义之被规定的条件。

3.24　关于复合体的命题与关于其成分的命题成内在关系。

复合体只能由摹状而举述，而此摹状或符合或不符合。如果一个复合体不存在，则谈论这个复合体的命题并不是无意义，而是谬妄的。

一命题元素之标示一复合体，可由包含此元素之命题的一种不确定性看出。我们**知道**，并非一切都已由此命题规定了。（普遍符号诚然**含有**一种原型。）一个复合体的记号之概括成一简单记号，可由一界说来表达。

3.25　对命题有且只有一个完全的解析。

3.251　命题以一定的且可明白陈述的方式表达其所表达者：命题是有节奏的。

3.26　名字不能更以任何界说分析之。名字是一种初始符号。

3.261　每个被界说的符号都**通过**为其界说的那些符号来标示，而且界说即指明途径。

两个符号，即初始符号和为初始符号所界说的符号，不能以同一方式标示。名字，**不能**用界说来分析。（凡单独独立有一种意谓的符号都是如此。）

3.262　在符号中不能表达者，其应用显示之。符号之所隐，其应用明言之。

3.263　初始符号的意谓，可用解释来说明。解释是含有初始符号的命题。所以只有当初始符号的意谓已经知道了，才能理解它们。

3.3　只有命题有意义，只有在命题的系络中，一个名字才有意谓。

3.31　命题中规定其意义的每个部分，我都叫做表达式（记号）。

（命题自己即是一个表达式。）

表达式是诸命题彼此能共有，而为命题的意义所必要的一切。

一个表达式标志一型式与一内容。

3.311　表达式以一切能包含它的命题的型式为前提。表达式为一类命题的共通的具有特征的标记。

3.312　因此，表达式由以其为特征的那些命题的普遍型式来表现。

而且，在这个型式中，表达式为**常量**，其余一切都是**变量**。

3.313　因此，表达式以一变量而表现，变量之值是包含此表达式的命题。

（在极限情况下，变量成为常量，表达式成为命题。）

此种变量，我叫做"命题变量"。

3.314　表达式只在命题中才有意谓。各变量都可视为命题变量。

（变名亦然。）

3.315　如将一命题的一个成分改为一个变量，则有一类命题，均为如此而得的变量命题之值。这个类一般仍视我们给予该命题的成分以何种随意约定的意谓而定。但如将其意谓系随意规定的一切符号全改成变量，则仍会有这样的一个类。但这个类已不依赖于约定，而只赖乎合题的本性。这个类是与一种逻辑型式、一种逻辑原型相应的。

3.316　命题变量可取什么值是被规定的。

值的规定即**是**变量。

3.317　规定命题变量的值，即是把以此变量为共通标记的**那些命题陈述出来**。

这种规定是这些命题的一种摹状。因此，规定只论记号，不论其意谓。

而且，**规定只是记号的一种摹状，对于所标示者并无所陈述**：这一点是规定所唯一必要的。

至于如何产生对命题的这种摹状，是不重要的。

3.318　与弗雷格和罗素相同，我也把命题视为其所包含的表达式的函量。

3.32　符号是记号中感官可感的东西。

3.321　因此，两个不同的记号可以彼此共有一个符号（书写符号或语音符号等），——因此它们是以不同的方式而标示的。

3.322　以同一符号，而以两种不同的**标示方法**来标志两个对象：这绝不能指明两个对象的共通特征。因为符号是随意的。所以我们也可以选两个不同的符号，在这种情况下，标示上的共通点又在哪里呢？

3.323　日常言语中，常常同一语词，而以不同的方式标示——因此遂属于不同的记号——或者两个语词以不同的方式标示，表面上却以相同的方式应用于命题中。

比如"ist"（是）这个词，既作为系词，又作为相等符，又作为存在的表达式出现；"存在"（existieren）是与"去"（gehen）一样的不及物动词，"同一的"（identisch）则是形容词；我们谈论**某物**但也谈论**某物**的发生。

〔在"Grün ist grün"（"格律恩是不老成的"）这个命题中——其中第一个字是人名，末一个字是形容词——这两个词（Grün 和 grün）不仅有不同的意谓，而且**是不同的记号**。〕

3.324 因此，就容易发生最根本的混淆（全部哲学充满了这种混淆）。

3.325 要避免这种错误，必须使用一种排除了这种错误的符号语言，其所以排除这种错误，即在不用相同的符号于不同的记号；亦不以表面相同的方式使用以不同的方式标示的符号。因此它是一种遵守**逻辑语法**——逻辑句法——的符号语言。

（弗雷格与罗素的表意文字即是这样一种语言，不过尚未除去一切错误。）

3.326 要在符号上看出记号，必须观察有意义的用法。

3.327 只有符号及其逻辑句法的应用一起才规定一逻辑型式。

3.328 一个符号若是**无用**的，便是无意谓的。这就是奥坎原则的涵义。

（如果一切都表明一个符号是有意谓的，则它也就是有意谓的。）

3.33 在逻辑句法中，一个符号的意谓绝不应起任何作用；这种句法无须提及一个符号的**意谓**，而它**只要**假定了表达式的摹状，即可成立。

3.331 由此再回视罗素的"类型论"。罗素的错误，即在于其设立符号规则时必须提及符号的意谓。

3.332 没有命题能对自己陈述什么，因为命题符号不能含于自身之中。（这就是全部"类型论"。）

3.333 一个函量不能为其自己的函目，因为函量符号已经含有其函目的原型，而不能含有自己。

如假设函量 F(fx) 能为其自己的函目，便应有一个命题"F(F(fx))"，其中外函量 F 与内函量 F 不得不有不同的意谓，因为内函量还具有型式 ø(fx)，而外函量则具有型式 ψ(ø(fx))。两函量共通的只是"F"这一个字母，但此字母单独并无所标示。

如不写"F(Fu)"而写作"（∃ø）：F(øu)•øu＝Fu"，这一点就立

刻显而易见了。

罗素的悖论随之自消。

3.334　一旦晓得一个一个的符号如何标示，逻辑句法的规则即不释自喻。

3.34　命题有本质的特性与偶然的特性。

偶然的特性是因产生命题符号的特殊方法而得的特性。本质的特性则是唯一能使命题表达其意义的特性。

3.341　因此命题上的本质特性是能表达相同意义的一切命题所共通的东西。

同样，记号的本质特性一般即是能够满足同一目的的一切记号所共有的东西。

3.3411　因此可以说，真正的名字是标示对象的一切记号所共有的东西。由是，应可依次得知，不拘哪种组合，对于名字都无关紧要。

3.342　在现用的一切记法中，诚然有些东西是随意的，但如人已经随意地规定了某种东西，则必有某种别的东西也是这种情形；**这一层**却不是随意的。（这取决于记法的本质。）

3.3421　一种特殊的标示法，可能不重要。但它是一种**可能的**标示法，则永远是重要的。在哲学中一般是这种情况：个别的东西虽反复表明是不重要的，但每一个别东西的可能性，对于世界的本质则均有所揭示。

3.343　界说即是这种语言翻译成那种语言的规则。任何正确的符号语言必可照这种规则，翻译成任何别的语言，**这**是一切正确的符号语言所共通的。

3.344　在记号中进行标示的是照逻辑句法的规则可以代换它的一切记号所共通的东西。

3.3441　例如，真值函量的一切记法所共通的东西，可表示如下：例如，一切都**可代以**"～p"（"非 p"）与"p∨q"（"p 或 q"）的记法，即是其所共通的。

（一特种可能的记法如何能有普遍的启示，其途径已由此而表明。）

3.3442　复合体的符号在解析上不是这样随意分解，致使其分解在各命题结构中会不相同。

3.4　一个命题规定逻辑空间里的一个位置：这种逻辑位置的存在，仅由诸成分的存在、有意义的命题的存在即得到保证。

3.41　命题符号加逻辑坐标，就是逻辑位置。

3.411　几何的与逻辑的位置均是一种存在的可能性，在这一点上二者是一致的。

3.42　命题虽然只可规定逻辑空间里的一个位置，但全部逻辑空间必已由它而给定。

（不然，由否定，逻辑的和，逻辑的积等等，当会在坐标上引进愈来愈新的元素）。

（围绕图像的逻辑格架规定逻辑空间。命题贯通整个逻辑空间。）

3.5　所应用所思及的命题符号即是思想。

4　思想是有意义的命题。

4.001　命题的总和即是语言。

4.002　人具有构造语言的能力，可借以表达一切意义，而无需晓得各个语词如何意谓及意谓什么。——正如人即不知一个一个的声音如何发生，也能说话。

日常言语，是人类机体的一部分，其复杂性并不低于机体。

人类不可能直接从日常语言中得知语言的逻辑。语言遮饰思想。因而从衣装的外在形式，不能推出其所遮饰的思想型式；因为衣装的外在形式不是为了使身体的型式可以认识，而是为了完全不同的目的设计的。

在了解日常言语上，默默的约定是非常复杂的。

4.003　历来对于哲学所写的大多数命题与问题，并非谬妄，乃是无意义。所以，这类问题都是不能答的，而只能确定其无意义。哲学家的大多数问题与命题，都是由于人不懂得自己的语言的逻辑而产生的。

（这些问题同善是不是比美更多或较少是同一的问题，属于一类问题。）

最深奥的一些问题，实在**并非**问题，这是无须惊异的。

4.0031　全部哲学即是"语言批判"。（不过不是在茅提讷的意义上的批判。）

罗素的功劳就在指出了命题的表面的逻辑型式不必是其真实的型式。

4.01　命题是实在的一幅图像。

命题是如人所想象那样的实在的一具模型。

4.011　初看，命题——就如它印在纸上的这个样子——并不像是其所讨论的实在的一幅图像。但初看，乐谱也不像音乐的图像，拼音文字（字母文字）也不像是语言的图像。然而这些符号语言却表明，即使就通常的意义而言它们也是其所表现的东西的图像。

4.012　显然一个"aRb"型式的命题是被视为图像的。这里符号显然是所标示者的一个肖像。

4.013　而且如果深入这种图像性的本质，即可见这种图像性不会为**表面的不规则**（如乐谱中之用＃与♭）所破坏。

因为即使这种不规则也表象着其所要表达的东西；只是以一种不同的方式来表象而已。

4.014　留声机唱片、音乐构思、乐谱、声波，彼此之间均具有语言与世界间所有的那种表象的内在关系。对于这一切，逻辑结构都是共通的。

（就像童话中的两少年、两匹马、两仙女。在一种意义上它们全是一个东西。）

4.0141　有一种通则，音乐家据之可从乐谱奏出交响乐来，又可从留声机唱片上的刻纹重放出交响乐来，并可根据原规则，复制出乐谱：这些似乎完全不同的东西之具有内在的相似性，正在于此。那种规则即是将交响乐投射于乐谱语言的射影律。也即是把乐谱的语言翻译成留声机唱片的规则。

4.015　一切比喻，一切表达方式的图像性，其可能性都基于表象的逻辑。

4.016　要了解命题的本质，可看一看象形文字，象形文字是表象其所摹状的事实的。

字母文字，来源于象形文字，但并不丧失表象的本质特性。

4.02　这一点从我们不待解释就能了解命题符号的意义，即可见得。

4.021　命题是实在的一幅图像：因为，我若懂得一个命题，我即知其所表现的事势。而且无须对我解释其意义，我即懂得该命题。

4.022　命题**显示**其意义。

命题**显示**当其真时是怎样的情形，而且**说**，情形确实如此。

4.023　实在必须由命题以"是"或"否"定之。

为此，实在必须为命题所完全地摹状。

一个命题是一个事体的摹状。

正如一个对象的摹状是照其外在性质来摹状的，命题则是照实在的内在性质来摹状实在。

命题借助一种逻辑格架，构造一个世界，所以，如这个命题是真的，便也可以由之而见一切逻辑的东西是怎样的情形。人们可能从一个假命题**绌绎结论**。

4.024　了解一个命题，就是晓得如该命题是真的，就有什么事情发生。

（所以不用晓得其是否为真，即可了解它。）

了解命题的成分，即了解了命题。

4.025　一种语言之翻译成另一种语言，并不是把这种语言的各个**命题**都翻译成另一种语言的命题，而只是翻译命题的诸成分。

（字典并不仅翻译实名词，也翻译动词、形容词、连接词等；并且对一切同等视之。）

4.026　简单符号（**词**）的意谓，必须加以解释，以使人了解。

但人借命题，即可使人了解自己。

4.027　命题可以传达一种**新的**意义于人，这就是命题的本质。

4.03　一个命题必须用一些旧词传达一种新的意义。

命题传达于人一种事势，所以**在本质上命题必与事势相关联**。

这种关联正在于命题是事势的逻辑图像。

命题只在其是一个图像时，才有所陈述。

4.031　在命题中，事势好像是通过试验而组合起来的。

可以直截说：这个命题表现某某一种事势，而不说这个命题有某某一种意义。

4.0311　这个名字代表这个事物，那个名字代表那个事物，且彼此是互相结合着的，于是，全体就像一幅**活的图像**表现事体。

4.0312　命题的可能性的根据就是符号代表对象的原理。

我的根本思想是"逻辑常量"不代表任何东西。事实的**逻辑**不可能为任何东西所代表。

4.032　命题只当其逻辑地组织起来时，才是一个事势的一幅图像。

〔即使"ambulo"（拉丁文动词 ambulare 的第一人称现在时，意即：我走路，我散步。——译者注）这个命题也是组合的，因为其语根附以别的语尾，或其语尾附于别的语根，都会得出一种不同的意义。〕

4.04　命题必与其所表现的事势具有恰好一般多要区别的部分。

二者必有相同的逻辑的（数学的）多样性。（参看赫兹的《力学》论动力模型。）

4.041　这种数学的多样性自然自己不能再被表象。在表象时，是不能逃脱这种多样性的。

4.0411　例如，设要把"$(x) \cdot fx$"所表达的东西，通过在"fx"之前加一指标来表达，例如写作"fx"，是不行的，我们会不知道所概括的是什么。又设要附以一指标"全"以指示之，例如写作"$f(x_全)$"也是不行的，我们会不知道普遍性符号的范围。

再设要在函目地位试摆进一个标记，例如写作："$(全，全) \cdot F(全，全)$"，还是不行的，我们会不能确定诸变量的同一性。如此等等。

所有这些标示法都是不行的，因其缺乏必需的数学的多样性。

4.0412　根据同一理由，唯心派以"空间眼镜"解释空间关系的视觉，也是不行的，因其不能解释那些关系的多样性。

4.05　实在与命题相比较。

4.06　命题只因其是实在的图像，才能为真或假。

4.061　如不注意到命题有一种不依附于真实的意义，便会容易相信真与假是符号与所标示者间的平等的关系。于是，例如，便可以说"p"以真的方式标示～p以假的方式所标示者，等等。

4.062　只要晓得假命题意即为假，那么人岂不能像历来借真命题以互相了解那样也借假命题来互相了解吗？不能！因为如果情形确如命题所说的那样，这个命题便是真的；如果我们系以"p"意指～p，而情形又确如我们所意指的那样，则"p"在此新解释中，便是真而非假。

4.0621　不过，"p"与"～p"两符号能说同一个东西，这一层是重要的。因为它表明，符号"～"在实在中并无与之相应的东西。

在一命题中出现否定，还不是其意义的标征（～～$p=p$）。

"p"与"～p"两命题，意义相反，但与之相应的是同一个实在。

4.063　可用一形象的比喻解释真理概念。设想白纸上有一个黑斑。把纸面上各点，都指出其是黑是白，便可将斑的型式摹状出来。对于一点是黑的这个事实，相应一正的事实，对于一点是白的（非黑的）的事实，相应一负的事实。我如指出纸面上的一点（弗雷格所谓真值），则此便与为判断而设的假定相应，余类推。但要能说一个点是黑是白，必须先知道何时称点为黑，何时称点为白；要能说"'p'是真的（或假的)"，必须先已规定了在何情形称"p"为真，并随而规定了命题的意义。

这个比喻的缺陷是：我们即使不知黑白是什么也可以指出纸上的一点；可是一个没有意义的命题，是没有任何东西与之相应的，因其并不标示一种具有所谓"假"或"真"的性质的东西（真值）；命题的动词并不是"是真的"或"是假的"（像弗雷格以为的），而是那"是真的"者必已含有动词。

4.064　每个命题必已有一个意义；肯定并不能给命题以意义，因为肯定之所肯定，正就是那意义。对于否定等等，亦可这样说。

4.0641　可以说，否定已与被否定的命题所规定的逻辑位置相关联。

否定的命题规定一个与被否定的命题所规定者**不同**的逻辑位置。

否定的命题借助被否定的命题的逻辑位置规定一个逻辑位置，因为它是把后者摹状为处于前者之外的。

被否定的命题之能再被否定，已表明：所否定者已是一个命题，而不仅是一个命题的准备。

4.1　命题表现事体的存在与不存在。

4.11　真命题之总和即是全部自然科学（或各门自然科学的总和）。

4.111　哲学不是各门自然科学之一。

（"哲学"一词所指必是某种高于或低于，而非并列于各门自然科学的东西。）

4.112　哲学的目的是对思想之逻辑的阐明。

哲学不是一种学说，而是一种活动。

一部哲学著作，本质上，乃由一些解释而成。

哲学的结果不是若干"哲学命题"，而是把问题阐明。

哲学应把那些没有哲学便似乎模糊不清的思想弄清楚，并给以明确的界限。

4.1121　心理学与哲学的关系并不比任何一门别的自然科学与哲学的关系更密切。知识论是心理学之哲学。我的符号语言研究岂不与哲学家们认为对逻辑哲学如此重要的那种思想过程的研究相一致么？只是他们大部分纠缠于无关紧要的心理研究，就我的方法来说也有一种类似的危险。

4.1122　达尔文的学说并不比自然科学上任何一个别的假设更与哲

学有关。

4.113　哲学为自然科学中有争论的领域划界限。

4.114　哲学应当为可思者划界限，从而亦为不可思者划界限。

哲学应当自内部通过可思者为不可思者划界限。

4.115　哲学要由清楚地表现可说者以意谓不可说者。

4.116　凡可思者都可以清楚地思。凡可说者都可以清楚地说。

4.12　命题能表现全部实在，但不能表现其为表现实在必须与实在共有的东西——逻辑型式。

要能表现逻辑型式，我们必须能把自己同命题都置于逻辑之外，亦即世界之外。

4.121　命题不能表现逻辑型式，逻辑型式反映于命题之中。

反映在语言中的东西，语言不能表现。

在语言中表达**自己**的东西，不能以语言表达。

命题显示实在的逻辑型式。

命题陈示逻辑型式。

4.1211　因此，"fa"这一命题便显示在其意义中包含有 a 这个对象；"fa"与"ga"两命题，则显示两者所讲的是同一对象。

两命题如互相矛盾，它们的结构便显示这一点；如此命题从彼命题而得，亦由其结构显示。如此等等。

4.1212　**可显示者，不可说。**

4.1213　现在也可以理解了，我们为何觉得，只要我们的符号语言一切得当，便有了一种正确的逻辑观点。

4.122　在某种意义上可以谈对象与事体的型式性质，或事实的结构性质，在同一意义上亦可以谈型式关系与结构关系。

〔我也用"内在性质"代"结构性质"，"内在关系"代"结构关系"。

我引进这些名词，是为了指出哲学家中很流行的那种混淆内在关系与本来意义的（外在的）关系的根源。〕

不过，这种内在性质与关系的存在，不能以命题断定，而是显示于表现那项事体、论及那个对象的命题中。

4.1221　一个事实的一内在性质，也可以叫作该事实的一个特征（犹如说面貌的特征）。

4.123　一种性质，如果不能设想其不为对象所具有，便是内在的。

（因此这个蓝颜色与那个蓝颜色具有较明的东西与较暗的东西的内在关系。这两个对象会没有这种关系，是不可想像的。）

（此处，"对象"一词的变化不定的用法与"性质"、"关系"两词的变化不定的用法相一致。）

4.124 一个可能的事势的一内在性质的存在不是以一命题来表达，而是由表现该事势的命题的一种内在性质，自行表达于该命题中。

断定一个命题有一种型式性质，与否定其有一种型式性质，是同样无意义的。

4.1241 不能由说这个型式有这种性质，那个型式有那种性质，而使型式互相区别；因为这就假定了断言此两种型式皆有此两种性质是有意义的。

4.125 可能的事势间的一内在关系的存在，通过表现这些事势的问题间的一内在关系而在语言中表达自己。

4.1251 "是否一切关系都是内在的或外在的"这个争论的问题在这里就解消了。

4.1252 以**内在**关系序次的系列，我叫作型式系列。

数列并不是以外在关系乃是以内在关系序次的。

"aRb"，

"（∃x）：aRx・xRb"，

"（∃x，y）：aRx・xRy・yRb"，等等。

（如 b 对 a 有这些关系之一，我便把 b 称为 a 的一个后继。）

4.126 现在我们也可在谈型式性质的意义上谈型式概念。

（我引进这个名词，是为了把那种弥漫全部旧逻辑的型式概念与固有概念的混淆的根源弄清楚。）

某物之隶属一型式概念下而为其对象，不能以一命题来表达。而是显示于代表该对象自己的符号上。

（名字显示其标示一个对象。数码显示其标示一个数目，等等。）

型式概念确不能像固有概念一样，以一函量来表现。因其特征，其型式性质，是不以函量来表达的。

型式性质的表达式即是某些记号的一种特征。

所以，一个代表型式概念的特征的符号即是其意谓隶属此概念下的一切记号的一个特征。

所以，型式概念的表达式，即是一个只以此特征为常量的命题变量。

4.127 命题变量标示型式概念，其值标示隶属此概念下的对象。

4.1271 各变量都是一型式概念的符号。

因为各个变量均表现一个为其一切值所具有的常型，且此常型可以视为这些值的一个型式性质。

4.1272 因此，变名"x"即是**对象**这个伪似概念的固有符号。凡"对象"（"事物"、"物项"等等）一词用得对的地方，在概念符号中，都以变名来表达。

例如，命题"有两对象，其……"便是以"（∃x，y）……"来表达的。

不然，若将伪似概念用作一固有概念词，便发生无意义的伪似命题。

因此，例如，不能像说"有些书"一样地说"有些对象"。也不能说"有 100 个对象"或"有 ℵ₀（希伯来字母，Aleph，在数学上表示无穷数。罗素在《数学原理》中也用过这个字母。——译者注）对象"。

谈**一切对象的数**，是无意义的。

"复合体"、"事实"、"函量"、"数"等词也是如此。

凡此皆标示型式概念，在概念符号中，均以变量而不以函量或类来表现（像弗雷格与罗素所相信的）。

诸如"一是一个数目"，"只有一个零"及一切类似的表达式，都是无意义的。

（说"只有一个一"，正如说"2＋2 在 3 点钟等于 4"一样是无意义的。）

4.12721 型式概念已随隶属其下的一个对象而被给予。所以不能把一个型式概念的对象**与**该型式概念自身，一并作为基本概念而引进。

所以，例如，不能（像罗素那样）将函量概念与特种函量均作为基本概念引进；也不能将数的概念与一定的数均作为基本概念引进。

4.1273 如果以概念符号表示"b 是 a 的一个后继"这个普遍命题便需有一个表达式以表示型式系列：aRb，（∃x）：aRx·xRb，（∃x，y）：aRx·xRy·yRb，……的普遍项。一个型式系列的普遍项，只能以一变量表达，因为"这个型式系列的项"这个概念乃是一个**型式**概念。（这一点，弗雷格与罗素均忽视了；所以他们要用以表达像上边那样的普遍命题的方法是不对的；这种方法包含有一种恶性循环。）

型式系列的普遍项可通过举出其首项及自前一命题产生次项的运算的普遍型式加以规定。

4.1274　问一个型式概念是否存在是无意义的问题。因为没有命题能答这种问题。

（因此，例如，不能问："有不可解析的主谓式命题么？"）

4.128　逻辑型式是**无数**的。

因此在逻辑上没有特殊的数目，因此没有哲学的一元论或二元论，等。

4.2　命题的意义即是其与事体存在与不存在的可能性之符合与不符合。

4.21　最简单的命题，即原初命题，断定一事体的存在。

4.211　没有原初命题能与之矛盾，乃是原初命题的一个标志。

4.22　原初命题由名字而成。这是名字的一种联络，一种联结。

4.221　显然，对命题的解析必达到由名字的直接结合而成的原初命题。

于此，便发生命题的结合如何而得的问题。

4.2211　即使世界是无穷复杂的，以至每个事实都由无穷事体组成，每个事体都由无穷对象组成，也必有对象与事体。

4.23　名字只有在原初命题的联系中，才出现于命题。

4.24　名字是简单记号，我以单个的字母（"x"，"y"，"z"）来表示。

我以"fx"，"ø(x，y)"等型式，将原初命题写为名字的函量。

或者，我就以字母 p、q、r 来表示。

4.241　如果我用的两个符号具有同一意谓，我就在二者之间加上"＝"这个符号来表达。

因此，"a＝b"意即符号"a"可以符号"b"代替。〔如果我规定了一个新符号"b"代替一个既知的符号"a"，由此而以一方程引进这个新符号，我便如罗素那样，把此方程——界说——写成"a＝b Def."（Def. 即 Definition（界说、定义）的缩写。——译者注）。界说乃是一种符号规则。〕

4.242　因此，"a＝b"型式的表达式，只是表现的一种方便手段：对于"a"、"b"两符号的意谓，是无所陈述的。

4.243　如果不知道两个名字是否标示同一事物或两个不同的事物，

我们能了解它们吗？含有两个名字的一个命题，如不知两名字是否意谓同一事物或不同事物，我们能了解它吗？

如果我知道一个英语词与一个德语词有同一意谓，则我便不可能不知二者是同义词；我便不可能不会将二者互相翻译。

像"a＝a"的表达式，或由此演绎出的表达式，既非原初命题，亦非其他有意义的符号。（这一点后面即将指明。）

4.25　如原初命题是真的，则事体存在；如原初命题是假的，则事体不存在。

4.26　举述一切真的原初命题，就把世界完全摹状了。世界是由举述一切原初命题并指明其中哪些是真的哪些是假的，而被完全摹状的。

4.27　关于 n 个事体的存在与不存在，有 $K_n = \sum_{v=0}^{n} \binom{n}{v}$ 可能性。

这些事体的任何组合都可能存在，而别的组合不存在。

4.28　对于 n 个原初命题，有同样多的真和假的可能性，与这些组合相应。

4.3　原初命题的真值可能性意谓事体的存在与不存在。

4.31　真值可能性可以下边这样的图式表现之（在原初命题下所列真与假的各行，是以易解的符号方法指出其真值可能性）：

p	q	r
真	真	真
假	真	真
真	假	真
真	真	假
假	假	真
假	真	假
真	假	假
假	假	假

p	q
真	真
假	真
真	假
假	假

p
真
假

4.4　命题是与原初命题的真值可能性符合与不符合的表达式。

4.41　原初命题的真值可能性是命题真假的条件。

4.411　原初命题的引进对于一切别种命题的了解，或许自始即是了解所有其他命题的基础。对普遍命题的了解，的确显然依赖于对原初命题的了解。

4.42　关于一个命题与 n 个原初命题的真值可能性的符合与不符合

有 $\sum_{k=0}^{K_n} \binom{K_n}{k} = L_n$ 可能性。

4.43　与真值可能性的符合可配以图式中的"真"号表示之。如没有此号，即表示不符合。

4.431　同原初命题的真值可能性符合与不符合的表达式表达命题的真值条件。

命题是其真值条件的表达式。

（所以弗雷格把这些条件作为解释其概念符号的符号的出发点，是完全对的。只是弗雷格对真理概念的解释是错误的：假使"真"与"假"是实在的对象，并且是～p 的函目，等等，则"～p"的意义就决不会照弗雷格的规定而被规定。）

4.44　由"真"号与真值可能性的配合而得的符号是一个命题符号。

4.441　显然，对于"真"与"假"两符号的复合，是没有对象（或对象的复合）与之相应的，正如没有对象同水平线与垂直线或括弧相应一样。——"逻辑的对象"是没有的。

当然，与"真"和"假"的图式所表达者相同的一切符合也是如此。

4.442　例如

"p	q	"
真	真	真
假	真	真
真	假	
假	假	真

即是一个命题符号。

（弗雷格的"判断符""├"在逻辑上是完全无意谓的；此符在弗雷格（及罗素）那里不过表示这两位作者以如此所标示的命题为真。所以"├"正如命题的号码一样是不属于命题的。一个命题绝不能断定自己是真的。）

图式中真值可能性的顺序如以一种组合规则一下子完全确定，则最后一行单独便已是真值条件的一个表达式。把该行写为列，则该命题符号便成"（真真—真）(p, q)"，或更明白地写为："（真真假真）(p, q)"。

（左边括弧中的位数以右边括弧中的项数规定之。）

4.45　对于 n 个原初命题，有 L_n 组可能的真值条件。由一定数目的原初命题而得的各组真值条件可以排成一个系列。

4.46　在各组可能的真值条件中，有两种极端的情形。一种情形是，命题对于原初命题的全部真值可能性都是真的。我们说，真值条件**是同语反复的**。

第二种情形是，命题对于原初命题的全部真值可能性都是假的：真值条件是**矛盾的**。

命题在第一种情形叫做同语反复，在第二种情形叫作矛盾式。

4.461　命题显示其所说，同语反复与矛盾式显示其无所说。

同语反复没有真值条件，因其是无件地真的；矛盾式则在任何条件下都不是真的。

同语反复与矛盾式是缺乏意义的。

（就像两支箭以相反的方向由之发射的点。）

（例如，如我知道或下雨或不下雨，我对于天气，便是无所知。）

4.4611　不过，同语反复与矛盾式却不是无意义的，它们属于符号系统，正如"0"之属于算术的符号系统。

4.462　同语反复与矛盾式不是实在的图像。它们不表现任何可能的事势。因为，前者容许**一切**可能的事势，后者则**不容许任何**可能的事势。

在同语反复上，与世界相符合的条件——表现关系——互相勾销，以致对于实在没有任何表现关系。

4.463　真值条件规定命题留给事实的范围。

（命题、图像或模型，在消极的意义上，像一个固体，可限制别的物体的活动自由；在积极的意义上，则像由固质所界限的空间，在其中有一个物体的位置。）

同语反复留给实在全部无穷的逻辑空间，矛盾式占满全部逻辑空间，一个点也没留给实在。所以，二者没有一个能用任何方法规定实在。

4.464　同语反复的真是确定的，命题的真是可能的，矛盾式的真是不可能的。（一定，可能，不可能：于此便得概率论里所需用的那种等级标志。）

4.465　一个同语反复和一个命题的逻辑积所说者与此命题所说者相同。所以，这个积与此命题是同一的。因为，不可能改变记号的本质特性而不改变其意义。

4.466　对于符号的一种确定的逻辑结合，有其意谓的一种确定的逻辑结合与之相应；与**各种随意的**结合相应的只是一些联系的符号。

即是说：对于一切事势都真的命题决不能是符号的结合，因为如果它们是符号的结合，就只能有对象的确定的结合与之相应。

（没有任何逻辑的结合，**没有**对象的结合与之相应。）

同语反复与矛盾式是符号结合的极限情形，亦即符号结合的解体。

4.4661　固然，在同语反复与矛盾式中符号也相互结合，即彼此成立关系；可是这种关系乃是无意谓的，对于**记号**是无关紧要的。

4.5　现在似乎可以举出最普遍的命题型式了；即给**任何一种**符号语言的命题以一种摹状，以使每一可能的意义都能用一个适于这种摹状的记号来表达，并使每个适于这种摹状的记号都能表达一个意义，假如名字的意谓已适当选定的话。

显然，在最普遍的命题型式的摹状中，**只有**其本质特性可被摹状——不然它便不会是最普遍的型式了。

有一个普遍的命题型式，下面这一事实就证明了这一点，即不会有任何命题其型式是不可预见（即构造）的。命题的普遍型式是："事情是如此如此。"

4.51　假设给定**一切**原初命题，那么便可以简单地问：由之能构成一些什么命题？而这就是**一切**命题，**所以**是有限的。

4.52　命题就是从一切原初命题的总和（自然也从其确是**一切**原初命题的**总和**）而得出的一切。所以，从某种意义可以说，**一切**命题都是原初命题的总括。

4.53　普遍命题型是一个变量。

5　命题是原初命题的真值函量。

（原初命题是其自己的真值函量。）

5.01　原初命题是命题的真值函目。

5.02　函量的函目易与名字的标号相混。因为在函目上与标号上，我都能看出包含它们的符号的意谓。例如在罗素的"$+_c$"中，"c"就是一个标号，指明整个这个符号是对于基数用的加号。不过，这种标示法根据的是随意的约定，不用"$+_c$"而另选取一个简单符号，也未始不可；然而在"～p"中，则"p"乃一函目而非标号，除非先懂得了"p"的意义，"～p"的意义是不能懂的。（在尤里乌斯·凯撒这个名字中，"尤里乌斯"是一个标号。标号永远是对象摹状的一部分，我们把它附加在对象的名字上。例如尤里乌斯家族的**那个凯撒**。）

如我所见不错，函目与标号的相混，便是弗雷格关于命题与函量的意谓的学说的根据。在弗雷格看来，逻辑的命题就是一些名字，其函目就是这些名字的标号。

5.1　真值函量可以排成系列。

这就是概率论的基础。

5.101　各种数目的原初命题的真值函量，可以写成下边这样的一个图式：

（真真真真）(p，q) 同语反复（如 p 则 p；且如 q 则 q)(p⊃p·q⊃q)

（假真真真）(p，q) 用语词说：非 p 且 q.〔∼(p·q)〕

（真假真真）(p，q) 用语词说：如 q 则 p，〔q⊃p〕

（真真假真）(p，q) 用语词说：如 p 则 q.〔p⊃q〕

（真真真假）(p，q) 用语词说：p 或 q，〔p∨q〕

（假假真真）(p，q) 用语词说：非 q.〔∼q〕

（假真假真）(p，q) 用语词说：非 p.〔∼p〕

（假真真假）(p，q) 用语词说：p 或 q，但非 p 且 q.〔p·∼q：∨：q·∼p〕

（真假假真）(p，q) 用语词说：如 p 则 q，且如 q 则 p〔p≡q〕

（真假真假）(p，q) 用语词说：p

（真真假假）(p，q) 用语词说：q

（假假真假）(p，q) 用语词说：非 p 亦非 q.〔∼p·∼q 或 p | q〕

（假假真假）(p，q) 用语词说：p 且非 q.〔p·∼q〕

（假真假假）(p，q) 用语词说：q 且非 p.〔q·∼p〕

（真假假假）(p，q) 用语词说：p 且 q〔p·q〕

（假假假假）矛盾式（p 且非 p；且 q 且非 q.）〔p·∼p·q·∼q〕

使一命题为真的那些真值函目的真值可能性，我想叫做该命题的**真值根据**。

5.11　若干命题共通的一些真值根据，如同时亦是某一命题的真值根据，便可说该命题的真值是从那些命题的真值而得。

5.12　尤其是如果命题"q"的一切真值根据都是命题"p"的真值根据，则"p"的真值便是从"q"的真值而得。

5.121　一个命题的真值根据含于另一命题的真值根据之中：p 从 q

而得。

5.122　如 p 从 q 而得，则"p"的意义含于"q"的意义之中。

5.123　如果有一个神创造一个世界，在这个世界里有某些命题是真的，则他便亦从而创造了一个一切从那些命题而得的命题都真的世界。同样神亦不能创造一个命题"p"在其中为真的世界，而不创造"p"的一切对象。

5.124　一个命题对从之而得的一切命题都加以肯定。

5.1241　"p·q"是肯定"p"的诸命题之一，同时也是肯定"q"的诸命题之一。

两命题，如无任何有意义的命题对二者皆加以肯定，就是彼此相反的。

凡与一个别的命题相矛盾的命题就是否定那一命题。

5.13　一命题的真值之从别的一些命题的真值而得，由这些命题的结构即可看出。

5.131　如一命题的真值从别的一些命题的真值而得，这一点在这些命题型式的相互关系中即得到表达；而且并不需要先使它们互相结合成一命题才能置于那些关系中，这些关系都是内在的，只要那些命题存在，这些关系就存在，而且就由那些命题的存在而存在。

5.1311　当我们由 p∨q 与 ～p 推得 q 时，"p∨q"与"～p"命题型式间的关系，在这里是为标示法所掩盖了的。可是，例如，如将"p∨q"写作"p｜q·｜·p｜q"，将"～p"写作"p｜p"（p｜q＝非 p 亦非 q），内在联系则显然可见。

（由（x）·fx 之能推得 fa，即显示记号"（x）·fx"亦有普遍性。）

5.132　如 p 从 q 而得，则我可由 q 推出 p；可由 q 得到 p。

推论方式只须由此两命题即可得知。

只有此两命题自己能证明推论之正确。

弗雷格与罗素提出的证明推论的"推论律"都是缺乏意义而多余的。

5.133　凡推演都是先天而成的。

5.134　从一个原初命题推演不出别的原初命题来。

5.135　没有方法可以从这一个事势的存在，推出另一个完全与之不同的事势的存在。

5.136　没有一种因果联系证明这样一种推断是正确的。

5.1361 将来的事情**不能**从现在的事情推出。

相信因果联系乃是**迷信**。

5.1362 意志的自由在于：将来的行动现在不能知道。只有因果是一种内在的必然性，像逻辑推论的必然性一样，人乃能知晓将来的行动。——知与所知的关联是逻辑必然的关联。

（如 p 是一个同语反复，"甲知道 p 是如此情形"，便是缺乏意义的。）

5.1363 如果从一个命题对我们是明显的，推不出它是真的，则明显性便不是相信其真的保证。

5.14 如这个命题从那个命题推得，则那个命题所说便比这个命题多，这个命题所说便比那个命题少。

5.141 如 p 从 q 而得且 q 从 p 而得，则它们是同一个命题。

5.142 同语反复从一切命题而得：乃无所说。

5.143 矛盾式是不为任何命题与别的命题所共有的那种命题的共性。同语反复是一切彼此没有共同东西的命题的共性。

矛盾式可以说消灭于一切命题之外，同语反复则消灭于一切命题之内。

矛盾式是命题的外限，同语反复是命题的无实质的中心。

5.15 如真 r 是命题 "r" 的真值根据的数，真 rs 是命题 "s" 的真值根据的数，而命题 "s" 的真值根据同时是 "r" 的真值根据，则真 sr：真 r 这个比便叫作命题 "r" 所给命题 "s" 的概率度。

5.151 假使在一个像前边 5.101 一样的图式中，真 r 是命题 r 中的 "真" 的数；真 rs 是命题 s 中那些与命题 r 的 "真" 同行 "真" 的数。于是，命题 r 便给命题 s 以概率：真 rs：真 r。

5.1511 并没有一种为概率命题所特有的对象。

5.152 彼此没有共同的真值函目的命题，叫作互相独立的。

两个原初命题互相给以概率 $\frac{1}{2}$。

如 p 从 q 而得，则命题 "q" 给命题 "p" 以概率 1。

逻辑推论的确实性，是概率的一个极限情形。

（应用于同语反复和矛盾式。）

5.153 一个命题就其自身说既不是概然的，也不是非概然的。

一件事情或出现，或不出现，中道是没有的。

5.154 设一个壶中，有一般多的白球与黑球（而且没有别的）。我一个一个地取出来，然后又放回去。于是我便可以通过这样的试验而确定：继续取下去，取出来的黑白球的数目，彼此差不多。

所以**这**不是一个数学的事实。

如果我说：我要取出一个白球，与取出一个黑球，其概率是一样的，这就是说：所有我所晓得的情况（被作为假说的自然律也包括在内），对于这件事情的出现所给的概率，并不比对于那件事情的出现所给的概率大。就是说，像由上边的解释容易知道的，对这两件事情各给以概率 $\frac{1}{2}$。

我借试验所能确证的，就是两件事情的出现是独立于我知焉不详的那些情况的。

5.155 概率命题的单位是：情况——对此我别无所知——对于某一件事情的出现，给以某某一种程度的概率。

5.156 所以概率是一种概括。

它包含一种命题型式的一种普遍的摹状。

只因缺少确实性，乃需概率。——对于一个事实，虽不完全晓得，但对于其型式，却**有所知**。

（一个命题虽然可能是某一事势的一幅不完全的图像，但它总是一幅完全的图像。）

概率命题可以说是一些别的命题的一个提要。

5.2 命题的结构彼此成内在关系。

5.21 我们可把一命题表现为从别的命题以产生此命题的运算（那些别的命题是这个运算的基础）的结果，由此我们即可将命题的这种内在关系揭著于表达方式中。

5.22 运算是其结果的结构与其基础的结构间的一种关系的表达式。

5.23 运算是为了由一命题构成别的命题而必须对该命题所做的活动。

5.231 这自然要依赖于两个命题的型式性质，即依赖于其型式的内在类似。

5.232 规整一个系列的内在关系，等值于由此项以产生彼项的运算。

5.233 运算只能出现于一命题以逻辑上有意谓的方法由另一命题产生的地方；因此，即是命题的逻辑构造开始的地方。

5.234 原初命题的真值函量是以原初命题为基础的运算的结果。（我叫这种运算为真值运算。）

5.2341 p 的一个真值函量的意义是 p 的意义的一个函量。

否定，逻辑加，逻辑乘，等等，都是运算。

（否定使命题的意义发生反转。）

5.24 运算显示于一变量中；它显示如何能由命题的这一个型式得到另一个型式。

运算把型式间的差异表达出来。

（于是，运算的基础与结果间所共有者就是那些基础本身。）

5.241 运算并不标示一种型式，而只标示型式间的差异。

5.242 从"p"得"q"的那同一个运算亦使从"q"得"r"，等等。这只可以以如下的方式来表达，即"p""q""r"等都是把某些型式关系普遍地表示出来的变量。

5.25 运算的出现，并不说明命题的意义的特征。

运算并不陈述什么，只是其结果才有所陈述，而这是依附于运算的基础的。

（运算与函量不可相混。）

5.251 一个函量不能是其自己的函目，可是一个运算的结果可以是其自己的基础。

5.252 只有这样，一个型式系列中，从一项到另一项的前进（罗素与怀特海的序级中从一类型到另一类型）才是可能的。（罗素与怀特海并未认许这种前进的可能，但却总在使用它。）

5.2521 一个运算反复应用于其自己的结果，我叫做运算的连续应用。（"O'O'O'a"就是"O'ξ"对于"a"三次连续应用的结果。）

我也在同样意义上讲几个运算对于若干命题的连续应用。

5.2522 因此，a，O'a，O'O'a，……这个型式系列的普遍项，我便写作："[a，x，O'x]"。这个括弧里的表达式是一个变量。表达式的第一项是这个型式系列的开始，第二项是这个系列的任意一项 x 的型式，第三项是系列中紧随着 x 的那个项的型式。

5.2523 运算的连续应用的概念等于"等等"那个概念。

5.253 一个运算可以取消另一个运算的结果。运算可以相销。

5.254 运算可以消失（例如"～ ～p"中的否定：～～p＝p）。

5.3 一切命题都是对原初命题作真值运算的结果。

真值运算即是从原初命题以产生真值函量的方法。

据真值运算的本性，正如从原初命题得其真值函量一样，可以同样的方法，又从一些真值函量得一个新的真值函量。各真值运算都由原初命题的真值函量，又造出原初命题的一个别的真值函量，即一命题。对于真值运算施于原初命题的结果所施于的一切真值运算的结果还是**一个**施于原初命题的真值运算的结果。

各命题都是真值运算施于原初命题的结果。

5.31　即使"p"，"q"，"r"等都非原初命题，4.31 的图式也是有意谓的。

不难看出：即使"p"与"q"都是原初命题的真值函量，4.442 的命题符号仍表达原初命题的一真值函量。

5.32　一切真值函量都是有穷数目的真值运算连续应用于原初命题的结果。

5.4　没有"逻辑的对象"、"逻辑常量"（照弗雷格与罗素的意义），于此便显然可见。

5.41　因为：真值运算所施于的真值函量，若是原初命题的同一个真值函量，则此真值运算的一切结果便都是同一的。

5.42　显然，∨，⊃等并非如左边、右边这样意义上的关系。弗雷格与罗素的逻辑"初始符号"交相界说的可能性已表明其并非初始符号，且不标示任何关系。

而且显然：借"～"与"∨"所界说的"⊃"，与我们用以同"～"一起界说"∨"者，是同一的，而且这个"∨"与前一个"∨"，也是相同的。等等。

5.43　从一个事实 p，会推出无穷别的事实，即～～p，～～～～p 等等：初看这诚然是难以相信的。而且无穷多逻辑的（数学的）命题会从 6 个"初始命题"而得，也同样是令人惊讶的。可是一切逻辑的命题说的都是相同的，即无所说。

5.44　真值函量不是实质函量。

例如，如一个肯定可由双否定而生，那么，否定是否在某种意义上即含于肯定之中？

"～～p"否定～p 呢，还是肯定 p？还是二者皆是？

命题"～～p"所涉之否定，并非如一个对象，反之，否定的可能性则确已前定于肯定之中。

假定有一个叫做"～"的对象，那么"～～p"所说的便必是与"p"不同的一种东西。因为前者应是一个关于"～"的命题。而后者则不是。

5.441　表面的逻辑常量的这种消失，在"～(∃x)·～fx"所说与"(x)·fx"同，或"(∃x)·fx·x＝a"所说与"fa"同的情形中，也会发生的。

5.442　给定一个命题，便已**与之一起**而给定了一切以它为基础的真值运算的结果。

5.45　如果有一些逻辑的初始符号，则一种正确的逻辑必须把它们彼此相对的地位弄清楚，并证明其存在。逻辑乃**由**其初始符号所构造，必须弄清楚。

5.451　逻辑如有一些基本概念，它们必须互相独立。一个基本概念如被引进，必是在一切包含它的联结中引进的。所以不能将其先引进于此联结，后又引进于彼联结。例如，如引进否定，则对它的了解在"～p"型式的命题中，和在"～(p∨q)"，"(∃x)·～fx"，等等一类的命题中必须是一样的。我们不可先对这一类情形引进这个初始概念，后又对另一类情形引进它。因为那样，在两种情形中其意谓是否相同，便会依然疑而不决，且无理由在两种情形中使用同一的符号结合方式。

[简言之，弗雷格关于以界说引进符号所说的话（见《算术的基本法则》），加以相当的修改，亦适用于初始符号的引进。]

5.452　在逻辑符号系统中，一个新方法的引进，永远必然是一种有严重结果的事情。任何一种新方法在逻辑中都不能以一种可以说非常天真的样子在括弧中或脚注中被引进。[所以在罗素与怀特海的《数学原理》（Principia Mathematiea）中，包含有用语词写成的界说与初始命题。为什么此处忽然用语词？这是需要有一个证明的。但是并没有而且也必不能有任何证明。因为这种做法事实上是不容许的。]

不过，如果一个新方法的引进，在某一点上已证明是必要的，则必须立即问：在什么地方这个方法必须**永远**应用？而且必须说明其在逻辑中的地位。

5.453　逻辑的一切数目必须加以证明。

更确切说，必须表明：在逻辑中没有数目。

没有特别的数目。

5.454　逻辑中没有并列，不能有类别。

逻辑中不能有普遍与特殊的区别。

5.4541　逻辑问题的解决必是简单的：因其树立了简单性的标准。

人总以为必有一个领域，对这个领域的问题的解答，是先天对称地联合成一封闭而有规则的结构的。

这就是遵循 Simplex sigillum veri（简单性乃真理之标志。——译者注）这一法则的领域。

5.46　如已正当地把逻辑符号引进，则其一切组合的意义便也随而引进：所以不但"p∨q"并且"～(p∨～q)"等等均被引进。由此当亦随而引进了括弧的一切可能组合的结果。由此就会明白：真正普遍初始符号并不是"p∨q"，"(∃x)·fx"，等等，乃是其组合的最普遍的型式。

5.461　与真实的关系不同：逻辑的伪似关系，如∨与⊃，需要括弧，这个表面不重要的事实，是甚为重要的。

在这些表面的初始符号上使用括弧，便已指明：它们不是真正的初始符号。而且当然没有人会相信：括弧有一种独立的意谓。

5.4611　逻辑的运算符即是标点符号。

5.47　显然，凡是本来对于一切命题型式可说的东西，必可以同时说。

的确在原初命题中已含有一切逻辑运算。因为"fa"所说与"(∃x)·fx·x＝a"同。

哪儿有组合，哪儿便有函目与函量，哪儿有函目与函量，便已有一切逻辑常量。

可以说，唯一的逻辑常量就是一切命题据其本性彼此共有的东西。

但这就是普遍的命题型式。

5.471　普遍命题型式是命题的本质。

5.4711　举述命题的本质，即是举述一切摹状的本质，因此即是举述世界的本质。

5.472　对最普遍的命题型式的摹状即是对于逻辑的这一个而且是唯一的一个普遍初始符号的摹状。

5.473　逻辑必须注意自己。

一个**可能的**符号，必须也能标示。凡逻辑中可能的，也就是容许的。（"苏格拉底是同一的"，其所以无所谓，乃因没有一种叫做"同一"的性质。该命题是无意义的，乃因我们没有做出任意的一种规定，而非因记号本身即不可容许。)

就某种意义说，我们在逻辑中是不会有错的。

5.4731　罗素曾讲了许多的自明性，只是因为语言能自行避免各种逻辑错误，在逻辑中才会成为多余的。逻辑之为先天的，在于**不能**非逻辑地思想。

5.4732　人不能给一个符号以错误的意义。

5.47321　奥坎原则自然不是一种任意的，或由其实用上的成功而证明正确的规则。它的意思是说：**不必要的**符号单位是无意谓的。

满足**一种目**的的符号，在逻辑上都是相等的，**没有**满足**任何目的的**符号，在逻辑上都是无意谓的。

5.4733　弗雷格说：每个按法则构成的命题，必有一个意义；我说：每个可能的命题都是按法则构成的，如果它没有任何意义，其原因只能是我们对其一部分成分，未给以意谓。（尽管我们以为已经给它们以意谓。）

因此"苏格拉底是同一的"所以是无所说的，乃因我们对于"同一的"一词用为**形容词，没有**给以意谓。因为如果它被用为相等符，便以一种完全不同的方式来标示了，那是另一种标示关系。所以记号在这两种情形中也是完全不同的：两个记号不过偶然彼此共有该符号。

5.474　必需的根本运算的数目只视记法而定。

5.475　这只是构造一套具有一定"度"数，具有一定数学多样性的符号系统的问题。

5.476　显然，这里所涉及的不是必须被标示的**若干基本概念**，乃是一条规则的表达式。

5.5　每个真值函量都是把"（---真）$(\xi, \cdots \cdots)$"这个运算连续应用于原初命题的结果。

这个运算否定在后一括弧中的全部命题，我名之为这些命题的负。

5.501　一个括弧内的表达式，其项为命题者（括弧中项的序列是怎样都可以的），我以"$(\bar{\xi})$"型式的一个符号来表示。"ξ"是一个变量，其值即是括弧内表达式的项；在此变量上的那一横线表示它代表其括弧中的全部的值。〔因此，如果 ξ 有三个值：P，Q，R，则 $(\bar{\xi})=(P, Q, R)$。〕

变量的值是规定的。

这种规定即是变量所代表的命题之摹状。

括弧内表达式诸项的摹状如何产生，是不关紧要的。摹状**可以**区别成三种：1. 直接枚举。在此情形中，可以变量的常值直接代换变量。2. 举一函量 fx，其值对于 x 的一切值都是所要摹状的命题。3. 举一据以构成那些命题的型式规律。在此情形中，括弧内表达式的诸项即是一个型式系列的全部的项。

5.502　因此，我写"N($\bar{\xi}$)"以代（——真）($\bar{\xi}$,……)。N($\bar{\xi}$) 是命题变项 ξ 的一切值的负。

5.503　显然，命题借此运算如何可构成，与命题借此如何不可构成，都是容易表达的，因此也必定可以找到一个精确的表达式。

5.51　如 $\bar{\xi}$ 只有一值，则 N($\bar{\xi}$)＝∼p（非 p），如有两值，则 N($\bar{\xi}$)＝∼p·∼q（非 p 亦非 q）。

5.511　囊括一切，映照世界的逻辑，怎么会使用这样一种特别的钩织和处理方法？只因它们全都在一个无穷细密的网即这个庞大的镜子中互相联系着。

5.512　"∼p"是真的，如"p"是假的。所以，在真命题"∼p"中，"p"是一个假命题。那么，"∼"这一曲线怎么能使其与实在相合呢？

但在"∼p"中并不是"∼"做否定，乃是这个记法中否定 p 的一切符号所共通的东西做否定。

这就是据以构成"∼p""∼∼∼p"，"∼p∨∼p"，"∼p·∼p"等等（以至无穷）的共通规则。这个共通的东西又反映否定。

5.513　可以说：一切既肯定 p 又肯定 q 的记号的共通的东西即是命题"p·q"，一切肯定 p 或 q 的记号的共通的东西即是命题"p∨q"。

因此便可以说：两个命题如彼此无所共通则互相反对；又：每个命题只有一个负，因为只有一个命题完全处于其外。

因此，在罗素的记法中，也很明显，"q：∀p∨∼p"所说与"q"同，而"p∨∼p"无所说。

5.514　如一种记法固定了，则其中便有一条据以构成一切否定 p 的命题的规则，一条据以构成一切肯定 p 的命题的规则，一条据以构成一切肯定 p 或 q 的命题的规则，等等。这些规则等于一些记号，在这些记号中又反映着那些规则的意义。

5.515　在现用的记号上，必已表明：由"∨"，"·"等互相结合起来的只能是命题。

情形也确是如此，因为记号"p"与"q"自己就已假定了"∨"，"～"等。如"p∨q"中的符号"p"并不代表一个复合符号，则其独自便不能有意义；但这样则与"p"同意义的符号"p∨q"，"p·p"等也不能有意义。可是如"p∨p"没有意义，则"p∨q"便也不能有意义。

5.5151　负命题的符号必须借正命题的符号构成么？为什么不能由一负事实以表示负命题？（例如：如"a"与"b"不具有某种关系，则此可以表示为 aRb 不是实情。）不过就在这里负命题也是间接由正命题构成的。

正命题必须假定负命题的存在，反之亦然。

5.52　如 ξ 的值是对于 x 的一切值的一函量 fx 的全部的值，则 $N(\bar{\xi})=\sim(\exists x)\cdot fx$。

5.521　我把**一切**这个概念自真值函量上分出来。

弗雷格与罗素是在普遍性和逻辑积或逻辑和的联系上，引进普遍性的。于是，就使得包含此两概念的命题"$(\exists x)\cdot fx$"与"$(x)\cdot fx$"难于理解了。

5.522　普遍性符号的特点，第一是其指示一种逻辑原型，第二是其突出常量。

5.523　普遍性符号是作为函目而出现的。

5.524　如果给定了一些对象，从而也就给定了**一切**对象。如果给定了一些原初命题，从而也就给定了**一切**原初命题。

5.525　如罗素那样将命题"$(\exists x)\cdot fx$"译成"fx 是**可能的**"，是不对的。

一个事势的确实性，可能性，或不可能，并非由一命题表达，乃由一个表达式之为一同语反复或一有意义的命题或一矛盾式来表达。

人总要援引的那个先例，必已伏于记号本身之中。

5.526　可以由一些完全普遍化的命题，即自始就不把任何名字配合于一定对象的命题，把世界完全地摹状。

于是要得到平常的表达法，只须简单地在表达式"有一个且只有一个 x 使得……"之后加一句：且此 x 即是 a。

5.5261　一个完全普遍化的命题，与每个别的命题一样都是组合的。（这一点从下面即可看出：在"$(\exists x, \varnothing)\cdot \varnothing x$"中必须分别举出"$\varnothing$"与"x"。二者对于世界各自独立成立标示关系，正如在未普遍化的命题中的情形一样。）

组合记号的特征是：它与**别的**记号有共通的东西。

5.5262　**每个**命题的真或假对于世界的普遍构造都有所改变。而且由原初命题的总和所留给世界构造的可能范围，与完全普遍的命题所限界的可能范围恰好相同。

（如一个原初命题是真的，则无论如何总随而**更有**一个原初命题是真的。）

5.53　对象的同一性，我以符号的同一性来表达，而不借助于一种同一性符号。对象的差异，即以符号的差异来表达。

5.5301　同一性不是对象间的一种关系，这是显然的。例如，看一看"(x)：fx・⊃・x＝a"这个命题，便很明白了。

这个命题所说不过是：**只有** a 满足函量 f，而非只有对 a 有一种关系的那种对象才满足函量 f。

于此固然可以说，确是**只有** a 对 a 的这种关系，可是要表达这个，便需要同一性符号本身。

5.5302　罗素对"＝"的界说，是不行的；因为根据这个界说，是不能说两个对象共有一切性质的。（即使这个命题永远是不对的，然其仍有意义。）

5.5303　附带说一下：对于**两个**东西，说它们是同一的，乃是一个无意义的话；对于**一个**东西，说其是与自己同一的，等于什么也没说。

5.531　因此，我不写作"f(a, b)・a＝b"，而写作"f(a, a)"〔或 f(b, b)〕；不写作"f(a, b)・～a＝b"而写作"f(a, b)"。

5.532　且以此类推：我不写作"(∃x, y)・f(x, y)・x＝y"，而写作"(∃x)・f(x, x)"；不写作"(∃x, y)・f(x, y)・～x＝y"，而写作"(∃x, y)・f(x, y)"。

（因此不是罗素的"(∃x, y)・fx, y"，而是"(∃x, y)・f(x, y)・∨・(∃x)・f(x, x)"。）

5.5321　因此，例如，不写作"(x)：fx⊃x＝a"，而写作"(∃x)・fx・⊃・fa：～(∃x, y)・fx・fy"。

"**只有一个** x 满足 f( )"这个命题则读作"(∃x)・fx：～(∃x, y)・fx・fy"。

5.533　因此同一性符号不是概念符号的一个主要成分。

5.534　于此可见：伪似命题像："a＝a"，"a＝b・b＝c・⊃a＝c"，

"$(x) \cdot x = x$"，"$(\exists x) \cdot x = a$"，等等，在一种正确的概念符号里是完全不写的。

5.335　凡与此种伪似命题相关的问题，也就随此而自消。

罗素的"无穷公理"带来的一切问题，于此已足以解决了。

无穷公理所要说的，在语言中会以无穷多具有不同意谓的名字的存在来表达。

5.5351　在某些情形中，人不免想用"$a = a$"或"$p \supset p$"一类型式的表达式。在人要讲"命题"、"物"等原型时，情形即是如此的。比如罗素在《数学的原理》（Principles of Mathematics）中，便曾把"p 是一个命题"这个无意义的话在记号上以"$p \supset p$"来表达，且作为假设而摆在某些命题之前，以示其函目地位只能为命题所占据。

（把 $p \supset p$ 这个假设摆在一个命题之前，以保证其函目具有正确的型式，这已经是无意义的，因为该假设以一个非命题为函目，并不是假的，乃是无意义的；而且因为那个命题自己由于函目种类的不当也成为无意义的，所以其自身之保持于不当的函目之前，较之那为此目的而附加的缺乏意义的假设，并无优劣之别。）

5.5352　同样，人们想要以"$\sim(\exists x) \cdot x = x$"表达"没有任何东西"。但即使这是一个命题，如果确实"有些东西"但这些东西又非自相同一的，难道它不也会是真的么？

5.54　在普遍命题型式中，命题只作为真值运算的根据才出现于其他命题中。

5.541　初看，好像一个命题还能以别的方法出现于另一命题中。

特别在某些心理学的命题型式中，像"甲信 p 是实情"，或"甲想 p"等，就是如此。

表面看来好像命题 p 对于对象甲有一种关系。

〔在现今的知识论中（罗素、穆尔等）对这些命题就是这样看的。〕

5.542　但是显然"甲信 p"，"甲想 p"，"甲说 p"都属于"'p'说 p"型式：这并不涉及一个事实与一个对象的配合，而只涉及一些事实由其对象的配合而成的配合。

5.5421　此亦表明：如今日肤浅的心理学所设想的灵魂（主体，等等）乃是一个没有的东西。

一个复合的灵魂即不复是一个灵魂。

5.5422　对命题"甲判断 p"的型式的正当解释必然表明：做一个

无意义的判断是不可能的。（罗素的学说未满足这个条件。）

5.5423　觉知一个复合体意即觉知其成分以某某方式互相结合。

这也足以解释为何下一图形可以两种方法被看成立方，以及为何可以两种方法看一切相似的现象。因为我们实际看见两个不同的事实。（如先注目于诸 a 角，而只瞥及于诸 b 角，则诸 a 角便像在前，而诸 b 角在后，反之则适相反。）

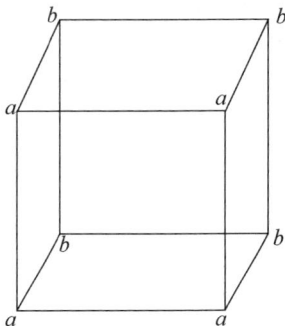

5.55　现在须先天地回答关于原初命题的一切可能的型式的问题。

原初命题由名字而成。但不同意谓的名字的数目既不胜枚举，则原初命题的组合也不胜枚举。我们的根本原则是，凡可由逻辑决定的问题，都必可以立即决定。

（如果为了回答一个这样的问题，我们必须去观察世界，那便表明我们走上了根本错误的道路。）

5.552　为了解逻辑所需的"经验"并不是某物如何如何，乃是某物**存在**。然而这并**不**是什么经验。

逻辑是**先于**一切经验的——即先于某物之为**如何**的。

逻辑是先于"如何"而不是先于"是何"的。

5.5521　假使不是这样，人怎么还能应用逻辑？也可以这样说，假如即使没有世界，也会有一个逻辑，那么既然有一个世界，怎么会有一个逻辑？

5.553　罗素说过：在事物（个体）的不同数目之间有一些简单的关系。但在什么数目之间？如何判定？——靠经验么？

（没有特异的数目。）

5.554　各种特殊型式的提出当是完全随意的。

5.5541　例如，我是否能达到必须以一种 27 位的关系来标示某物的地步，应该可以先天地确定。

5.5542　但是，人可以这样提问么？人能提出一种符号型式，而不知是否有什么东西与之相应么？

要使某物能是实情，必须有何物存在？这个问题有什么意义么？

5.555　显然，人对于原初命题，除开其特殊逻辑形式外，是有一种概念的。

不过，凡是可以按照一种系统构成符号的地方，对逻辑来说重要的就是这个系统，而非那些个别的符号。

而且，不论在逻辑上我是否必须处理我所能创造的型式，我都必须处理使我能创造那些型式的东西。

5.556　原初命题型式的一种等级系列是不可能有的。我们只能预见我们自己所构造的东西。

5.5561　经验的实在为对象的总和所限界。这个界限又显示于原初命题的总和。

等级系列是而且必然是独立于实在的。

5.5562　如果根据一些纯粹逻辑的理由，我们晓得必有一些原初命题，那么凡懂得命题的未解析的型式者，必都晓得这一点。

5.5563　日常语言的一切命题，事实上就其现状说，是逻辑上完全有次序的。此处所应提出的最简单的东西，并不是真理的一个影像，乃是整个真理本身。

（我们的问题，并不抽象，也许还是所有问题中最具体的问题。）

5.557　逻辑的**应用**决定有哪些原初命题。

属于应用的东西，逻辑不能预见。

显然，逻辑不得与其应用冲突。

但逻辑必须与其应用接触。

所以逻辑不得与其应用重迭。

5.5571　如果我不能先天地举示原初命题，那么想举示它们，必导致显然无意义的话。

5.6　**我的语言的界限**意谓我的世界的界限。

5.61　逻辑充满世界，世界的界限也是逻辑的界限。

所以在逻辑中不能说："在世界中有这个和这个而没有那个。"

因为这似乎就须假定：我们排除了某些可能性，但情形不可能如此，因为不然，逻辑便必须超出世界的界限；就是说，只有超出世界的界限它才能从彼岸观察这些界限。

我们不能思我们所不能思的东西；因此我们也不能**说**我们所不能思的东西。

5.62　这段评论给唯我论在多大程度上是一种真理这个问题提供了一把钥匙。

即是说，唯我论之所**意谓**是完全对的，只是它不可说，而是显示其自己。

世界是**我的**世界，这一点显示于**语言**（唯有我懂得的语言）的界限即意谓**我的**世界的界限。

5.621　世界与人生是一回事。

5.63　我即是我的世界。（小宇宙。）

5.631　能思维能表象的主体是没有的。

假使我著一本题为《我所经历的世界》的书，则在其中对于我的身体也须述及，说出哪些肢体遵从我的意志，哪些则否，等等。这就是把主体孤离出来的一种方法，或更确切说，就是指出，在一种重要意义上，主体是没有的：就是说唯独对于主体，在这本书里是**不能讲的**。

5.632　主体不属于世界，乃是世界的一个界限。

5.633　一个玄学的主体，要**在**世界**何处**去发觉呢？

你说这正如眼与视野的情形。但是你实际上看**不见**眼。

而且**在视野中**，也没有什么可使你推出：它被一只眼所看到。

5.6331　因为视野并不具有这样的型式（如图）：

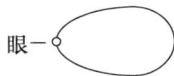

5.634　这一点与人的经验没有任何部分又是先天的有联系。

人所看见的一切，都可能又是别的样子。

人所能摹状的一切，都可能又是别的样子。没有先天的事物秩序。

5.64　于此可见：严格贯彻了的唯我论是与纯粹实在论吻合的。唯我论的我缩成一个无广延的点，而那与之同格的实在则保持不变。

5.641　所以实际在一种意义上，在哲学里可以非心理学的方式讲自我。

自我乃由"世界是我的世界"而进入哲学。

哲学的自我并不是人，并不是人的身体或心理学所论的人的灵魂，而是玄学的主体，它是世界的界限而非世界的一部分。

6   真值函量的普遍型式是 $[\bar{p}, \bar{\xi}, N(\bar{\xi})]$。

这就是命题的普遍型式。

6.001   这不外是说：每个命题都是运算 $N(\bar{\xi})$ 之连续应用于原初命题的结果。

6.002   如有了如何构成一命题的普遍型式，则随之也就有了如何能借一运算从一命题产生另一命题的普遍型式。

6.01   所以运算 $\Omega'(\bar{\eta})$ 的普遍型式即是：

$[\bar{\xi}, N(\bar{\xi})]'(\bar{\eta}) = ([\bar{\eta}, \bar{\xi}, N(\bar{\xi})])$。

这就是一个命题过渡到另一命题的最普遍的型式。

6.02   **这样**便达到数：我界说

$x = \Omega^0 {}'x$ Def.

并且 $\Omega'\Omega^v{}'x = \Omega^{v+1}{}'x$ Def.

据这些符号规则，遂将系列 x, $\Omega'x$, $\Omega'\Omega'x$, $\Omega'\Omega'\Omega'x$, ……写为：

$\Omega^0{}'x$, $\Omega^{0+1}{}'x$, $\Omega^{0+1+1}{}'x$, $\Omega^{0+1+1+1}{}'x$, ……

因此，我不写 "$[x, \xi, \Omega'\xi]$"，而写为 "$[\Omega^0{}'x, \Omega^v{}'x, \Omega^{v+1}{}'x]$"。

并给以如下的界说：

$0+1 = 1$ Def.,

$0+1+1 = 2$ Def.,

$0+1+1+1 = 3$ Def.,

（等等。）

6.021   数是一个运算的指数。

6.022   数概念不外是一切数所共有的东西，即数的普遍型式。

数概念是变数。

而数的相等的概念是数的一切特殊的相等的普遍型式。

6.03   整数的普遍型式是：$[0, \xi, \xi+1]$。

6.031   类论在数学里完全用不着。

这与数学中所需的普遍性不是**偶然**的普遍性这一事实有关。

6.1   逻辑的命题都是同语反复。

6.11   所以逻辑的命题都无所说。（它们都是解析命题。）

6.111   使一逻辑命题似乎具有内容的那些学说，永远是错误的。例如，人可能以为"真""假"两字标示许多别的性质中的两种性质，于是，个个命题都具有此两种性质之一，便似乎是一件值得注意的事实。现在看来，这一点远不是自明的，正如命题"凡玫瑰不是黄的就是红的"，即使不失为真，也不是自明的一样。诚然，逻辑命题于今已完全得到了一种自然科学命题的特征，而这正是其曾被误解的确实标志。

6.112　对逻辑命题的正确解释必然在一切命题中给其以一种独特的地位。

6.113　逻辑命题的特征是：仅在记号上，即能看出其为真，这件事实本身便包括了全部逻辑哲学，因此，非逻辑命题的真假**不能**单在命题上看出，也是最重要的事实之一。

6.12　逻辑命题之为同语反复，**显示**语言和世界的型式的——逻辑的——性质。

命题成分如此相联系，便产生一个同语反复，这是命题成分的逻辑之特征。

要使一些以一定方式联系的命题产生一个同语反复，这些命题必须具有一定的结构性质。所以当其如此结合便产生一个同语反复，即显示其具有那种结构性质。

6.1201　例如，命题"p"与"～p"在"～(p·～p)"这个结合上，便产生一个同语反复，这表明它们是互相矛盾的。命题"p⊃q"，"p"和"q"以"(p⊃q)·(p)：⊃：(q)"型式相结合，产生一个同语反复，这表明 q 从 p 与 p⊃q 而得。"(x)·fx：⊃：fa"是一个同语反复，这表明 fa 从 (x)·fx 而得。等等。

6.1202　显然，为此目的不用同语反复而用矛盾式，也是可以的。

6.1203　要看出一个同语反复之为同语反复，在其中不见有普遍性符号的情形中，可以用如下之直观法：即写"真 p 假""真 q 假""真 r 假"等以代"p"，"q"，"r"等。真值组合，我用括弧表示，例如：

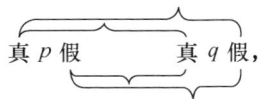

真 *p* 假　　　真 *q* 假，

整个命题的真或假与真值函目的真值组合之配合，照如下方式以线表示为

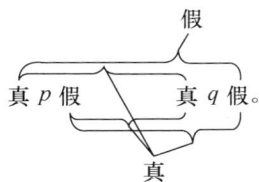

假

真 *p* 假　　　真 *q* 假。

真

所以，例如，这个符号，便会表现命题 p⊃q。现在我想进而研究命题
～(p·～p)（矛盾律）是不是一个同语反复。"～ξ"这个型式，在现在
记法中当写为：

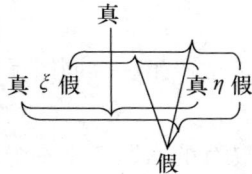

"ξ·η"这个型式，则写成：

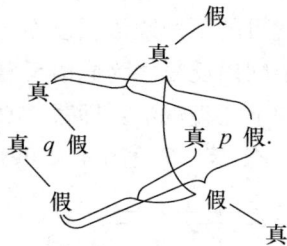

由是命题～(p·～q) 便成。

于此，我们如以"p"代"q"并研究研究最外面的真与假与最里面
的真与假的结合，结果便得：整个命题的真是与其函目的**一切**真值组合
相配合的，其假则与真值组合无一配合。

6.121 逻辑的命题通过把命题结合成无所说的命题以证明其逻辑
性质。

这个方法也可以叫作一种零法。在逻辑命题中，命题被弄成互相平
衡，于是此平衡状态便指出那些命题在逻辑上必须如何构成。

6.122 由此可见：没有逻辑命题，也可以进行，因为在一种适当
的记法中，只要看看这些命题，即可看出命题的型式性质。

6.1221 例如，如果两命题"p"与"q"在"p⊃q"这个结合上产
生一个同语反复，那末显然，q 是从 p 而得的。

例如，"q"从"p⊃q·p"而得，由此两命题本身即可看出，但也
可以**如下方式**显示之，即将此两命题结合成"p⊃q·p：⊃：q"，从而

指出这是一个同语反复。

6.1222　为什么逻辑命题不能以经验确证之，亦不能以经验反驳之，上面所说的这一点对于这个问题，颇有所启发。一个逻辑的命题不但必须不能为任何可能的经验所反驳，还必须不能为任何可能的经验所确证。

6.1223　于是可以明白：为什么人常常觉着，"逻辑真理"仿佛是要由人"**设立**"的。因为当人能设立一种适当的记法，人即能设立"逻辑真理"。

6.1224　现在也可以明白：为什么逻辑曾被叫作型式与推断的理论。

6.123　显然，逻辑规律无须自身又遵从逻辑规律。

（并非如罗素所认为的，对于每个"类型"都有一条专有的矛盾律，一条即足够了，因其是不应用于自身的。）

6.1231　逻辑命题的标志并**不**是其普遍有效性。

普遍也者，只不过是说其偶然地对于一切东西是有效的。一个未普遍化的命题，与一个普遍化的命题，一样地能是同语反复的。

6.1232　逻辑的普遍有效性，可以叫作本质的普遍有效性，以与"凡人皆有死"之类命题的那种偶然的普遍有效性相对。像罗素的"可化归性公理"一类命题并不是逻辑命题，这就可以解释我们何以觉得**即使它**是真的，也只能是由一种幸运的偶然而为真的。

6.1233　一个"可化归性公理"在里头并不有效的世界，是可以想像的。可是显然，逻辑对于我们这个世界实际是否如此那个问题，毫不相干。

6.124　逻辑命题摹状世界的格架，或更确切些说，是表现它。逻辑命题是无所"论"的。逻辑命题假定名字有意谓，原初命题有意义。而这就是其与世界的联系。显然，本质上具有一定特性的记号的某些结合之为同语反复，必于世界有所指示。关键即在于此。以前说过，我们所用的记号有些是随意的，有些不是随意的。在逻辑中，只有后者才做表达：但这就是说，在逻辑中，**我们**并非假借符号以表达我们所要求的东西，乃是自然必需的符号的本性在逻辑中表达自己。如晓得随便一种符号语言的逻辑句法，则一切逻辑的命题便都已有了。

6.125　即使按照旧逻辑的见解，事先即对一切"真的"逻辑命题加以摹状，也是可能的。

6.1251　所以，在逻辑里**决不会**有令人惊异的东西。

6.126　一个命题是不是属于逻辑，可由测定**记号**的逻辑性质来测定。

在"证明"一个逻辑命题时，即是作这种测定。因为无须涉及意义与意谓，只据**符号规则**，即可从别的命题构成逻辑命题。

逻辑命题的证明在于把从最初一些同语反复中总又产生同语反复的某些运算，连续应用，以由别的逻辑命题产生所要证明的逻辑命题。（而且从一个同语反复只能**推出**同语反复。）

当然，指出逻辑命题是同语反复的这种方法，对于逻辑来说是完全无关紧要的。因为这种证明所由以出发的那些命题无须证明即必能显示其为同语反复。

6.1261　在逻辑里，程序与结果是相等的。（所以没有令人惊异的东西。）

6.1262　在逻辑里，证明只是一种使同语反复在复杂的情形中容易被认出的一种机械的方法。

6.1263　假使一个有意义的命题，可以**逻辑地**从别的命题证明，一个逻辑命题**亦然**，那就太奇怪了。自始即显然可见：一个有意义的命题的逻辑证明，与逻辑**里**的证明，必然是两种完全不同的东西。

6.1264　有意义的命题有所陈述，其证明即显示其如此。在逻辑里每个命题都是一个证明的型式。

每个逻辑命题都是一个以符号表现的假言推理的肯定式。（因此，假言推理的肯定式不能以一命题表达。）

6.1265　对逻辑永远可以这样理解：每个命题都是其自己的证明。

6.127　一切逻辑的命题，都是同等的，其中并没有本质上是初始命题与派生命题之别。

每个同语反复都自己显示其是一个同语反复。

6.1271　显然，"逻辑的初始命题"的数目是随意的，因为例如，仅从弗雷格的初始命题构成逻辑积，便可把逻辑从一个初始命题导引出来。（弗雷格也许要说，如此则初始命题便不再是直接自明的了。可是，像弗雷格这样精审的一个思想家，乃曾援引自明的程度为逻辑命题的标准，却是奇怪的事。）

6.13　逻辑并不是一种学说，而是世界的一幅映象。

逻辑是先验的。

6.2 数学是一种逻辑方法。

数学的命题都是方程，所以都是伪似命题。

6.21 数学的命题不表达思想。

6.211 在生活上，我们所需的决不是数学命题。我们之使用数学命题，只是为要从不属于数学的命题推出别的同样不属于数学的命题。

（在哲学中，由"人为什么实际上用那个字，那个命题？"这个问题，经常得到有价值的见解。）

6.22 逻辑命题在同语反复中所显示的世界的逻辑，在数学中以方程来显示。

6.23 两个表达式如以相等符结合，意即它们可以相互代换。但情形是不是如此，这两个表达式自身必能显示出来。

两个表达式之可以相互代换，是这两表达式的逻辑型式的特征。

6.231 肯定可以被视为双重否定，这是肯定的一种性质。"1＋1＋1＋1"可以看为"(1＋1)＋(1＋1)"，这是"1＋1＋1＋1"的一种性质。

6.232 弗雷格说，两个表达式有同一意谓，但有不同意义。

但就方程说，主要之点在于，为要指出以相等符所结合的两个表达式有同一意谓，方程是不必要的，因为从两个表达式自身即可看出这一点。

6.2321 数学的命题之可以证明，不外是说，不须把其所表达的东西自身与事实相比以确定其正确性，即可看出其为正确的。

6.2322 两个表达式意谓的同一，是不能**断定**的，因为要能对其意谓有所断定，我必须晓得其意谓，而由我之晓得其意谓，我便知道其所意谓的是同一个东西还是不同的东西了。

6.2323 方程只标示我所据以考察两个表达式的观点，即其意谓相等的观点。

6.233 对于在解决数学问题上是否需用直觉这个问题，必须回答说：语言在这里恰恰提供了必需的直觉。

6.2331 **计算**过程正导致这种直觉。

计算并不是一种实验。

6.234 数学是逻辑的一种方法。

6.2341 数学方法的本质特征是使用方程。每个数学的命题都必然由其自身即被理解，就是依据此种方法。

6.24 数学得到其方程的方法，即是代入法。

因为方程表示两个表达式的可代性：我们按照方程以一个表达式代换另一个表达式，由此从若干方程而达于新方程。

6.241　照这样，命题 $2\times2=4$ 的证明，即是：

$$(\Omega^{\upsilon})^{\mu}{'}x=\Omega^{\upsilon\times\mu}{'}x\,\mathrm{Def.},$$

$$\Omega^{2\times2}{'}x=(\Omega^2)^2{'}x=(\Omega^2)^{1+1}{'}x$$

$$=\Omega^2{'}\Omega^2{'}x=\Omega^{1+1}{'}\Omega^{1+1}{'}x=(\Omega'\Omega)'(\Omega'\Omega)x$$

$$=\Omega'\Omega'\Omega'\Omega'x=\Omega^{1+1+1+1}{'}x=\Omega^4{'}x.$$

6.3　逻辑研究，意即**一切规律性**的研究。逻辑以外，一切都是偶然的。

6.31　所谓归纳律无论如何也不能是一个逻辑律，因其显然是一个有意义的命题。——所以，它也不可能是一个先天律。

6.32　因果律不是一个律，乃是一个律的型式。

6.321　"因果律"是一个类名。比如就像在力学中，有些极小律（如最小作用律），在物理学里也有些因果律即因果型式的规律。

6.3211　在确切地晓得"最小作用律"这个说法以前，人就已猜测到必有**一个**"最小作用律"（这里也像从来一样，先天确实的东西表明为一种纯粹逻辑的东西）。

6.33　人并非先天地**相信**有一个物质守恒律，而是先天地**晓得**一种逻辑型式的可能性。

6.34　所有这类命题，像充足理由律、自然连续律、自然最小耗费律等等，都是对于科学命题的可能型式的先天洞见。

6.341　例如，牛顿力学把世界的摹状弄成一种统一的型式。试设想一张有不规律的黑斑的白纸面。可以说，不管这造成一种什么样的图像，但拿一张够细的方格网覆在上面，然后说出各方格是黑的还是白的，那末我总有可能像我所希望地那样密切接近那个图像的摹状。这样，我便会把那个纸面的摹状弄成一种统一的型式。这种型式是随意的，因为用一种三角格网或六角格网来覆，也可以得到一样的结果。用一种三角格网摹状也许会更简单，就是说，用一种粗三角网，比用一种方格网（或反之），也许可以把那个纸面摹状得更精确，等等。对于不同的网，有不同的摹状世界的系统与之相应。力学说，摹状世界的一切命题，必须以一定的方式，由若干已定的命题（力学公理）而得：由此规定了一种摹状世界的型式。力学便由此供给了建筑科学大厦的砖瓦，并说：不论你要起什么建筑，你不拘怎样也必须拿这些砖瓦，而且只拿这些砖瓦，去构造。

（正如拿数的系统可以写出随意的一个数目，拿力学系统也必可以随意写出任何一个物理命题。）

6.342　于此可见逻辑与力学相对的地位。（那个网可用种种不同的图形构成，如用三角形与六角形。）一个图像，如前边所举的，可以由一定型式的网来摹状，这个可能性对于那图像，并**无所说**。（因这对于这一类的每个图像都是有效的。）但那图像可以由一张**一定**密度的网**完全摹状**：**这却**是那图像的特征。

如此，世界可为牛顿力学所摹状，这对于世界，也并无所说，但它却告诉人可以由此摹状世界的确切的方式。又世界由一种力学较之由另一种力学可更简单地摹状：这对于世界也是有所陈说的。

6.343　力学是要把摹状世界所需的一切**真**的命题按照一个计划去构成的一种尝试。

6.3431　物理规律借助全部逻辑工具所谈的仍然是世界中的图像。

6.3432　不可忘掉：力学对世界的摹状永远是完全普遍的。例如，其中决不讲某些**特定**的质点而永远只讲**任何**质点。

6.35　上举图像中斑点虽是几何图形，但几何对于其实际的型式与位置，显然是根本不谈的。但网则是**纯粹**几何的，凡其性质都可先天地举出。

规律，像充足理由律等，都论的是网，而非网状所摹状的东西。

6.36　假使有一个因果律，则可谓之曰："有自然律"。但这当然是不能说的，而是显示自己。

6.361　照赫兹的用语，可以说：只有**规律性的**联系是可思的。

6.3611　不能把一种过程与"时间的推移"（这是没有的）比较，只能把一种过程与别的过程（如时针的移动）比较。

因此对时间过程的摹状，只有依靠一种别的过程才是可能的。

对于空间，情形也完全相类似。例如，说两件事情（互相排斥的）中没有一件能出现，因为没有什么原因会使这件出现而那件不出现，这其实是说除非有一种不对称性，我们是完全不能摹状这二者中的**一个**的。**如有**这种不对称性，则我们便可视为这件出现而那件不出现的原因。

6.3612　康德提出的左手右手不能相覆的问题在平面中乃至一度空间中已然存在，……O ——X···X ——O……这里，两个重合的图形 a

与 b，除非移动出了那个空间是不能使其相重合的。左手和右手事实上是完全重合的。人之不能使其相覆与此并不相关。

一只右手的手套，如其可以在四度空间里掉转过来，便可以戴在左手上。

6.362　凡可以摹状的，也就可能发生，凡为因果律所排除的，也就是不可以摹状的。

6.363　归纳过程就是采取那可使之与人的经验和谐一致的**最简单的规律**。

6.3631　不过这种过程并无逻辑的基础，只有一种心理的基础。显然，没有理由相信，实际上要出现的也就是那最简单的事例。

6.36311　明天太阳将升起，乃是一个假设，这即是说，我们并不**晓得**太阳是否将升起。

6.37　因为别的东西的出现便使这个东西必定出现的那种强制性是没有的。只有一种**逻辑的**必然性。

6.371　全部近代世界观都是建立在认为所谓自然律即是自然现象的解释这种幻觉之上的。

6.372　所以，人依旧肃然于自然律之前，视之若不可侵犯的东西，正如古人敬畏神与命。

二者诚然都是正确的，又都是不正确的。但古人的看法当其承认有一个明白的界限时，实较为明白，而在新体系中，则竟似**一切**都已说明了的。

6.373　世界是不依赖于我的意志的。

6.374　即使我们所希望的一切都要出现，这仍可以说不过是命运的一种恩惠，因为在意志与世界之间，并没有一种**逻辑的**联系会保证这一点，而且所假定的物理联系自身则又决非人所能欲求的。

6.375　如只有一种**逻辑的**必然性，也只有一种**逻辑的**不可能性。

6.3751　例如，两个颜色同在视野里的一个地方，即是不可能的，而且是逻辑地不可能的，因其为颜色的逻辑结构所排除。

试想，这种矛盾如何表现于物理学中。大致说来是这样的：一个微粒子同时不能有两种速率，即是说同时处于不同地方的微粒子不能是同一的。

（显然，两个原初命题的逻辑积，既不能是一个同语反复，也不能是一个矛盾式。视野里的一个点同时有两个不同的颜色：这个说法，即是一个矛盾式。）

6.4　一切命题都是有同等价值的。

6.41　世界的意义必伏于世界之外。世界里边，一切都是如其所是，一切都现如其所现。世界里边，是没有价值的——假如有价值，则价值便会是没有价值的。

如有一个有价值的价值，则其必伏于一切现象与实然之外。因为一切现象与实然都是偶然的。

使其成非偶然者，不能伏于世界里边，因为不然，它本身亦会是偶然的。

它必伏于世界之外。

6.42　所以，也不能有伦理的命题。

命题不能表达更高的东西。

6.421　显然，伦理是不可以言传的。

化理是超越的。

（伦理与美学是一回事。）

6.422　在树立一条"你应当……"型式的伦理规律时，第一个思想是：如我不这样做，那便怎么样？可是显然：伦理与平常意义的赏罚，并无所涉。所以关于一种行为的**后果**问题，必是无关紧要的。——至少这种后果算不上什么大事。因为在那个设问上，必有某种正确的东西。必有一种伦理的赏与伦理的罚，但这必伏于行为自身里边。

（而且赏必是某种愉快的东西，罚必是某种不愉快的东西：这也是显然的。）

6.423　作为伦理东西的担负者的意志是不能谈的。而作为现象的意志则只为心理学所关切。

6.43　善恶的意志如改变世界，只能改变世界的界限，而不能改变事实，不能改变可为语言所表达的东西。

简言之：世界必因此而完全成为一个不同的世界。可以说，世界必然作为整体而消长。

幸福的人的世界不同于不幸的人的世界。

6.431　也就像在死亡上一样，世界并不改变，而是终止。

6.4311　死不是人生的一种事情。没有人经历过死。

所谓永久，如不理解为无穷的时间的久延，而理解为无时间性，则谁在现在活着，谁就是永久活着。

人生之为无穷，正像人的视野之为无限。

6.4312　人的灵魂在时间上的不死，意即在死后也永久存续，这不但绝无保证，而且无论如何这个假定决不能实现人所总想借以达到的目的。由我的永久存续是否解决了什么谜呢？这个永久的生活不是像现在的生活一样地是一个谜么？时空中生活之谜的解决是伏于时空**之外**的。

（要解决的并不是自然科学的问题。）

6.432　世界**如何**对于更高的东西是完全不相干的。神并不显现**于**世界**中**。

6.4321　事实都只是提出问题，而不给以答案。

6.44　神秘的不是世界**如何**，而是其存在。

6.45　从永久方面看世界，即是将其作为一个整体，一个有限的整体来看。

对世界之为一有限的整体的感觉乃是神秘的东西。

6.5　不能说出一个解答的问题也是不能言说的。

谜是没有的。

如一个问题可以提出，也就**可以**解答。

6.51　怀疑论**不**是不可驳的，而是如其要在无可疑问之处置疑，乃是显然无意义的。

因为怀疑只能存在于有一个问题存在的地方；一个问题只能存在于有一个解答存在的地方；而解答又只能存在于有某种东西**可以说**的地方。

6.52　我们觉得：即使**一切可能的**科学问题都得到了回答，人生的问题仍然毫未触及。当然，那时已不复有问题存留；而这正是解答。

6.521　人生问题的解决即在这个问题的消失中。

（为什么人在久疑之后，对人生意义一旦了然，却不能说此意义何在，其理由不就在这里么？）

6.522　诚然有不可言传的东西。它们**显示**自己，此即神秘的东西。

6.53　哲学的正当方法固应如此：除可说者外，即除自然科学的命题外——亦即除与哲学无关的东西外——不说什么。于是，每当别人要说某种玄学的事物，就向他指出：他对于他的命题中的某些符号，并未给以意谓。对于别人这个方法是不能令人满意的——他不会觉得这是在教他哲学——但**这**却是唯一严格正当的方法。

6.54　我的命题由下述方式而起一种说明的作用，即理解我的人，当其既已通过这些命题，并攀越其上之时，最后便会认识到它们是无意义的。（可以说，在其已经爬上梯子以后，必须把梯子丢开。）

他必须超过这些命题，然后才会正确地看世界。

7 对于不可说的东西，必须沉默。

（原载《哲学评论》第一卷 1927 年第五期、1928 年第六期）

张申府年谱简编

张申府，名崧年，字申府、申甫，后以申府行。笔名赤、张赤、甫夫、申甫、老侯、东疑、算史氏、R、TSS 等。

1893 年　出生

出生于河北献县。父张濂为光绪二十九年进士，民国七年任第二届国会众议院议员。

1906 年　13 岁

入顺天学堂读书。

1913 年　20 岁

入北京大学哲学系，后转入数学系。

1914 年　21 岁

在北大图书馆偶然读到英国哲学家罗素（Bertrand Russell，1872—1970）《我们的外界知识》一书，即被其吸引，由此对罗素思想发生了浓厚的兴趣，终生翻译、研究罗素思想。

1917 年　24 岁

从北京大学毕业，留校任数学助教。结识李大钊、陈独秀，关系密切。李大钊时任北大图书馆主任，张申府协助李工作，任编目股股长，李大钊因事离开时，张申府几次担任北大图书馆代主任。

1918 年　25 岁

与李大钊、陈独秀共同创办《每周评论》，任编委，并负责编辑。结识在北京大学图书馆编目股工作的毛泽东。参与北京大学学生启蒙团体"新潮社"成立活动。任《新青年》编委。

1919 年　26 岁

积极参加五四运动。加入"少年中国学会"，任《少年中国》月刊编辑。年末与李大钊、蔡元培、陈独秀、王星拱、胡适、周作人、王光祁等发起组织"工读互助团"。

1920 年　27 岁

年初参与组建中国共产党的活动，开始在"南陈（独秀）北李（大钊）"间奔走串联。同年 10 月，与李大钊创建了北京的共产党早期组织，并将张国焘发展进来。年末遵照陈独秀的指示到巴黎，在赴法勤工俭学学生中发展共产党员，在里昂大学中国学院任教。在《新青年》第八卷第二号发表《罗素》一文，称颂罗素"是现代世界至极伟大的数理哲学家，是于近世在科学思想的发展上开一新时期的一种最高妙的新学〔即数理逻辑（名学），也叫记号逻辑或逻辑斯蒂科（Logistic）〕很有创发而且集大成的"。"在吾意，真即是自然，自然即是真：即真即自然，美善视此。"在《劳动界》第六册发表《打破现状　才有进步》一文，提出"劳工""劳农"翻身革命的社会主义便是"善"与"仁"的体现。

1921 年　28 岁

在法国介绍周恩来入党，成立旅法的共产党早期组织，张申府为负责人。在《新青年》第九卷第三号发表《英法共产党——中国改造》，认为到法后感到欧洲一时无望，寄希望于东方，"最好的希望是中俄之联合"。认为中国改造的程序是革命、"开明专制"。解释说此处所谓"开明专制"是"劳农专政"，因为"以今日中国之一般知识阶级而言代议政治，讲选举，纯粹是欺人之谈"，"政治上事切忌客气"，要学习列宁，"能认事实是列宁一大长处"。

1922 年　29 岁

初春，与周恩来等离开法国，来到德国柏林，在旅德学生中发展党组织。中国共产党旅欧支部成立于柏林，下辖旅法（国）、旅德（国）、旅比（利时）三个支部。张申府任旅欧支部书记兼中共中央驻柏林通讯员。11月，与周恩来一同介绍朱德加入中国共产党。《新青年》第九卷第六号发表给陈独秀的《巴黎通信》。信中说，自己近来读了些列宁的著作，如《国家与革命》、《共产主义运动中的'左派'幼稚病》（张根据法文、英文本分别译为《共产主义之孩子病》、《左派共产主义——一个孩子病》），称《国家与革命》"最富学理的价值"。这些著作使他"益感动"，尤其是"无产阶级专政"理论："列宁说，'无产阶级专政，就是，为扫清压制者，被压迫者之先锋组织为治者阶级。'""又说，'养成些有经验有影响的党的领袖是一件很烦难的事，但无此，无产阶级专政与"其意志之一致"只是空话。'"他进一步明确解释说，自己主张"正式的提倡总还是'劳农专政'、'无产阶级专政'"，但又恐此词"徒惹反感"，故曾用"开明专制"只是一种策略。"今日的共产主义者大都晓得无产阶级专政并非无产阶级群众全体的专政，只是少数先锋少数前驱的专政，只是少数有充分阶级自觉的无产者的专政。"在《少年》第二号发表《今日共产党之真谛何在》一文，强调："寻常战争，不能无先锋；阶级战争又怎能缺了先锋？劳动阶级的这种先锋便是共产党，有了这个机关，乃有了指路的。有了这个机关，本阶级较进步的分子乃可领着全体群众，鼓舞而进。"在《新青年》第九卷第六号以笔名"赤"发表《共产主义之界说》一文，提出"只由无产阶级的专政，建立了共产主义，社会的安定才能重得，秩序与进步才能再望"。"这个变更，必须是革命性质的；必须以非宪的手段抓住权力；必须以强力扑灭反革命。"

1923 年　30 岁

年末离开欧洲经苏联回国。在莫斯科住东方共产主义大学赵世炎处。见到正在苏联的孙逸仙博士考察团团长蒋介石、副团长张太雷。

1924 年　31 岁

由李大钊、陈独秀介绍，到广州参与黄埔军校筹备工作，任黄埔军校筹备委员会委员长蒋介石英、德文翻译，旋任黄埔军校政治部副主任，为此时中共在黄埔军校最高任职。应国民党高层要求，推荐旅欧学生，开列 15 人名单，其中第一名即周恩来。兼任广东大学（中山大学前身）教授、图书馆馆长。6月下旬因与蒋介石难以共事，辞去政治部副主任职务。

1925 年　32 岁

1 月，参加在上海召开的中国共产党第四次全国代表大会，讨论党的纲领时反对与国民党结盟而与其他人激烈争论，因自己意见未被接受负气退党；虽然李大钊、赵世炎极力劝阻，张申府仍坚持在党外帮助党工作的立场。此后在上海、北京从事教学、写作、出版工作，宣传民主、科学、唯物辩证法。

1926 年　33 岁

在《东方杂志》第三十三卷第二十四号发表《文明或文化》一文，提出："中国旧有的文明（或文化），诚然许多是应该反对的。西洋近代的文明，也不见得就全不该反对，就已达到了文明的极境，就完全能满足人人的欲望。但反对有两个意思，一为反动的，一为革命的。我以为囫囵地维护或颂扬西洋近代文明，与反动地反对西洋近代文明，其值实在差不多。我以为现代人对于西洋近代文明，宜取一种革命的相对的反对态度。"

1927 年　34 岁

将奥地利哲学家维特根斯坦（Ludwig Wittgenstein，1889—1951）的《逻辑哲学论》译成中文发表，题为《名理论》，为该书英、德文对照本出版后的第一个其他文字译本。在 4 月 3 日《上游》中央副刊星期日特别号发表《革命文化是什么》，认为"革命文化既非中国旧文化，也非近来流传的所谓新文化。可说乃是一种第三文化"。"革命文化，就是世界民众直接创造的客观化。更简单以名之，也可就叫作'民化'。鼓吹这种文化，显扬这种文化，建设这种文化，也可就说是民化运动。由这种文化，使大家贯彻革命的事实，由这种文化，使大家合于革命的习惯，使大家晓得在新建设的社会里怎么样子反应，也可就说是民化教育"。

1928 年　35 岁

在上海与邓演达、章伯钧、黄琪翔共同创办中国国民党临时行动委员会（今日中国农工民主党之前身），人称"第三党"。

1931 年 38 岁

被清华大学聘为哲学系教授，讲授"形而上学"、"逻辑学"、"数理逻辑"、"西洋哲学史"等课程。

1932 年 39 岁

9 月初应《大公报》总编辑张季鸾之邀，主编该报副刊《世界思潮》，至 1934 年底共出 88 期。

1933 年 40 岁

8 月，被聘为清华大学哲学系代主任。1933 年至 1934 年在《大公报》副刊《世界思潮》以"续所思"为总名陆续发表一百六十余则思想随笔，提出"哲学有党派性，是不容否认的。哲学有民族性，也是不容否认的。""中国哲学特色之一不在其以天人合一为归，乃尤在其开始即不把天人强为割裂，因此也不强作人生哲学与宇宙论之分。""仁，易，生，是中国哲学中三个最根本紧要的字，而实是一体的。""中国哲学用有见于易，识生之要，而仁以行之。"肯定新文化要打倒的孔子："在现在还说孔子么？什么孔老二，孔家店，新孔学等等，写来可厌的名字，岂不是已把孔子的信仰都摧毁，都糟蹋净尽？""但是一个民族，如果没有它可以纪念的东西，则不但不会长久，也必不值得长久存在。""无论如何，孔子是最可以代表中国的特殊精神的。那么，为什么不应发其精华，而弃其糟粕？而只乃对于过去的误用，徒作幼稚的反动？""复古是不可能的，但是一个民族，如果知道它自己文化上的成就，认识它文化上的代表人物，总可以增加些自信，减少些颓唐奴性。过去帝王既利用孔子以维持其统治了，那么，今日为什么不可以利用孔子以维持民族的生存？"设想以儒家的"仁"作为引导"科学法"的价值体系，"今日世界的问题是如何把仁的生活，与科学或与由科学而生的工业，融合在一起"。

1934 年 41 岁

在《清华周刊》第四十二卷第八期发表《现代哲学的主潮》一文，主张将马克思的辩证唯物主义与罗素的分析哲学融为一体。认为二者因本质相同能够"结合"、互补："解析是要根据科学的，是反对承认不变的本体的玄学的。唯物也正如此。此二者相通之点。""解析的第一步工夫固在言辞文字上，但也是要切实如实的。唯物则尤要脚踏实地，实事求是。这又是二者相同的地方，解析之极致可使一切学问统一于一，这一点至少也是唯物之所从同。以此种种，最近世界哲学界里两个最有生气的主潮是可以合于一的；而且合一，乃始两益。而且合一，乃合辩证之理。在理想上，将来的世界哲学实应是一种解析的辩证唯物论。"力论二者的不同反可"互补"而共臻完善。逻辑解析"偏重于分"，辩证唯物"侧重于全"；"解析末流之弊是割裂破碎"，"辩证唯物之弊则是笼统漠忽"，但由于二者有共同的基础，"解析与唯物，实正相补"。"解析与唯物，这是西方方兴的趋势。两势会归，必然于人类思想的改造，世界状态的变更，均大有所成就，夫岂止于解决些哲学的问题而已？"

1935 年　42 岁

年末与刘清扬、姚克广（姚依林）、孙荪荃等共同发动和领导了北平的"一二·九"学潮，任游行总指挥。

1936 年　43 岁

1月，参与"北平文化界救国会"（即民盟的前身，后来知名的三党三派之一，救国会另几位主要领导是沈钧儒、章乃器、邹韬奋）成立活动，被推选为大会主席团成员和救国会执行委员，后又担任华北各界救国会的负责人。2月，因上年领导"一二·九"与刘清扬同时逮捕，被关在安定门内的陆军监狱，两个月后由冯玉祥保释出狱。出狱后仍回清华大学任教，到暑假时清华大学迫于当局压力将其解聘。

1937 年　44 岁

参与"华北七省各界救国联合会"成立活动。全面抗战爆发后，全身心投入抗日救亡运动，参与"全国各界救国联合会"成立活动，同时开始考虑发动一场"文化上的救亡运动"，与共产党人陈伯达、艾思奇等酝酿的，以"中国化"为核心的新启蒙运动登上中国现代思想史的舞台。5月2日在《北平新报》发表《五四纪念与新启蒙运动》、5月23日在《实报·星期偶感》发表《什么是新启蒙运动?》，标志新启蒙运动正式展开。

1938 年　45 岁

在汉口召开的国民参政会一届一次大会上被聘为第一届参政员。战时主编《战时文化》、《抗战新闻》等报刊，在《新华日报》发表多篇文章。

1939 年　46 岁

9 月，与张澜、沈钧儒等发起宪政座谈会，任秘书长；一届四次国民参政会上以救国会参政员身份领衔 21 人提出《建议集中人才办法案》。11 月，与沈钧儒一同召集救国会、国社党、职教社、青年党、第三党、乡建派及无党派人士在重庆青年会餐厅聚会，正式成立了统一建国同志会，为后来中国民主政团同盟之成立奠定了基础。12 月任国民参政会宪政促进会常委会秘书处主任，成为第一次宪政运动重要领导人。在 1938 年 11 月出版的《解放》上读到毛泽东的《论新阶段》兴奋异常，写下《论中国化》一文，在 2 月 10 日《战时文化》第二卷第二期发表。

1940 年　47 岁

12 月，与章伯钧、杜重远、章乃器等人一同被取消参政员资格。

1941 年　48 岁

11 月，作为民盟前身的中国民主政团同盟在统一建国同志会的基础上公开成立。

1942 年　49 岁

春，以沈钧儒、张申府为首的救国会加入中国民主政团同盟，使民盟团结成为"三党三派"的政治联盟。

1944 年　51 岁

1 月，黄炎培、沈钧儒、章伯钧、张君劢等在重庆再次发起宪政座谈会。虽然张申府的参政员资格已被取消，但他仍积极参加第二次宪政运动，多次在"宪政座谈会"上发表意见，撰文阐述民主、宪政的意义。9 月 19 日，中国民主政团同盟召开全国代表大会，决定将中国民主政团同盟改名为"中国民主同盟"（简称"民盟"），张申府被选为中央常委兼文化工作委员会主任，兼华北总支负责人。

1946 年　53 岁

1月，任出席政治协商会议（后称"旧政协"）"民盟"代表。11月，与罗隆基等代表"民盟"在南京举行记者招待会，宣布"民盟"不参加"国大"。

1948 年　55 岁

10月末，在淮海战役前，在《观察》发表《呼吁和平》一文。11月15日，民盟总部第四次扩大会议以"张申府之言行已走上反人民反民主的道路"为由，开除其盟籍。12月16日，《人民日报》发表文章严厉批评张申府。

1949 年　56 岁

工作、生计困难，在周恩来安排下去北京图书馆（现"国家图书馆"）作研究员。

1957 年　64 岁

4月，在《光明日报》上发表长文《发扬五四精神："放"》。因为此文和随后召开的对章伯钧的批判会上为章伯钧辩护，被打成"右派"。

1978 年　85 岁

"右派"被"平反"，任第五届全国政协委员。

1979 年　86 岁

任中国农工民主党八届中央委员。

1983 年　90 岁

任第六届全国政协委员。

1986 年　93 岁

在北京病逝。

中国近代思想家文库

图书在版编目（CIP）数据

中国近代思想家文库. 张申府卷/雷颐编. —北京：中国人民大学出版社，2015.1

ISBN 978-7-300-20746-9

Ⅰ. ①中… Ⅱ. ①雷… Ⅲ. ①思想史-研究-中国-近代②张申府（1893～1986）-思想评论 Ⅳ. ①B250.5

中国版本图书馆 CIP 数据核字（2015）第 024069 号

中国近代思想家文库

张申府卷

雷 颐 编

Zhang Shenfu Juan

出版发行	中国人民大学出版社			
社 址	北京中关村大街 31 号		**邮政编码**	100080
电 话	010 - 62511242（总编室）		010 - 62511770（质管部）	
	010 - 82501766（邮购部）		010 - 62514148（门市部）	
	010 - 62515195（发行公司）		010 - 62515275（盗版举报）	
网 址	http://www.crup.com.cn			
经 销	新华书店			
印 刷	涿州市星河印刷有限公司			
开 本	720 mm×1000 mm 1/16		**版 次**	2015 年 6 月第 1 版
印 张	23.5 插页 1		**印 次**	2024 年 7 月第 2 次印刷
字 数	366 000		**定 价**	78.00 元